Kohlhammer

Der Autor

Klaus-Wilhelm Hornberg, Diplom-Volkswirt und Historiker (Master of Arts), war in der Vermögensverwaltung führender Banken tätig und ist Autor von Fachbüchern zu Finanzthemen.

Die Kombination aus volkswirtschaftlichem – vor allem finanziellem – und geschichtlichem Wissen lenkte sein Interesse auf Themen an der Schnittstelle von Gesellschaft, Ökonomie und Politik. Seit dem sprunghaften Anstieg der Energie- und Lebensmittelpreise 2022 beschäftigt er sich intensiv mit der Inflation vor 100 Jahren und ihren Folgen und auch mit der aktuellen Geldentwertung.

Klaus-Wilhelm Hornberg

Inflation

Ein deutsches Trauma

1. Auflage

Verlag W. Kohlhammer

Dieses Werk einschließlich aller seiner Teile ist urheberrechtlich geschützt. Jede Verwendung außerhalb der engen Grenzen des Urheberrechts ist ohne Zustimmung des Verlags unzulässig und strafbar. Das gilt insbesondere für Vervielfältigungen, Übersetzungen, Mikroverfilmungen und für die Einspeicherung und Verarbeitung in elektronischen Systemen.

Dieses Werk enthält Hinweise/Links zu externen Websites Dritter, auf deren Inhalt der Verlag keinen Einfluss hat und die der Haftung der jeweiligen Seitenanbieter oder -betreiber unterliegen. Zum Zeitpunkt der Verlinkung wurden die externen Websites auf mögliche Rechtsverstöße überprüft und dabei keine Rechtsverletzung festgestellt. Ohne konkrete Hinweise auf eine solche Rechtsverletzung ist eine permanente inhaltliche Kontrolle der verlinkten Seiten nicht zumutbar. Sollten jedoch Rechtsverletzungen bekannt werden, werden die betroffenen externen Links soweit möglich unverzüglich entfernt.

Umschlagabbildung: iStock/photoschmidt.com und Tuxyso/Wikimedia Commons/CC BY-SA 3.0 (https://commons.wikimedia.org/wiki/File:1-Mark-1905-Front.jpg), »1-Mark-1905-Front«, Bildbearbeitung, https://creativecommons.org/licenses/by-sa/3.0/legalcode

1. Auflage 2024

Alle Rechte vorbehalten
© W. Kohlhammer GmbH, Stuttgart
Gesamtherstellung: W. Kohlhammer GmbH, Stuttgart

Print:
ISBN 978-3-17-044957-2

E-Book-Formate:
pdf: ISBN 978-3-17-044958-9
epub: ISBN 978-3-17-044959-6

Für den Inhalt abgedruckter oder verlinkter Websites ist ausschließlich der jeweilige Betreiber verantwortlich. Die W. Kohlhammer GmbH hat keinen Einfluss auf die verknüpften Seiten und übernimmt hierfür keinerlei Haftung.

*Für Hanna,
Johann und Antonia
und meinen Bruder Michael, der dieses Buch nicht mehr erlebt hat*

Inhalt

1. Einleitung – das Geld ist das Schicksal — 9

2. »Nach Golde drängt, am Golde hängt doch alles« – die Golddeckung der Mark — 15

3. »Geld, Geld und außerdem Geld!« – die Bezahlung der Schlächterei — 23

4. Kein Plan übersteht den ersten Schuss – die Illusion der Machbarkeit — 46

5. »Jetzt kommt es aufs Geld nicht an ...« – die Revolution und die Republik — 85

6. Der Irrsinn wird Methode – die Geldflut spült ins Elend — 120

7. Der Dämon wird vertrieben – der Glaube an das Gold (1923–24) — 156

8. Die Lehren aus der Inflation – das Geld bleibt das Schicksal — 176

Anmerkungen — 180

Quellen — 199

Literatur — 201

Abbildungsverzeichnis — 206

1. Einleitung – das Geld ist das Schicksal

Nicht »Die Politik ist das Schicksal« (Napoleon), sondern »Die Wirtschaft ist das Schicksal« (Walther Rathenau) gilt heute.[1]

Am Anfang ist es ein Rinnsal, kaum der Rede wert. Doch wenn es nicht gebremst, kontrolliert, gesteuert wird, untergräbt das Rinnsal, zu einer Flut anwachsend, die Fundamente von Gesellschaft und Staat. Das Rinnsal heißt Inflation.

Was ist Inflation? Warum ist sie gefährlich? Fragen, die sich aufdrängen, wenn historische und aktuelle Entwicklungen betrachtet werden und in Deutschland die Gemüter bewegen. Die Volkswirte erklären das Phänomen wirtschaftlich und finanziell. Dabei wird jedoch allzu leicht übersehen, dass Inflation, weil sie alle Menschen betrifft, auch eine gesellschaftliche und emotionale Komponente hat: die Angst vor dem Verlust der materiellen Basis des eigenen Lebens geht an niemandem vorbei.

Da alle Theorie grau ist, versuchen die Historiker, am Beispiel der Entwicklung in Deutschland zwischen 1914 und 1924 aufzuzeigen, welche Ereignisse eingetreten sind und wie sich daraus die Inflation entwickelt hat: zuerst ein schleichender Prozess – ein Rinnsal eben – der dazu diente, den Krieg zu bezahlen; dann ein süßes Gift, mithilfe dessen Arbeitsplätze und Löhne und damit der soziale Friede nach Kriegsende gesichert wurde um das Leben in Deutschland zu stabilisieren; schließlich ein Moloch, in dem alles versank, Einkommen und Existenz ebenso wie Zuversicht und Staatsvertrauen. Bis Ende 1923 die Währungsreform der zuletzt lawinenartigen Geldvermehrung ein Ende machte. Erst dann wurde das ganze Ausmaß der Zerstörung von Werten und Existenzen und die Verarmung der Nation sichtbar.

1. Einleitung – das Geld ist das Schicksal

Deshalb ist die Inflation auch bis heute ein deutsches Trauma. Ein Trauma ist die Folge eines existenziell bedrohlichen Ereignisses oder einer Situation, in der sich die betroffene Person vollkommen hilflos fühlt. Das trifft auf die Inflation vor 100 Jahren zu. Die Zerstörung nicht nur der finanziellen Basis fast aller Menschen, sondern mehr noch die Unterhöhlung der bis dahin als unerschütterlich geltenden Grundsätze der Gesellschaft war eine traumatische Erfahrung: der Verlust des Vertrauens in den Staat, die Gesetze, die materielle Sicherheit und die Zukunftsperspektiven. Denn Geld, das versucht dieses Buch unter anderem zu zeigen, ist vor allem Vertrauen in seinen Wert und seine Stabilität. Dieses Vertrauen ist in hohem Maße eine psychologische Größe und nicht nur eine Sache von Berechnung und Statistik. Der Vertrauensverlust vor 100 Jahren hat sich tief in die Erinnerung der Deutschen eingegraben, denn die Inflation traf fast jeden und ist noch heute Teil von Familien- und Unternehmensgeschichten.

Manches aus dieser Zeit ähnelt den Nachrichten, die auch heute die Medien prägen: steigende Rohstoff- und Energiepreise, Sondervermögen außerhalb des Staatshaushalts, staatliche Eingriffe in die Wirtschaft, Preiskontrollen, Preisdeckelungen, Lieferengpässe. Sicher sind die Regierungen nicht für alle Ursachen von Preissteigerungen haftbar zu machen, aber die Stabilität des Geldes ist stets auch ein Gradmesser für die Stabilität des Staates. Zwar sind die Parallelen der aktuellen Situation mit der Entwicklung vor 100 Jahren mit Vorsicht zu betrachten, doch ganz ausblenden kann man sie nicht.

So sind die Lohnzuwächse in den letzten zehn Jahren bis zur Hälfte von der Inflation »aufgefressen« worden und in vier Jahren (2020, 21, 22 und 23) hat die Inflation die Lohnentwicklung auf Null reduziert oder sogar ins Negative verkehrt: mehr Inflation als Lohnzuwachs! Das Gefühl, sich weniger leisten zu können als noch zehn Jahre vorher, resultiert aus dieser Entwicklung. Die Inflation ist zum stetigen Begleiter geworden. Wir sollten diese Entwicklung ernst nehmen, auch wenn der Vergleich von gestern mit heute einige wichtige Unterschiede aufzeigt. Vor allem ist das Wissen über inflationäre Prozesse heute unvergleichlich größer als vor 100 Jahren. Daher ist

1. Einleitung – das Geld ist das Schicksal

Regierungen und Notenbanken klar, dass Inflation keine Probleme löst, sondern im Gegenteil neue schafft. Die Notenbanken handeln unabhängig von der Politik und sind der Geldwert-Stabilität verpflichtet, nicht dem Finanzminister. Vor allem reagiert aber die Bevölkerung sensibel auf Preissteigerungen und würde einen fahrlässigen Umgang mit Preissteigerungen an der Wahlurne bestrafen. Besonders in Deutschland ist die Inflation immer noch ein Thema, dem große Aufmerksamkeit entgegengebracht wird – die Erinnerung an die Inflation vor mehr als 100 Jahren wirkt bis heute nach!

Das ist der wesentliche Unterschied zwischen der Zeit von 1914–1923 und heute: 1914 wussten die Deutschen nicht, was Inflation ist. Seit 1871 hatte das Reich als Basis des Geldes Gold benutzt. Die Mark war – wie die Währungen der meisten europäischen Staaten und der USA – mit Gold unterlegt und damit solide, so solide, dass der Brockhaus in seiner Ausgabe von 1908 den Begriff »Inflation« gar nicht enthielt.[2] Die Mark, auf Gold gebaut, von der hochangesehenen Reichsbank kontrolliert, war für die Bevölkerung des Reiches das »währende, bleibende, unverrückbare.«[3]

Nach einer – damals wie heute – über 30-jährigen Phase der Entspannung, internationalen Zusammenarbeit und niedriger Zinsen bei stabilen Preisen kann man das verstehen. Schließlich geht es uns heute nicht viel anders. Mit Kriegsausbruch begann aber die Geldentwertung und zog sich über 10 Jahre hin, bis zu ihrem bitteren Ende. Die Entwicklung zeigt, was passiert, wenn Inflation nicht genügend und nicht frühzeitig beachtet wird. Dieses Buch versucht, das Geschehen nachzuvollziehen und die Wirkung auf Politik, Wirtschaft und Gesellschaft darzustellen. Es versucht auch zu erfassen, warum es nicht gelang, die Inflation unter Kontrolle zu bringen, als sie ihre zerstörerische Wirkung noch nicht voll entfaltet hatte.

Heute schauen wir auf die Zeit und ihr Geschehen zurück und schütteln über manches den Kopf. Hat denn niemand die Gefahren des Gelddruckens erkannt? Manche Ereignisse machen auch nachdenklich: Hätten wir in bestimmten Situationen anders gehandelt? Tatsächlich hatten die handelnden Personen oft nur die Wahl zwischen »Pest und Cholera«. Zugleich werden wir heute Zeugen von

1. Einleitung – das Geld ist das Schicksal

Entwicklungen, die an die Vergangenheit denken lassen. Der Staat hat sich in der Corona-Zeit erheblich neu verschuldet und die veränderte Sicherheitslage verlangt aktuell und vermutlich auch in der Zukunft deutlich größere Anstrengungen für den Schutz unseres Landes. Die Rückübertragung von Produktionskapazitäten für sensible Güter aus fremden Ländern nach Europa wird die Produktion verteuern. Die Unsicherheit von Handelswegen und Handelspartnern wird die Importpreise und Transportkosten steigen lassen.

Wo liegen die Parallelen zu damals? Wir befinden uns nicht direkt im Krieg, aber wir müssen erheblich mehr für die Sicherheit ausgeben. Wir werden nicht belagert, aber wir müssen die Kosten für eine stärkere Unabhängigkeit von ausländischen Lieferungen stemmen. Deutsche Produkte sind in aller Welt gefragt, aber die jüngsten Entwicklungen zeigen, z. B. in der Automobilindustrie, wie schnell sich das ändern kann.

Auch wenn aktuell kein Grund zu großer Sorge zu bestehen scheint, wäre es doch gut, wenn Politik, Wirtschaft und Gesellschaft dem Thema Inflation und Inflationsgefahr größere Beachtung schenken würden. Denn die Verschuldung des Staates (Bund, Länder, Gemeinden und Sozialversicherung einschließlich Nebenhaushalte) steigt spürbar. Die aktuellen 2,3 Billionen Euro[4] sind eine abstrakte Größe. Wer kann sich eine solche Schuldenmenge vorstellen? Konkreter wird es, wenn man die Verschuldung auf die Bevölkerung umlegt. Pro Kopf hat sich die Staatsverschuldung seit 1995 verdoppelt: von 25.100 DM auf 25.300 Euro![5]

Allerdings ist die Wirtschaftsleistung Deutschlands über viele Jahre stärker gestiegen als die Schulden: von 2013 bis 2020 sanken die Schulden in Prozent des Brutto-Inlandprodukts von 80 % der inländischen Wirtschaftsleistung auf unter 60 %. Erst Corona beendete den positiven Trend und heute liegt die Bundesrepublik mit 65 % wieder deutlich über dieser 60 %-Marke. Und das hat handfeste Gründe:

- Der Verteidigungsbereich, lange Zeit ein Stiefkind der staatlichen Vorsorge, muss deutlich aufgestockt werden. Im Kalten Krieg lagen die Verteidigungsausgaben zwischen 3–4 % des Bruttoin-

landsprodukts (BIP) mit einer Spitze von fast 5 % Anfang der 60er Jahre.[6] So teuer wird es in Zukunft hoffentlich nicht wieder, aber es ist zu bezweifeln, dass die jetzt angestrebten 2 % ausreichen werden.
- Die Energiewende kostet ebenfalls viel Geld, das die Verbraucher zahlen und die Energie in Deutschland verteuert, also preiserhöhend wirkt. Sollen die Treibhausgasemissionen bis 2050 um 80 % gesenkt werden, steigen die Mehrkosten im Vergleich zu einem »business-as-usual«-Szenario je nach Studie um 15 bis 70 Milliarden Euro jährlich an. Das entspricht zwischen 0,5 bis rund 2 % des heutigen Bruttoinlandsproduktes.[7]
- Die Sozialausgaben des Bundeshaushalts sind 2024 bei 222 Mrd. Euro angekommen.[8] Eine Reduzierung dieser Position ist nicht zu erwarten, weil sie politisch schwer durchsetzbar ist.

Es gibt also keinen Grund, sich zurückzulehnen. Das unabhängige Wirtschaftsforschungs-Institut CESifo hat bereits 2013 errechnet, dass die Bundesrepublik selbst bei niedrigen Zinsen und starkem Wachstum die aufgelaufenen Schulden nicht wird tilgen können.[9] Sollte diese These zutreffen, werden wir also Altschulden vor uns herschieben und zudem neue hinzufügen. Das Land steht vor der großen Herausforderung, seine Finanzen langfristig unter Kontrolle zu halten. Es ist ein Gebot der finanziellen Verantwortung, mit weiteren Ausgaben vorsichtig zu sein. Allein schon die notwendigen Aufwendungen werden teuer genug!

Angesichts der traumatischen Erfahrungen, die unsere Vorfahren vor 100 Jahren machen mussten, ist es nicht verwunderlich, dass in Deutschland das Thema »Inflation« immer noch mit weit größerer Sensibilität aufgenommen wird als bei unseren Nachbarn, denen diese Erfahrung von Unsicherheit, Armut und Perspektivlosigkeit erspart geblieben ist. Im kulturellen Gedächtnis der Deutschen ist tief verankert, dass die Inflation nicht bloß eine finanzielle Angelegenheit war, sondern die Grundlagen von Gesellschaft, Wirtschaft und Politik untergrub und ernsthaft gefährdete. Der Gesellschaft wurde nicht nur materiell, sondern auch mental »der Boden unter den Füßen« weg-

1. Einleitung – das Geld ist das Schicksal

gezogen und Menschen, die bis dahin in Sicherheit gelebt hatten, blickten in den Abgrund von Armut und zerstörter Zukunft. Deutschland hat auch erlebt, wie das einen idealen Nährboden bildete für radikale Parteien, Demagogen und Hetzer, mit einfachen Erklärungen (so hieß es: »die Juden/Kommunisten/Kapitalisten sind schuld«) und noch einfacheren Lösungen (»Revolution/Enteignung/ Umverteilung und alles wird gut«). Stefan Zweig schrieb in seinen Erinnerungen:[10]

> Nichts hat das deutsche Volk – dies muss immer wieder ins Gedächtnis gerufen werden – so erbittert, so hasswütig, so hitlerreif gemacht wie die Inflation.

Auf der anderen Seite weiß die kulturelle Erinnerung auch, welche Erleichterung von der Währungsreform ausging, von dem Moment, als ein Brötchen nicht mehr Milliarden Papiermark, sondern wie in einer scheinbar längst entschwundenen Zeit wieder nur wenige Pfennige kostete und der Irrsinn endlich vorbei war. »Unglaublich« kommentierte Sebastian Haffner dieses Erlebnis.[11]

Die Geschichte nahm ein gutes Ende, irgendwann, endlich, siegte die Vernunft, wurden schmerzhafte, aber notwendige Schritte eingeleitet und der Inflationsspuk beendet. Doch der Weg dahin, die zehn (!) Jahre der Entwertung, der Sorgen, der Verarmung, der Zukunftsangst waren lang und hatten große Opfer gefordert. Es waren nicht nur die Schwachen und Wehrlosen, sondern auch die zuvor Starken und Wohlsituierten, die diese Opfer bringen mussten, um den Preis der eigenen Existenz und Lebensfreude.

Gerade weil wir heute in großem Wohlstand leben, sollten wir die Stabilität von Währung und Wirtschaft, Staat und Gesellschaft nicht als selbstverständlich betrachten, sondern uns an die Vergangenheit erinnern und achtsam sein. Dies ist die einzige Möglichkeit zu verhindern, dass Geschichte sich wiederholt!

2. »Nach Golde drängt, am Golde hängt doch alles« – die Golddeckung der Mark

»Die deutschen Großstädte haben sich glücklich in der Zeit entwickelt, als das fortschrittliche Bürgertum, gesichert durch ein in vernünftigem Maße beschränktes Wahlrecht, die Majorität in den Rathäusern stellte.«[12]

Die Stabilität der Währungen – nicht nur der deutschen Mark – gründete bis zum Kriegsausbruch 1914 auf zwei Faktoren, die sich gegenseitig ergänzten: Vertrauen und Gold. Das Vertrauen war ein Vertrauen in den Staat, dem man glaubte, dass er für vorgelegtes Geld den Gegenwert in Gold aushändigen würde. Also gab es keinen Grund, diese Goldeinlösepflicht auszuprobieren. Das Vertrauen war da.

Das war auch gut so, denn wären die Bürger des Reiches gekommen, um ihr Geld einzutauschen, wäre die Reichsbank bald in Verlegenheit geraten: die Golddeckung der Mark betrug ein Drittel der umlaufenden Geldmenge, die Umtauschpflicht hätte also nur zu einem Drittel erfüllt werden könne. Aber man wollte sein Geld ja gar nicht eintauschen. Man hatte Vertrauen in den Staat.

Der Goldmechanismus – eine feste Burg

Im Jahr 1871 war im Deutschen Reich der Goldstandard eingeführt worden. Es war dies eine Folge der Reichsgründung. Das geeinte Reich benötigte eine einheitliche Währung, um finanziell und wirtschaftlich ohne das Hindernis unterschiedlicher Zahlungssysteme zusammenwachsen zu können. Ein Teil der französischen Reparationszah-

2. »Nach Golde drängt, am Golde hängt doch alles« – die Golddeckung der Mark

lungen von 4,5 Milliarden Franc aus dem Krieg von 1870/71 wurde als Goldreserve bei der Reichsbank hinterlegt. Zusammen mit weiteren Zukäufen am Goldmarkt wurde so eine Goldbasis von einem Drittel des umlaufenden Geldes geschaffen. Per Gesetz war garantiert, dass Papiergeld und Münzen jederzeit in Gold getauscht werden konnten, sofern gewünscht. Die übrigen zwei Drittel der deutschen Geldmenge waren durch Handelswechsel gedeckt, deren Einlösung das Hauptgeschäft der Reichsbank ausmachte.[13]

Da der Goldstandard in allen Industriestaaten eingeführt worden war, folgte daraus für Handel und Industrie ein System fester Wechselkurse. Und da alle Länder die gleiche Basis für ihr Geld verwendeten, war es ein Einfaches, den exakten Tauschkurs für die Währungen zu errechnen. Man musste nur die Goldmenge, mit der die einzelnen Währungen unterlegt waren, miteinander vergleichen und konnte sagen, wie viele Französische Francs, Englische Pfund oder Italienische Lira man für eine Mark bekommen würde. Das erleichterte den stark wachsenden internationalen Handel auf der Finanzierungsseite erheblich.

Das System hatte allerdings auch Schwächen. Die Golddeckung der Währungen hing von der Goldproduktion ab. Wenn eine wachsende Wirtschaft auch eine größere Geldmenge benötigte, um den zunehmenden Güterverkehr bezahlen zu können, musste zusätzliches Gold gekauft werden. War das knapp, stieg der Goldpreis. Aufgrund der Goldfunde in den USA wuchs die Goldförderung von ursprünglich 15 Tonnen bis Mitte des 19. Jahrhunderts auf 209 Tonnen und blieb auf diesem Niveau.[14] Es war aber abzusehen, dass die Goldförderung langfristig nicht mit dem Wirtschaftswachstum mithalten konnte. Des Weiteren liefen die internationalen Finanzströme so reibungslos, weil die Leitwährung das Britische Pfund war. Es galt als »as good as gold« und war der Standard im Zahlungsverkehr, da Großbritannien mit seinem Kolonialreich den weltweiten Handel beherrschte. Doch die Zeit, in der die britische Währung das Maß der Dinge war und alle anderen Währungen sich mit ihren Zahlungsmodalitäten und Zinssätzen danach richteten, gingen dem Ende entgegen. Frankreich und das Deutsche Reich und auch andere Staaten strebten nach größerer

Unabhängigkeit von der britischen Dominanz. Das Pfund Sterling war nicht nur die Leitwährung, sondern der Zinssatz, den die Bank of England festlegte, war darüber hinaus bestimmend für die übrigen Industrienationen. Doch die wachsende wirtschaftliche Stärke unter anderem des Deutschen Reiches und die damit einhergehenden ausgeprägteren inländischen Konjunkturzyklen machten in all den aufstrebenden Ländern eine eigenständigere Finanzpolitik notwendig. Daher funktionierte der scheinbar felsenfeste Goldblock nicht so lehrbuchmäßig, wie er eigentlich hätte sollen. Erhöhte die Bank of England zum Beispiel die Zinsen, um im Vereinigten Königreich die Konjunkturentwicklung zu bremsen, mussten die anderen Länder nachziehen. Wenn nicht, drohte ein Abfluss an Gold (Mark wurde in Gold, das Gold in Pfund Sterling getauscht), um es in England zu höheren Zinsen anzulegen. Doch die Zinsentwicklung in England war nicht auf die deutsche oder französische Wirtschaft ausgelegt. Und so traten Berlin und Paris zunehmend in Konkurrenz zu dem alten Bankenplatz und strebten nach größerer Unabhängigkeit.

Die Wissenschaftler begannen sich Gedanken zu machen, wovon die Stabilität des Geldes abhängen sollte, wenn nicht vom Gold. Doch erste Gedanken, die Währung nicht mehr physisch durch Gold, sondern durch gesetzliche Garantien, also nominal zu besichern, stießen auf wenig Gegenliebe. Konservative Fachleute lehnten es ab, ein neues System einführen, da das bisherige sich bewährt hatte und die sich abzeichnenden Probleme noch nicht gravierend waren. Sollte das dynamische Wirtschaftswachstum anhalten, würde man zusätzliche Goldreserven anlegen, um die erhöhte Geldmenge, die man dann benötigte, zu besichern. Kein Grund also, höchst theoretische Gedanken jetzt umzusetzen. Im Gegenteil: das würde nur zu Unruhe in Wirtschaft und Finanzwelt führen. So wie es war, schien es gut!

2. »Nach Golde drängt, am Golde hängt doch alles« – die Golddeckung der Mark

Die Goldeinlösungspflicht – die Solidität des Papiers

Gold – das war das Solide, Dauerhafte, Unzerstörbare. Der Nimbus des Goldes hält bis heute an und in Krisen steigt der Preis des Goldes, als ob es eine Versicherung gegen die Unsicherheit der Gegenwart bieten könnte. Das mag ein Überbleibsel der Zeit sein, als die aufstrebenden Industriestaaten ihre Währung mit Gold besicherten. Damit war eine vertrauenswürdige Grundlage für das Geld geschaffen: Der Goldpreis war von der Regierung unabhängig und Gold war eine stabile Größe. Das Vertrauen, das der neuen Reichswährung entgegengebracht wurde, war flankiert von einem stetigen Wachstum der Wirtschaft und des allgemeinen Wohlstands. Von 1850 bis 1913 stieg das Netto-Inlandsprodukt in Deutschland um das Fünffache, das war eine durchschnittliche Wachstumsrate von 2,6 % pro Jahr.[15] Das klingt wenig spektakulär, doch der außerordentlich lange Zeitraum von 64 (!) Jahren, in dem dieses Wachstum – wenn auch unter Schwankungen – stattfand, machte das Deutsche Reich zu einer führenden Wirtschaftsnation in der Welt. Nach dem Krieg erinnerte man sich sehnsüchtig an die finanzielle Stabilität und wirtschaftliche Prosperität. Ein »verlorenes Paradies«, so schien es, und der Wunsch nach der Wiedereinführung einer goldgedeckten Währung blieb lebendig.

Als der Krieg ausgebrochen war, wurde am 4. August 1914 die Goldeinlösungspflicht der Reichsbank aufgehoben, die Golddeckung der Mark blieb jedoch aufrechterhalten. Der Goldbestand der Reichsbank wurde sogar erhöht, um dem neutralen Ausland gegenüber die Stabilität und Solidität der Mark beweisen zu können. Dazu wurden die Bürger mit großem propagandistischem Aufwand motiviert, ihre Goldmünzen der Reichsbank gegen den gleichen Betrag in Papiergeld zu übergeben. Und tatsächlich gaben viele Deutsche, patriotisch und staatstreu, Gold für Papier. Doch trotz der beeindruckenden Erfolge der Umtauschaktionen schätzte mancher Bürger einige solide Goldmünzen doch höher als patriotische Gesten: von den rund 5 Mrd. Mark, die als Goldmünzen im Umlauf waren, wurden bis Ende 1914 ganze 2 Mrd. Mark umgetauscht![16] Diejenigen, die ihre Goldmünzen behielten, sollten ihre Skepsis gegenüber dem Papiergeld bald bestätigt finden.

Die goldenen Jahre – die Stabilität der Gesellschaft

Genauso solide wie die Währung schien auch die Gesellschaft. Nachdem das Kaiserreich zusammengebrochen war und die Wirren von Revolution, Inflation und unsicherer Zukunft die Menschen ängstigten, strahlte die »gute alte Zeit« Verlässlichkeit und Solidität aus – wie die Goldmünzen, mit denen man gezahlt hatte. In der Tat war die Gesellschaftsordnung des wilhelminischen Deutschland festgefügt und stabil. Der wirtschaftliche Aufstieg des Reiches nach seiner Gründung 1871 überzeugte selbst Skeptiker von der Stärke und Dynamik dieser jungen Nation, die erst so spät zu sich gefunden hatte. Die »Deutsche Stärken« waren Bevölkerungswachstum, Rechtsstaatlichkeit, industrieller Erfolg und Bildung.[17]

Dieser Anstieg an Wohlstand und Selbstbewusstsein basierte auf einer unabhängigen Justiz, einer funktionierenden Verwaltung und einer stetig verbesserten Infrastruktur.[18] Durch die Bismarcksche Sozialgesetzgebung hatten die Arbeiter einen aus heutiger Sicht bescheidenen, für damalige Verhältnisse allerdings vorbildlichen Schutz vor Krankheit, Unfall und Altersarmut. Zugleich wurde die SPD bei aller Rhetorik zu einer Partei, die sich mit dem Staat aussöhnte und die Gedanken an Revolution und Umsturz stillschweigend zu den Akten legte. Ebenso die Gewerkschaften: so wie die Arbeiter Anschluss an den modernen Staat fanden, änderten sie ihre Ziele und wollten Reform statt Revolution.[19]

Das Bürgertum besetzte die Führungspositionen in Verwaltung, Schulen, Universitäten und der Industrie und teilte sich auf in ein Bildungs- und ein Wirtschaftsbürgertum. Der Deutsche Reichstag –

2. »Nach Golde drängt, am Golde hängt doch alles« – die Golddeckung der Mark

das Parlament des Deutschen Reiches – wurde von allen männlichen Bürgern des Reiches in gleicher und geheimer Wahl gewählt. In den Einzelstaaten des Reiches und in den Kommunen dagegen galt das Drei-Klassen-[20] bzw. das Zensuswahlrecht.[21] So war sichergestellt, dass die besitzenden sozialen Schichten, also Adel und Bürgertum, die beherrschende Stellung in Politik, Verwaltung und Wirtschaft einnahmen und die Entwicklung des Gemeinwesens auf kommunaler und Länderebene nach ihren Vorstellungen gestalten konnten. Diese beherrschende Position wurde allerdings zunehmend in Frage gestellt, als die aufstrebende Industrie immer mehr qualifizierte – und entsprechend gut bezahlte – Arbeiter benötigte, von denen nach und nach immer mehr die Bedingungen des Drei-Klassen-Wahlrechts erfüllten, sodass ihre politischen Vertreter – in der Regel Abgeordnete der SPD – in den Parlamenten immer stärker Einfluss auf das politische Geschehen nehmen konnten. Die bürgerlichen Parteien mussten daher zunehmend auf diese neu entstehende Wählerschicht eingehen. Die politischen Verhältnisse begannen sich zu wandeln!

Der Adel dagegen konnte mit der Dynamik der Entwicklung nicht mithalten: Von den traditionellen Positionen in Politik, Diplomatie und Militär abgesehen fiel er in der Bedeutung für die Entwicklung des Reiches immer mehr zurück. Selbst beim Militär wurde seine Stellung zusehends schwächer: Vor Kriegsausbruch waren bereits knapp 70 % der Offiziere bürgerlicher Herkunft.[22]

Die wilhelminische Gesellschaft war von bürgerlichen Wertvorstellungen wie Leistung, Erfolg, Fleiss und Kultur geprägt. Die Entwicklung des Reiches führte auch zu einer Erweiterung der bürgerlichen Schicht. Es entstand die neue Gruppe der technischen und kaufmännischen Angestellten.[23] Sie verdienten ihren Lebensunterhalt durch geistige statt körperliche Arbeit und standen sozial zwischen Unternehmern und Arbeiterschaft. Abfällig wurde diese Gruppe auch als »Stehkragen-Proletariat« bezeichnet. Es war ein weiteres Zeichen der wirtschaftlichen Dynamik des Kaiserreiches: die wachsenden Unternehmen benötigten auf allen Ebenen mehr Verwaltungspersonal. Von 1882 bis 1907 verdoppelte sich die Zahl der Arbeiter, die Zahl der Angestellten versechsfachte sich![24]

Auch an den Universitäten änderten sich die Verhältnisse: Der Einfluss der Professoren aus den klassischen Fächern (Philologie, Philosophie, Geschichte, Alte Sprachen, Theologie) nahm ab, die »Mandarine«[25] verloren ihre herausgehobene Position als Wahrer von Bildung und Kultur. Es war Kaiser Wilhelm II. selbst, der mit dem Satz, das Land brauche »*keine jungen Griechen und Römer, sondern tüchtige Deutsche*«,[26] zu einer stärker praktisch orientierten Schul- und Universitätsausbildung aufrief. Jedoch galt, unabhängig von allen Debatten: »*Auf dem Gipfel der Menschheit und Geschichte stand eine deutsche Universität, stand ihr Absolvent, der Bildungsbürger.*«[27] Die Wirtschafts- und Bildungsbürger definierten sich über Leistung, Wohlstand und den humanistischen Geist und genossen hohes Ansehen. Dabei wurde wirtschaftliche Leistung zwar bewundert, doch Bildung war das herausragende Merkmal des Bürgertums. Mit zunehmender wirtschaftlicher Dynamik hob sich das Wirtschaftsbürgertum immer stärker vom bescheidenen Einkommensniveau der Bildungsbürger ab.[28] Doch unabhängig von den Trennlinien des Einkommens und Vermögens war es die bürgerliche Kultur, die das Recht, die Öffentlichkeit, das Vereinswesen, den Wohnstil, die Literatur und die Kunst dominierte.[29] Insgesamt machte um die Jahrhundertwende das Wirtschaftsbürgertum 3–5 % der Bevölkerung aus, das Bildungsbürgertum 1 % und das Kleinbürgertum rund 25 %.[30] Die bürgerliche Schicht umfasste also insgesamt rund 30 % der Bevölkerung. Aufgrund des herrschenden Wahlrechts war die bürgerliche Mehrheit noch unangefochten: in Frankfurt, einer wohlhabenden, bürgerlich dominierten Stadt, hatten die konservativ-liberalen Parteien am Vorabend des Krieges zusammen eine Mehrheit von 48 der insgesamt 71 Sitze der Stadtverordnetenversammlung.[31] Dieser Erfolg war dem Wahlkampf geschuldet, in dem die bürgerlichen Parteien einen Teil der Positionen der SPD übernommen hatten. Je stärker die SPD wurde, desto stärker mussten die bürgerlichen Parteien auf die Anliegen der Arbeiterschaft eingehen.

Die feinen Risse, die sich vor dem Krieg zeigten, hatten keine Sprengkraft für die Gesellschaft des Kaiserreiches und wären mit kluger Politik zu bewältigen gewesen. Nach dem Elend von Krieg und

2. »Nach Golde drängt, am Golde hängt doch alles« – die Golddeckung der Mark

Nachkriegszeit entstand in der Erinnerung das glorifizierte Bild der »guten, alten Zeit«. Eine Ahnung von dem, was verloren gegangen war, hatte der Historiker Friedrich Meinecke auf dem Heimweg nach einem Beethoven-Konzert Ende 1918:[32]

> Merkwürdig still war es auf Plätzen und Straßen, als wir nach Hause gingen. Meine Empfindung aber war: Wir haben die letzten Klänge einer untergehenden schöneren Welt eben gehört.

3. »Geld, Geld und außerdem Geld!« – die Bezahlung der Schlächterei

»*Krieg! Es war Reinigung, Befreiung, was wir empfanden, und eine ungeheure Hoffnung.*«[33]

Am 28. Juni 1914 feierte die Frankfurter Gesellschaft auf der Rennbahn. Bevor man in die Ferien aufbrach, traf man sich bei dieser Gelegenheit noch einmal. Die heitere Stimmung wurde gestört durch die Nachricht, der österreichische Thronfolger sei in Sarajewo ermordet worden.[34] Doch schien auch diese Krise – wie so viele Balkankrisen zuvor – durch Politik und Diplomatie beigelegt werden zu können. Ein Irrtum, wie bald deutlich wurde: Die europäischen Mächte begannen mobil zu machen, und inmitten des patriotischen Jubels erklärte der Frankfurter Rechtsanwalt Ludwig Heilbrunn seinem Sohn Robert, dass Deutschland in einem Krieg alles verlieren und nichts gewinnen könne.[35]

Diese Warnung lief der Volksmeinung und auch der Überzeugung von Politikern und Militärs zuwider. Denn kluge Köpfe bewiesen, dass ein Krieg nur kurz andauern würde und die Soldaten wären, »bevor die Blätter fallen«, wie es der Kaiser verkündete, wieder zuhause. Siegreich natürlich. Siegreich deshalb, weil Europa aufgerüstet hatte und alle kriegführenden Staaten glaubten, ihre gewaltigen Armeen würden den oder die Gegner niederwerfen.[36] Auch deshalb, weil niemand eine Idee hatte, wie die riesigen Heeres- und Flottenverbände auf Dauer versorgt und kampfkräftig gehalten werden konnten. Und deshalb neigten die Militärs dazu, den Krieg jetzt herbeizusehnen, bevor noch größere Armeen noch größere Gefahren und Herausforderungen heraufbeschwören würden. Die Bevölkerung da-

3. »Geld, Geld und außerdem Geld!« – die Bezahlung der Schlächterei

gegen konnte sich nicht vorstellen, dass die lange Friedensperiode zu Ende gehen würde.[37]

Doch dann kam alles anders als geplant und gehofft: der Krieg wurde vom patriotischen Abenteuer, in das tausende junger Männer nicht schnell genug ziehen konnten, zur Katastrophe und zum entsetzlichen Zustand.[38] Die Lazarette und Friedhöfe füllten sich, die Geschäfte leerten sich, die Sorge um die Soldaten an den Fronten mehrten sich und die Siegeshoffnungen sanken. Nicht zuletzt stellte sich die Frage: Wie werden die ungeheuren Anstrengungen bezahlt?

Die Bevölkerung hatte die Gefahr frühzeitig geahnt: Schon Ende Juli hatten sich Schlangen vor den Schaltern der Banken gebildet, wo besorgte Bürger ihre Banknoten gegen Goldmünzen tauschten. Gold war doch etwas anderes als Papier und einige 10- oder 20-Mark Münzen im Haus zu haben konnte nicht verkehrt sein in diesen unsicheren Zeiten. So floss aus dem Goldschatz der Reichsbank bis zum Monatsende Gold im Wert von mehr als 114 Mio. Mark ab.[39] Bei steigender Kriegsgefahr und sinkendem Goldbestand war es konsequent, dass die Banken am Freitag, den 31. Juli geschlossen wurden. Und als sie am Dienstag, den 4. August, die Tore wieder öffneten, war der Krieg ausgebrochen und die Goldeinlösungspflicht aufgehoben.

Das war nur die erste von mehreren Verordnungen, die das Geldsystem des Reiches radikal änderten und auf den Krieg einstellten: der Krieg wurde durch Kredite finanziert, d. h. der Staat lieh sich das Geld bei seinen Bürgern über Kriegsanleihen. Um die Zahlungsfähigkeit zu sichern, wurden zugleich die Darlehenskassen errichtet, wo sich die Wirtschaft gegen Warensicherheit (Lombard) Kredit in Form von »Darlehenskassenscheinen« verschaffen konnte. Damit wurde praktisch eine zweite Währung geschaffen, die neben der Mark existierte. Diese Zweitwährung war nicht mit Gold unterlegt, wurde aber von der Reichsbank als Zahlungsmittel anerkannt und konnte unbegrenzt vermehrt werden. Durch diese Zweitwährung sollte der Krieg bezahlt werden ohne die offizielle Währung, die Mark, zu gefährden, denn diese war weiterhin mit Gold unterlegt, gültig und scheinbar unverändert.

3. »Geld, Geld und außerdem Geld!« – die Bezahlung der Schlächterei

Falls es Krieg geben würde, davon waren alle Seiten überzeugt gewesen, würde er kurz sein.[40] Diesem heute naiv erscheinenden Gedanken lagen jedoch durchaus begründete Überlegungen zugrunde: Die großen Armeen, die aufgrund der fortwährenden Aufrüstung seit Ende des 19. Jahrhunderts entstanden waren, ließen sich trotz der Fortschritte in Kommunikation (Telegraphie) und Transport (Eisenbahn) nur schwer steuern. Vor allem war man sich des Problems der Versorgung bewusst: die großen Militärverbände glichen gefräßigen Dinosauriern, die kontinuierlich ungeheure Mengen an Waffen, Munition, Material und Verpflegung benötigten. Dafür musste in einem längeren Krieg die Wirtschaft kriegführender Staaten weitgehend auf Rüstungsproduktion umgestellt werden. Und damit ging die Versorgung der Armeen zu Lasten des Wohlstands und der Versorgung der Zivilbevölkerung. Diese unangenehmen Gedanken schoben die Kriegsplaner lieber beiseite.[41] Der Krieg musste also kurz sein, damit die Armee aus den bestehenden Vorräten versorgt werden konnte.

Schon der Aufwand für die erste Phase des Kampfes war gewaltig genug: Allein für die erste Mobilmachungswoche waren 750 Mio. Mark und für den ersten Monat der Kriegführung 2,25 Mrd. Mark (zusammen ca. 18 Mrd. Euro) veranschlagt.[42] Dieses Geld musste nun sehr schnell verfügbar sein. Dazu wurden am 4. August 1914 im Reichstag das Gesetz über die Gründung von Darlehenskassen und das Gesetz über die Auflegung von Kriegsanleihen verabschiedet.

Ganz wichtig war es, die Golddeckung der Mark aufrechtzuerhalten, um die Stabilität der Mark nachweisen zu können. Das war nicht nur aus politischen oder Prestigegründen bedeutsam, sondern auch notwendig, um das Vertrauen der neutralen Staaten in die Mark in Zeiten wechselnden Kriegsglücks zu bewahren. Wichtig und notwendig, denn diese Staaten waren die letzte Quelle für Importe, nachdem die Royal Navy eine Einfuhrblockade über Deutschland verhängt hatte und die übrigen Feindstaaten ohnehin nichts mehr lieferten.

Als der Krieg ausbrach, handelte die Reichsbank daher schnell und energisch. Die Goldeinlösungspflicht der Mark wurde aufgehoben und das Zweitgeld in Form der Darlehenskassenscheine wurde eingeführt.

3. »Geld, Geld und außerdem Geld!« – die Bezahlung der Schlächterei

Die Wirtschaft, von der Einberufung vieler Mitarbeiter und der Umstellung auf Kriegsproduktion belastet, kam mit Hilfe dieses »Zweitgeldes« ohne ein Moratorium, also ohne eine Fristverlängerung für Zahlungsverpflichtungen, durch die erste Phase des Krieges. Der Präsident der Reichsbank, Rudolf Havenstein (1857–1923) schrieb im September 1914:[43]

> Wir müssen unter allen Umständen die Zahlung unserer Verpflichtungen beibehalten. Alle Vorbereitungen für die finanzielle Mobilisierung waren darauf gerichtet und sie haben sich wunderbar bewährt und wir können stolz darauf sein, daß wir als das produktivste von allen Ländern der Erde, allein inmitten der Feindkräfte, ohne Moratorium durchgekommen sind ...

Wofür der Reichsbankpräsident sich so lobte, war der erste Schritt in den Prozess der ungebremsten Geldschöpfung. Statt der Wirtschaft durch ein Kredit-Moratorium Gelegenheit zu geben, sich an die Kriegssituation anzupassen, wurde ihr zusätzliche Liquidität gegeben: durch die Darlehenskassenscheine. Das sollte als Zeichen der Solidität und Stärke sowohl der Wirtschaft wie des Finanzsystems verstanden werden und die Überlegenheit Deutschlands gegenüber seinen Feinden auch auf diesem Gebiet zeigen. Auf diese Weise sollte dem Ausland, vor allem den neutralen Staaten gegenüber, die im Krieg das Reich beliefern sollten, Stärke und Zuverlässigkeit demonstriert werden.

Doch es war ein Scheinerfolg, denn der Krieg entwickelte sich anders als erwartet. Ende 1914 hatte noch niemand eine Vorstellung von den wirtschaftlichen und finanziellen Herausforderungen, die dem Reich bevorstanden. Zunächst wurde die Reichsbank für ihre Entscheidungen gelobt, ihr Präsident wurde voller Respekt als »Geldmarschall« bezeichnet und genoss großes Ansehen. Man würde die Mark schon heil durch den Krieg manövrieren, die Golddeckung der offiziellen Mark stieg, die Zweitwährung im Inland wurde akzeptiert, der Kriegsverlauf war im Großen und Ganzen erfreulich – alles lief nach Plan! Tatsächlich stiegen die Goldreserven der Reichsbank im Krieg sogar noch weiter an und erreichten ihren Höchststand 1917. Das war die Folge von Patriotismus und Sieges-

3. »Geld, Geld und außerdem Geld!« – die Bezahlung der Schlächterei

zuversicht, aber auch Ergebnis einer offensiven Werbekampagne der Reichsbank, die an die Vaterlandsliebe der Deutschen appellierte.[44] Der Wert der eingetauschten Münzen, Schmucksachen und anderer Wertgegenstände wurde zum geltenden Goldpreis ausbezahlt: in Papiermark. Dass die Bevölkerung sich von den materiellen, sicher in vielen Fällen auch emotional behafteten Werten trennte, ist vor allem durch das Vertrauen in die Reichsbank zu erklären: Die Goldeinlösungspflicht der Mark war zwar aufgehoben, nicht aber die Golddeckung der Mark!

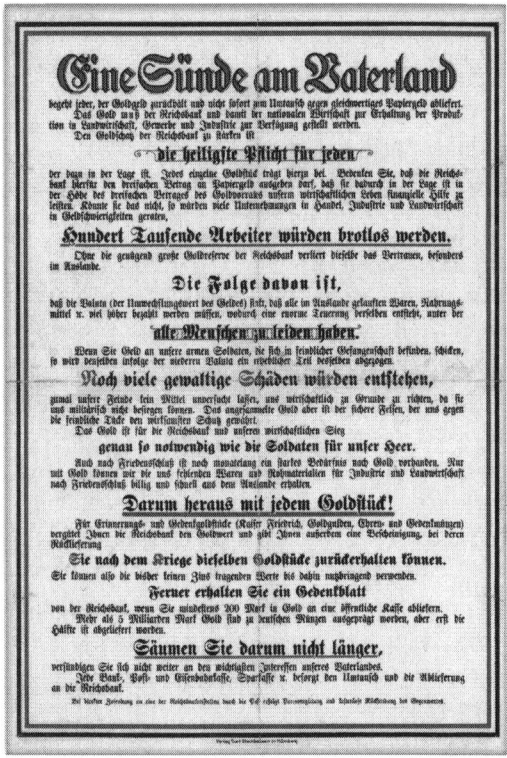

Abb. 1: Werbung für den Eintausch von Goldmünzen gegen Papiergeld.

3. »Geld, Geld und außerdem Geld!« – die Bezahlung der Schlächterei

Also trugen die Deutschen ihr Gold und ihre Goldmünzen zu den Reichsbankfilialen, nicht ahnend, dass sie ihre hart erarbeiteten und liebgewonnenen Schätze in ein Fass ohne Boden versenkten. Zusätzlich zur Aktion der Reichsbank, Gold gegen Papiergeld zu tauschen, gab es noch die Spendenaufrufe »Gold gab ich für Eisen«[45], die an die Aufrufe während der Befreiungskriege von 1813 erinnerten und soziale Hilfsleistungen finanzierten. Die Frankfurter Nachrichten meldeten am 16. Dezember 1914, bei einer solchen Sammlung – es sollte nicht die einzige bleiben – seien über 300.000 Mark zusammengekommen,[46] die für die Kriegsfürsorge verwendet würden, vor allem für den Abschluss von Lebensversicherungen für die Familien von Kriegsteilnehmern und für hilfsbedürftige Personen.[47]

Die Kassenscheine – das Geld aus dem Nichts

Die Darlehenskassenscheine waren kurzfristige Kredite mit einer Laufzeit von drei Monaten, die verlängert werden konnten. Sie konnten erworben werden, wenn eine Sicherheit hinterlegt wurde: das konnten Rohstoffe, Fertigwaren oder Wertpapiere, z. B. Kriegsanleihen sein. Die Kassenscheine konnten bei der Reichsbank eingereicht werden; für die Reichsbank galten die Kassenscheine als Äquivalent zur Goldmark und so konnte die Reichsbank die dreifache Menge an Papiermark emittieren, denn für eine Goldmark konnten drei Papiermark geschaffen (emittiert) werden (wir erinnern uns: die Geldmenge des Reiches war nur zu einem Drittel mit Gold unterlegt). Die wundersame Geldvermehrung war erfunden, denn mit dem Geld konnten nun Waren erworben und als Sicherheit für weitere Kassenscheine hinterlegt werden!

Die Reichsbank war offensichtlich kriegsbereit, denn die Parallelwährung der Darlehenskassenscheine war gut vorbereitet. Sie wurde gleich am 4. August 1914 als Gesetz erlassen und die notwendige Verwaltung wurde sofort in den Filialen der Reichsbank eingerichtet.

Dort gab es eigene Büros und eigenes Personal, sodass die Reichsbank stets sagen konnte, sie habe mit den Darlehenskassenscheinen nichts zu tun, weshalb diese auch nicht der Golddeckungspflicht unterlagen. Durch diesen juristischen Kniff wurde die neue Währung von der Mark getrennt.[48] Allerdings bestand laut Gesetz eine Annahmepflicht der öffentlichen Kassen für die Scheine, die dafür Banknoten ausgaben. Auf diese Weise wurden die Darlehenskassenscheine zu »richtigem« Geld. Um die Deckungsvorschriften der Mark nicht zu verletzen, wurden die Vorschriften aufgeweicht, indem die »Bardeckung« eingeführt wurde. Was vertrauensbildend nach Bargeld klang, war in Wirklichkeit die beschönigende Bezeichnung für Kassenscheine sowie Kriegsanleihen als Deckung für Geld – so wie es bis dahin nur Gold gewesen war.[49]

Man konnte sich also Kredit verschaffen, indem man Waren, Wertpapiere, Forderungen als »Sicherheit« für die Darlehenskassenscheine vorwies, diese anschließend, sozusagen eine Tür weiter, in der Reichsbankfiliale in Geld tauschte, damit Rechnungen bezahlte oder Einkäufe tätigte und die erworbenen Waren wieder als Sicherheit für Kassenscheine vorwies und wieder Geld dafür bekam: ein Perpetuum Mobile der Geldschöpfung. Die Reichsbank konnte wiederum mit unschuldigem Augenaufschlag behaupten, sie folge nur ihrem gesetzlichen Auftrag, die Kassenscheine gegen Geld zu wechseln, und da die Kassenscheine ja durch Sicherheiten gedeckt seien, sei das auch völlig in Ordnung. Die Reichsbank brauchte sich mit dem Sammelsurium an Sicherheiten, mit denen die Kassenscheine unterlegt waren, nicht zu plagen und konnte auf die Golddeckung der Mark verweisen. Dass die Golddeckung in Prozent der gesamten Geldmenge aufgrund der ständig steigenden Menge Papiergeld, die gegen die Kassenscheine ausgegeben wurden, immer geringer wurde, thematisierte man nicht. Vielmehr wurde stolz darauf verwiesen, dass die Menge Gold, die in den Tresoren der Reichsbank lagerte, immer weiter stieg!

Die Geldschleuse, die so geöffnet wurde, bestand in der Verlängerung der Darlehenskassenscheine, die an sich auf drei Monate begrenzt waren, aber prolongiert werden konnten. Die alten Kassen-

3. »Geld, Geld und außerdem Geld!« – die Bezahlung der Schlächterei

scheine wurden verlängert, neue ausgegeben – die Geldmenge wuchs, die Zahlung aller Rechnungen war gewährleistet! Es ist eines der Seltsamkeiten dieser Entwicklung, dass niemand auf die Gefahren dieser Entwicklung hinwies. War es Unwissen, oder die Hoffnung, dass der Feind nach seiner Niederwerfung alles zahlen würde, der Blick auf die militärische und politische Seite des Krieges? Möglicherweise war es die Konzentration auf die unmittelbaren Aufgaben: als Erstes galt es, den Krieg zu gewinnen, alles andere würde sich danach weisen.

Der Goldbestand hatte sich nach Kriegsausbruch von 1,2 Mrd. Mark auf deutlich über 2 Mrd. Mark erhöht und war unter Schwankungen bis Kriegsende auf diesem Niveau geblieben. Demgegenüber waren die Kassenscheine explosionsartig angewachsen: von 33 Mio. Mark auf 5,3 Mrd. Mark Ende 1918. Doch die Tendenz blieb weiter steigend, wie die Zahl für Ende 1919 zeigt: 8,1 Mrd. Mark! Entsprechend hatte sich der Notenumlauf fast verzehnfacht, von 2,9 Mrd. Mark auf 22,2 Mrd. Mark, Tendenz gleichfalls weiter steigend. Die Notendeckung durch Gold, war – trotz des höheren Goldbestandes – parallel gesunken. Sie hatte sich gezehntelt, die 55 % Golddeckung der deutschen Währung Anfang des Krieges waren auf 5 % gesunken!

Die Kriegsanleihen – die patriotische Geldanlage

Schon am 4. August 1914 wurde die erste Kriegsanleihe von 4,5 Mrd. Mark ausgegeben, um die notwendigen Mittel für den Feldzug bereitzustellen. Alle Parteien stimmten dafür, einschließlich der SPD, die erklärte: »*Wir lassen in der Stunde der Gefahr das eigene Vaterland nicht im Stich.*«[50] So nahmen die Dinge ihren Lauf. Es gab gute Argumente für die Anleihe-Finanzierung des Krieges: neue Steuern hätten lange Debatten ausgelöst und den Protest derjenigen, die davon besonders betroffen worden wären. Das musste verhindert werden, der »Burgfriede« – mit diesem Begriff wurde die Einigkeit der Nation im

Die Kriegsanleihen – die patriotische Geldanlage

Reichsbankausweise:

	31. Dez. 1913	31. Juli 1914	31. Dez. 1914	31. Dez. 1915	31. Dez. 1916	31. Dez. 1917	31. Dez. 1918	31. Mai 1919
Metallbestand	1 446 803	1 528 026	2 129 676	2 477 258	2 536 792	2 587 936	2 282 000	1 536 482
Darunter Gold	1 169 971	1 253 199	2 092 811	2 445 185	2 520 473	2 406 586	2 262 000	1 516 111
Reichskassenscheine und Darlehenskassenscheine	46 202	33 448	875 000	1 287 865	422 089	1 314 790	5 267 000	8 068 767
Noten anderer Banken	12 765	11 513	5 312	3 130	1 094	674	3 000	3 698
Wechselbestand, Schecks und Diskont, Schatzanweisungen	1 490 749	2 081 075	3 936 568	5 803 314	9 609 797	14 596 106	27 416 000	28 659 472
Lombarddarlehen	94 473	202 190	22 870	12 039	9 758	5 111	6 000	8 769
Effektenbestand	408 410	396 603	33 972	51 375	83 749	69 161	156 000	123 701
Sonst. Aktiva	225 135	218 079	215 013	272 229	784 125	2 091 394	2 380 000	2 181 129
Noten-Umlauf	2 593 445	2 909 422	5 045 899	6 917 922	8 054 652	11 467 749	22 188 000	28 244 923
Depositen	793 130	1 258 562	1 756 907	2 359 012	4 564 206	8 050 389	13 280 000	9 987 875
Sonst. Passiva	82 924	48 562	161 126	370 626	563 345	896 897	1 776 000	2 066 723
Gesetzliche Noten-Deckung	57,57	53,69	59,54	54,42	36,73	34,03	34,02	34,01
Notendeckung durch Metall	55,7	52,5	42,2	35,8	31,5	22,6	10,3	5,4

Abb. 2: Der Reichsbankausweis zeigt die Entwicklung von Geld und Kredit.

3. »Geld, Geld und außerdem Geld!« – die Bezahlung der Schlächterei

Krieg bezeichnet – durfte nicht gefährdet werden! Anleihen hatten dagegen drei Vorteile: sie konnten sofort begeben werden, sie wurden von der wohlhabenden Bevölkerung gezeichnet, die entsprechende Guthaben besaß und sie verlagerten bei den vorgesehenen langen Laufzeiten die Schuldentilgung weit in die Zukunft. Die Kriegsanleihen hatten eine Laufzeit von 10 Jahren und die ersten konnten nicht vor 1924 gekündigt werden, alle weiteren noch später. Die Rückzahlung der Kriegskosten wurde also in die Zukunft verlegt, wenn hoffentlich ein Weg gefunden war, die hohen Kredite, die der Staat jetzt bei der Bevölkerung aufnahm, zurückzuzahlen.

Auf diese Weise bekam der Staat das akut benötigte Geld sofort, für die Bürger war der Kauf einer Kriegsanleihe eine patriotische Tat und außerdem mit 5 % gut verzinst. Der innere Friede wurde nicht gefährdet und wo eine Anleihe gezeichnet worden war, würde sicher auch eine zweite gezeichnet werden – wenn nötig. Und es war nötig. Die Vorstellung eines kurzen Krieges erwies sich als Illusion und so wurden alle 6 Monate Kriegsanleihen aufgelegt und umfassten am Ende des Krieges ein Volumen von insgesamt 49,4 Mrd. Mark.

Kriegsanleihe		Zahl der Zeichner	Nennbetrag der Zeichnung	Hiervon entfallen auf die Reichsbankhauptstelle Frankfurt a. M.
			M	M
I.	1914	1 177 235	4 460 Millionen	148 200 000
II.	1915	2 691 060	9 060 »	330 000 000
III.	1915	3 966 418	12 101 »	459 300 000
IV.	1916	5 279 645	10 712 »	406 800 000
V.	1916	3 809 976	10 652 »	392 600 000
VI.	1917	7 063 847	13 122 »	499 800 000
VII.	1917	5 530 285	12 626 »	452 800 000
VIII.	1918	6 869 901	15 001 »	527 700 000
IX.	1918	2 742 446	10 443 »	352 000 000

Abb. 3: Zeichnung der Kriegsanleihen und der Beitrag der Frankfurter Bevölkerung.

Die erste Kriegsanleihe über 4,5 Mrd. Mark war die kleinste, die zweite hatte schon ein Volumen von 9,1 Mrd. Mark und von da an waren alle Kriegsanleihen mit einem Volumen von über 10 Mrd. Mark ausgestattet. Die vorletzte im März 1918 war 15 Mrd. Mark groß! Gewaltige Summen, aber immer noch viel zu wenig, um den Krieg zu bezahlen: Ab 1916 war das Volumen der Rechnungen, die das Reich bezahlen musste, größer als die Einnahmen aus den Kriegsanleihen. An sich war es ein durchdachtes System, das die Reichsbank und die Regierung bei Kriegsausbruch in Bewegung setzten. Durch die Darlehenskassenscheine wurde Geld geschaffen um die Zahlungsfähigkeit der Industrie aufrechtzuerhalten; durch die Kriegsanleihen wurde dieses Geld wieder aus dem Verkehr gezogen. Auf diese Weise wurde erst Geld geschaffen und später – gegen 5 % Zins – wieder abgeschöpft. So dachte man, könnte man durch den Krieg kommen, ohne die Stabilität der Währung zu gefährden. Wie die Kredite samt Zinsen zurückgezahlt würden, war eine Frage, die irgendwann in der Zukunft beantwortet werden musste.

Die Praxis dieses Finanzierungssystems sah ab 1916 allerdings anders aus. Um das reibungslose Arbeiten der Rüstungsindustrie zu sichern, wurden nicht nur die hohen Gewinne der Rüstungsindustrie hingenommen, sondern auch die Löhne der Arbeiter großzügig erhöht. Da die zivile Warenmenge aber nicht wuchs, sondern sich durch die Blockade der Royal Navy und den Vorrang der Rüstungsproduktion immer weiter verminderte, stiegen die Preise für die knapper werdenden Lebensmittel, wie auch für andere Güter des täglichen Bedarfs: Kleidung, Schuhe, alles wurde teurer. Ergebnis dieser Entwicklung: die Gewerkschaften forderten höhere Löhne und diese wurden gewährt, um die Rüstungsproduktion nicht zu gefährden. Eine Lohn-Preis-Spirale kam in Bewegung und drehte sich immer schneller, je knapper die lebensnotwendigen Güter wurden. Trotz dieses Karussells sanken die Reallöhne, weil die Preise für das tägliche Leben schneller stiegen als die Lohnerhöhungen hinterherkamen. So vervierfachte sich der ausgezahlte Lohn eines Arbeiters von 1914–1919, sein Realeinkommen aber sank um 10 %. Bei einem Handwerker (z. B. Buchdrucker) dessen Tätigkeit nicht kriegswichtig war, sank der Reallohn in dieser Zeit um 30 %![51]

Zunächst waren die Kriegsanleihen ein Zeichen für den Patriotismus der Deutschen: die Zahl der sogenannten »Kleinzeichnungen«

3. »Geld, Geld und außerdem Geld!« – die Bezahlung der Schlächterei

von Beträgen bis 2.000 Mark machten 90 % der eingezahlten Summen bei der vierten Kriegsanleihe aus.[52] Sie waren der Beweis für die Siegeszuversicht der gesamten Bevölkerung wie auch für den Geldüberhang. 1916, als für diese vierte Anleihe geworben wurde, war Geld reichlich vorhanden weil der Mangel an Waren aller Art für die Bevölkerung längst spürbar geworden war. Frankfurt war im Vergleich mit anderen Städten führend mit einem Volumen von 3,7 % bei der Zeichnung von Kriegsanleihen.[53] Es waren auch die jüdischen Bürger Frankfurts, die auf diese Weise ihren Patriotismus demonstrierten, um keine Zweifel aufkommen zu lassen, dass sie auf Seiten des Reiches standen und für dessen Ziele eintraten.

Trotz Patriotismus und Geldüberhang: ab September 1916 waren die Mittel aus den Kriegsanleihen geringer als die offenen Rechnungen des Reiches, die mit »Schatzanweisungen« bezahlt wurden. Das Volk konnte den Krieg nicht mehr bezahlen! Die Schulden des Reiches stiegen und konnten nur gedeckt werden, indem das Reich die Schatzanweisungen direkt bei der Reichsbank einreichte, die dafür wiederum neues Geld ausgab. Die Steigerung der Geldmenge – nun nicht nur durch die Kassenscheine, sondern auch noch durch die Schatzanweisungen – löste Preiserhöhungen aus, die die Rechnungen für Staat, Wirtschaft und Private weiter verteuerte und den Schuldenberg wachsen ließ – die Inflation gewann an Dynamik![54]

Mit dem schwieriger werdenden Kriegsverlauf wuchs auch die Skepsis hinsichtlich seiner Finanzierung. Doch die Risiken eines Investments in Kriegsanleihen wurden von offizieller Stelle nicht nur heruntergespielt, sie wurden geleugnet. Karl Helfferich, Finanz-Staatssekretär und einer der Architekten der Kriegsfinanzierung, führte in einer von ihm verfassten Broschüre über die Kriegsanleihen aus:[55]

> Die entscheidenden Ursachen unseres großen finanziellen Erfolges sind vielmehr die folgenden: Erstens ist Deutschlands Volkswohlstand im Laufe der letzten Jahrzehnte dem altberühmten Reichtum Frankreichs und sogar demjenigen Englands vorausgeeilt. Zweitens verfügt Deutschland für Friedens- und für Kriegszeiten über eine unvergleichlich bessere wirtschaftliche und finanzielle Organisation als unsere Gegner. Drittens äußert sich der ge-

Tab. 1: Deutsche Kriegsanleihen und Schatzanweisungen im Ersten Weltkrieg (in Millionen Mark).

Kriegsanleihe		Nennbetrag der Zeichnung	Ausstehende Schatzanweisungen	Saldo
I.	September 1914	4.460	2.632	+1.832
II.	März 1915	9.060	7.209	+1.851
III.	September 1915	12.101	9.691	+2.410
IV.	März 1916	10.712	10.388	+324
V.	September 1916	10.652	12.766	−2.114
VI.	März 1917	13.122	14.855	−1.733
VII.	September 1917	12.626	27.204	−14.578
VIII.	März 1918	15.001	38.971	−23.970
IX.	September 1918	10.443	49.414	−38.971

Quelle: Entnommen aus Konrad Roesler: Die Finanzpolitik des Deutschen Reiches im Ersten Weltkrieg. Duncker und Humblot, Berlin 1967, S. 79 (Tabelle 5)

waltige Aufschwung unseres Volkes in dieser schicksalsschweren Zeit in einem von den Franzosen nicht erreichten und von den Engländern ungekannten Opferwillen. Und schließlich haben wir auch auf dem finanziellen Gebiete Führer, deren Willenskraft und klarer Blick den Sieg verbürgen.

Angesichts dieser Argumente, vorgetragen von einem der angesehensten Finanzexperten des Reiches, konnte nur ein vaterlandsloser Geselle noch an der Solidität der deutschen Kriegsfinanzierung Zweifel haben.

3. »Geld, Geld und außerdem Geld!« – die Bezahlung der Schlächterei

Die Einkommen und Gewinne – der Krieg nährt das Volk

Die wundersame Geldvermehrung durch die Kassenscheine hatte eine problematische Seite. Mehr Geld bei gleichbleibender bzw. sinkender Gütermenge hieß: steigende Preise. Bis 1916 wurde diese Entwicklung nicht als kritisch wahrgenommen. Die steigenden Preise lastete man der Einfuhrsperre der Engländer an, das Vertrauen in die Mark und die Hoffnung auf einen bald siegreich beendeten Krieg, getragen von Patriotismus und Opferbereitschaft, sorgten für Vertrauen in die Mark. Es gab keine Inflationserwartung,[56] vielmehr schien für alles, Produktion, Löhne, Unterstützungsleistungen und vieles mehr, genug Geld vorhanden zu sein. Doch ab 1915 schlichen sich Zweifel in die vaterländische Gesinnung: die Versorgung mit Lebensmitteln und anderen Gütern des täglichen Bedarfs verschlechterte sich immer mehr und die Nachrichten aus den Kriegsgebieten wurden nicht besser. Im Herbst 1915 kam es zu ersten Plünderungen von Lebensmittelgeschäften[57] und die Selbstversorgung auf dem Schwarzmarkt oder direkt beim Bauern auf dem Land, das »Hamstern«, griff immer mehr um sich, auch im Bürgertum, wo dieses selbstsüchtige Zusammenraffen wichtiger Güter ursprünglich verpönt gewesen war.[58]

In der zunehmend angespannten militärischen Lage durfte jedoch die Waffen- und Munitionsproduktion auf keinen Fall durch Streiks unterbrochen werden. Also wurden die Löhne weiter erhöht. Waren die Stundenlöhne in der Metallverarbeitenden Industrie in Magdeburg von Juli 1914 bis Januar 1916 um ganze 16 % gestiegen, hatten sie sich ein Jahr später, im Januar 1917, bereits um 47 % gegenüber Juli 1914 erhöht. Bis in den Sommer 1918 lag die Erhöhung des Stundenlohnes im Vergleich zum letzten Friedensmonat bei 147 %.[59] Nicht alle profitierten vom Geldsegen. Es gab große Unterschiede bei den Lohnerhöhungen zwischen den verschiedenen Branchen, vor allem zwischen der Rüstungs- und der Konsumgüterindustrie, zwischen

Männern und Frauen, gelernten und ungelernten Arbeitskräften. Insgesamt aber stiegen die Löhne der Arbeiterschaft während des Krieges stark an und hatten sich bei Kriegsende mehr als verdoppelt: der durchschnittliche Tagesverdienst in 370 Unternehmen zeigt, dass männliche Arbeiter der Rüstungsindustrie im September 1918 das 2,5fache des Lohnes vom März 1914 verdienten. Auch die weiblichen Arbeiter der Rüstungsindustrie konnten ihre Löhne mehr als verdoppeln.[60] Allerdings gingen die höheren Tagesverdienste oft mit längeren Arbeitszeiten einher.

Es war kein Zufall, dass der Beginn großer Lohnerhöhungen in den Sommer 1916 fiel, in dem mit der Verkündung des »Hindenburg-Programms« der Krieg vom ganzen Reich Besitz ergriff. Das Programm sah die massive Steigerung der Rüstungsproduktion vor und die Erfassung aller männlichen Reichsbürger zwischen 17 und 60 Jahren für den Dienst in der Armee oder in der Rüstungsindustrie. Unrealistische Produktionsvorgaben, mangelnde Kapazitäten und fehlende Arbeitskräfte ließen das Programm zu einem Misserfolg verkommen. Keines der ehrgeizigen Ziele, das unter anderem eine Verdoppelung der Munitionsproduktion und eine Verdreifachung der Zahl der neu hergestellten Maschinengewehre vorsah, konnte erreicht werden. Allerdings wurde die Position der Gewerkschaften gestärkt, die angesichts der Notwendigkeit, die Rüstungsproduktion zu steigern, die Knappheit an Arbeitskräften nutzen konnten, um Verbesserungen für die Arbeiterschaft durchzusetzen. Entsprechend stieg die Zahl der gewerkschaftlich organisierten Arbeiter von 3 Mio. (1913) auf 6,5 Mio. (1919).[61] Doch trotz spürbarer Lohnsteigerungen und der Verhandlungsmacht der Gewerkschaften sanken die realen Wochenlöhne der Arbeiter (Lohn im Verhältnis zu Lebenshaltungskosten) bis zum Kriegsende um bis zu 35 %.[62]

Angesichts dieser Preissteigerungen wurde das nominale Einkommen häufig weniger wichtig als andere Zulagen, die sich vor allem die großen Rüstungsbetriebe leisten konnten: bessere Versorgung mit Nahrung durch die Werkskantinen oder den Verkauf von Lebensmitteln zu vergünstigten Preisen. Wer nicht in den Genuss solcher Vergünstigungen kam, konnte nur feststellen, dass er oder sie

3. »Geld, Geld und außerdem Geld!« – die Bezahlung der Schlächterei

mit immer mehr Geld immer weniger kaufen konnte, sei es, weil viele Waren nicht mehr zu haben waren, sei es, dass die Preise stärker gestiegen waren als die Markbeträge, die man in der Tasche hatte.

Tab. 2: Einkommensrückgänge bei Beamten und Arbeitern 1913–1918.

	Höherer Reichsbeamter (Monatsgehalt)			Gelernter Reichsbetriebs-Arbeiter (Wochenlohn)		
	Nominal	Real	In % vom Gehalt 1913	Nominal	Real	In % vom Lohn 1913
1913	608	608	100	34,56	34,56	100
1914	608	590	97	34,56	33,59	97
1915	608	470	77	35,64	27,54	80
1916	608	358	59	40,56	23,90	69
1917	660	261	43	55,85	22,08	64
1918	891	284	47	90,20	28,90	83

Quelle: Statistisches Reichsamt, Zahlen zur Geldentwertung in Deutschland 1914–1923, Berlin 1925, S. 41–43; s. a.: Feldman, Disorder, S. 82–84 und Kocka, Jürgen, Klassengesellschaft im Krieg: Deutsche Sozialgeschichte 1914–1918, Frankfurt 1988, S. 74.

Die Einkommensunterschiede zwischen den Arbeitern und den Beamten schrumpften: 1913 verdiente ein Arbeiter 138 Mark monatlich (4 x 34,56 Mark, gerundet), der Beamte 608 Mark, das war mehr als das Vierfache. Bei Kriegsende betrug der Unterschied der realen Einkommen noch das 2,4fache. Das war die Folge aus den Lohnsteigerungen im Krieg und der gewachsenen Macht der Gewerkschaften auf der einen Seite wie auch der relativen Machtlosigkeit der Beamten, Angestellten und freien Berufe (Ärzte, Anwälte, Architekten), die keine vergleichbare Interessenvertretung besaßen und die für die Kriegsanstrengungen nicht von der gleichen Bedeutung waren wie die Rüstungsarbeiter.

Die Einkommen und Gewinne – der Krieg nährt das Volk

Was sich bei den abhängig Beschäftigten als Reallohnverlust zeigte, bedeutete für viele Handwerker, Händler und Kleinunternehmer schlicht den Bankrott. Waren es zu Anfang des Krieges die offenen Rechnungen, die nicht mehr bezahlt wurden, weil Lieferanten und/ oder Käufer eingezogen worden waren, so waren es später Betriebsschließungen von Handwerkern und Kleinunternehmern aus dem zivilen Bereich, die für Rüstungsproduktion und Ernährung nicht benötigt wurden und keine oder kaum Unterstützung bekamen, vom Baugewerbe bis zu den Friseuren. Die Unternehmen der Lebensmittelverarbeitung litten unter der Monopolstellung der Kriegsgesellschaften, die Preise und Mengen diktierten und auf die Kalkulation der Unternehmen wenig Rücksicht nahmen.[63] 1916 wurde die Wirkung der Kriegsmaßnahmen deutlich: pro 10.000 Einberufenen hatten 6.550 kleine Betriebe schließen müssen, in manchen Regionen waren das 60 %–80 % der Handwerksbetriebe.[64] Lediglich die für die Rüstungsproduktion wichtigen Handwerker, vor allem Schuhmacher, Sattler und Bekleidungs-Betriebe erhielten Aufträge und Bezahlung.

Die Arbeitgeber in Industrie und öffentlichem Dienst versuchten, die Lohnerhöhungen zumindest teilweise aufzufangen, indem sie die Grundlöhne unverändert ließen und sie durch »Teuerungszulagen« ergänzten in der Hoffnung, diese nach Kriegsende wieder streichen zu können. Vor allem im Ruhrgebiet, wo das Militär darauf drängte, Lohnforderungen nachzugeben um nicht die wirtschaftlich unverzichtbare Kohleförderung zu gefährden, stiegen die Löhne deutlich an und auch die Lohndifferenz zwischen Männern und Frauen verringerte sich.[65]

Die Entwicklung der Versorgung, der Preise und der Einkommen hatte nicht nur praktische Konsequenzen im Sinne von: Wer kann sich was leisten?, sondern führte auch zu einschneidenden sozialen Verschiebungen. Während die Arbeiter, gut organisiert und für die Rüstung unverzichtbar, durch Lohnerhöhungen einen wenn auch unvollständigen Ausgleich zu den Preissteigerungen erhielten, verarmte der Mittelstand: Alle, die feste Gehälter bezogen oder als Angehörige der Freien Berufe nach Gebührentabellen oder Provisions-

3. »Geld, Geld und außerdem Geld!« – die Bezahlung der Schlächterei

sätzen abrechneten, spürten ihr reales Einkommen schrumpfen. Besonders schmerzhaft wirkte sich dieser Prozess bei den Angestellten und den Beamten aus, denn während die Preise bis zum Kriegsende um rund 180 % stiegen, waren ihre Gehaltserhöhung gering.[66] Das Generalkommando Frankfurt – die militärische Befehlsstelle im Inland – warnte im Oktober 1917 mit Blick auf die gesamte Beamtenschaft: »*Dieser soziale Niedergang der Beamtenschaft birgt eine nicht zu unterschätzende Gefahr für den Staat.*«[67] Im Oktober 1916 berichtete das Generalkommando Berlin über die Stimmung der Beamten, bei diesen sei »Mißstimmung und Verbitterung« zu spüren, denn sie verdienten inzwischen weniger als viele Industriearbeiter und hätten keine Möglichkeit mehr, sich und ihre Familien ausreichend zu ernähren und zu kleiden.[68]

Fast noch härter als die Beamten traf es die Angestellten der unteren Ränge. Diese hatten stets ihre Distanz zur Arbeiterschaft und ihre Nähe zur bürgerlichen Mitte betont, weshalb sich auch der Begriff »Neuer Mittelstand« für diese soziale Gruppe gebildet hatte.[69] Aber die Angestellten besaßen nicht die Druckmittel der Rüstungsarbeiter, denn sie waren bei weitem nicht so unverzichtbar. Hatte ihr Einkommen vor Kriegsausbruch noch 15 % über dem Arbeiterlohn gelegen, waren sie jetzt weit abgeschlagen und die Betroffenen fürchteten die Proletarisierung.[70] Mit der Verminderung des Einkommens ging auch eine Veränderung des sozialen Status einher, der sich nicht auf die finanzielle Situation beschränkte. Das sinkende Realeinkommen machte dem »neuen Mittelstand« deutlich, wie wenig gefestigt seine berufliche und finanzielle Situation war, wie groß die Gefahr, zu »proletarisieren«, wie wenig Verlass auf die schützende Hand des Staates war. In Bayern sagte ein Vertreter der Einzelhandels-Angestellten 1918, die Situation sei schon vor dem Krieg schwierig gewesen, jetzt aber gehe es darum zu vermeiden, dass »*die ganze Schicht im Proletariat versinkt.*«[71]

Das immer ärmlicher werdende Leben in der Heimat wurde durch die Fülle von Spendenaufrufen deutlich. Diese appellierten an den Patriotismus und halfen, die Opfer des Krieges zu versorgen. So rief die Stadt Frankfurt bereits im August 1914 dazu auf, für die Verwundeten und Kranken zu spenden. Dem Spendenaufruf war eine Liste beigefügt mit den Namen derjenigen, die bereits gespendet hatten. Es fällt auf, wie viele Namen jüdischer Familien auf der Liste verzeichnet sind, angeführt von den Rothschilds, die mit einer Spende von 50.000 Mark den größten Betrag überwiesen, gefolgt vom Geheimrat Gans, Vorsitzender der Cassella-Werke, der mit 30.000 Mark, verteilt über 6 Monate, folgte.[72] Die Spendenaufrufe, die um Unterstützung für den Krieg, vor allem aber für seine zivilen wie auch militärischen Opfer baten, wiederholten sich in dringlicher werdenden Ton, wie der Aufruf aus dem Jahr 1916 zeigt.

Mangel an allem, steigende Preise, stagnierende Gehälter, Spenden für die Kriegsopfer: die steigende Verarmung zwang zur Umschichtung der Geldausgaben. Um das tägliche Leben bestreiten zu können, musste an anderen, vor allem an kulturellen Ausgaben gespart werden. Das aber berührte das Selbstverständnis nicht nur von Angestellten und Beamten, sondern des gesamten Bürgertums. Denn Kultur und Kulturgenuss war ein wichtiges Merkmal und Zeichen der bürgerlichen Gesellschaft: Literatur, Theater, Oper, Festlichkeiten. Daran zu sparen um noch genügend Mittel für das Notwendige zu haben war ein besonders schmerzlicher Einschnitt. Es zeigte sich, dass der Krieg und die Geldentwertung nicht nur quantitative Folgen hatte, sondern auch die gesellschaftliche Position und eine bis dahin für stabil gehaltene gesellschaftliche Ordnung gefährdete, weil Unterschiede und Distinktionsmerkmale ins Rutschen kamen.

Das Bürgertum sah seinen Abstieg mit Schrecken – und eine Folge dieser Entwicklung war eine zunehmende Radikalisierung von Teilen der gesellschaftlichen Mitte. Der Aufstieg der weit rechts stehenden Vaterlandspartei, die durch radikale Annektions-Forderungen auffiel, ist aus diesem Prozess zu erklären: je schlechter es heute geht, desto gewaltiger muss die Beute bei Kriegsende sein. Eine weitere Entwicklung zeichnete sich aber auch ab. Die vom Bürgertum dominierten Berufe, die Beamten voran, begannen sich zu organisieren. Man fing an, die eigenen Interessen aktiv zu vertreten und sich nicht mehr in alter Staatstreue auf die Obrigkeit zu verlassen. Im Februar 1916 gründete sich die »Interessengemeinschaft Deutscher Reichs-

3. »Geld, Geld und außerdem Geld!« – die Bezahlung der Schlächterei

Bürger Frankfurts!

Wieder rufen wir Euch alle auf: Helft die Not des Krieges lindern!

Großes hat Frankfurts Bürgerschaft geleistet. Fast 10 Millionen Mark sind allein der Zentralsammlung in Einzelgaben, in regelmäßigen Zuwendungen und durch die Volksspende seit Kriegsbeginn zugeflossen.

Großes gilt es noch zu leisten!

Es geht draußen ums Ganze, um Sein und Nichtsein unseres Volkes. Zur höchsten Leistungsfähigkeit gespannt, kämpfen an den Fronten, die sich über Erdteile erstrecken, zu Land und zur See, Heer und Marine. Zur höchsten Leistungsfähigkeit gespannt, arbeitet unsere Industrie, Unternehmer und Arbeiter Tag und Nacht, unsere Heere mit Waffen und Munition zu versehen.
Die Fürsorge für unsere Soldaten, für ihre Familien, für alle, die unter der Kriegsnot leiden, darf hinter Heer und Heimat nicht zurückstehen. Auch im Geben müssen wir unsere Kräfte bis zum höchsten anspannen. Auf Gedeih und Verderb ist das deutsche Volk als eine einzige große Gemeinschaft verbunden.
Im Krieg ist Opfern selbstverständliche Pflicht eines Jeden. Draußen opfern tausende und abertausende Leben und Gesundheit um des Vaterlandes willen.
Uns gelten diese Opfer!

Deshalb laßt auch uns opfern!

Oberbürgermeister Voigt **Polizeipräsident Rieß v. Scheurnschloß**
Geheimrat Dr. Friedleben **Dr. Wilhelm Merton**
Vorsteher der Stadtverordneten-Versammlung für die Zentralsammlung der Kriegsfürsorge
Verein vom Roten Kreuz **Vaterländischer Frauenverein**

Geldspenden nehmen entgegen:

Die Geschäftsstelle der Zentralsammlung der Kriegsfürsorge, Reuterweg 2 (Neubau); Die Kriegsfürsorge am Theaterplatz; Stadthauptkasse; Frankfurter Bank; Deutsche Bank; Deutsche Effekten- und Wechselbank; Deutsche Vereinsbank; Disconto-Gesellschaft; Dresdner Bank; Bank für Handel und Industrie (Darmstädter Bank); Frankfurter Genossenschaftsbank; Frankfurter Gewerbekasse; Mitteldeutsche Kreditbank; Pfälzische Bank sowie die sämtlichen hiesigen Tageszeitungen.

Abb. 4: Spendenaufruf an die Frankfurter Bevölkerung Ende 1916.

und Staatsbeamtenverbände«, Vorläufer des bis heute bestehenden »Deutschen Beamtenbundes«, der Ende 1918 aus der Interessengemeinschaft hervorging.[73]

Im krassen Gegensatz zur Verarmung immer weiterer Teile der Bevölkerung standen die rasant steigenden Gewinne der Unternehmen, vor allem der Kriegswirtschaft: gemessen an den Zahlen der 4.700 deutschen Aktiengesellschaften stiegen die Nettoerträge von 1,6 Mrd. Mark (1913/14) auf 2,2 Mrd. Mark (1917/18); der Gewinn stieg von 10,9 auf 13,7 % des Kapitals und die Dividenden erhöhten sich von 8,7 auf 10,1 %.[74] In zentralen Rüstungsbetrieben wie Krupp, Rheinmetall oder der Deutschen Waffen- und Munitionsfabrik waren die Steigerungen der Gewinne aufgrund des Rüstungsgeschäfts noch deutlich ausgeprägter. Die 16 wichtigsten Stahl- und Montanunternehmen erhöhten ihre Gewinne von 1913 bis 1917 um 800 %![75] Einen politischen Willen, dieser Bereicherung einen Riegel vorzuschieben, etwa durch die Besteuerung, gab es nicht. Die Bewahrung des Burgfriedens war oberstes Gebot. Der zivile Sektor der Wirtschaft musste im Krieg natürlich zugunsten der Rüstungswirtschaft zurückstecken; besonders die Baumwoll-, Glas-, Schuh- und Seifenindustrie reduzierte die Produktion ziviler Güter. Wer den Markt noch bedienen konnte, machte daher ebenfalls gute Gewinne, da diese Unternehmen von der Knappheit an zivilen Gütern profitierten.[76]

Erst 1916, sehr spät, wurde ein Gesetz verabschiedet, das die kriegsbedingten Gewinnsteigerungen einer zusätzlichen Steuer unterwarf. Das Kriegssteuergesetz vom 21. Juni 1916, das auf Basis der in 1913 erzielten Gewinne die Gewinnsteigerungen im Jahr 1916 einer zusätzlichen Steuer unterwarf, belegte die Zusatzgewinne gegenüber der Friedenszeit mit Steuersätzen von zusätzlichen 10–50 %.[77] Das klang dramatisch, kam aber spät, zumal die Steuer erst in 1917 fällig wurde und für Privatleute wie für Unternehmen zahlreiche Sonderregelungen enthielt, welche eine Minderung der Steuerlast ermöglichte. Die ausufernden Kriegskosten, die für das Jahr 1917 auf 39,6 Mrd. Mark stiegen, konnten jedenfalls nur zum geringsten Teil durch Steuern gedeckt werden.[78] Die Verschuldung des Reiches stieg weiter an, denn die Idee, den Geldüberhang durch Kriegsanleihen

3. »Geld, Geld und außerdem Geld!« – die Bezahlung der Schlächterei

abzuschöpfen, funktionierte ab 1916 nicht mehr, da von diesem Jahr an die Kriegskosten die Beträge, die durch Kriegsanleihen aufgebracht wurden, überstiegen.[79] Die Begründung der Kriegssteuer hatte etwas Widersinniges: es hieß vom Finanzministerium, die Steuer sei notwendig, um die Zinsen auf Kriegsanleihen bezahlen zu können, was nichts anderes hieß, als dass die Steuerpflichtigen, die Kriegsanleihen gezeichnet hatten, deren Zinsen durch die Steuer an sich selbst zahlten![80]

Der Versuch, die Übergewinne abzuschöpfen, lag nahe, denn die Gewinne der Industrie waren während des Krieges außerordentlich gestiegen. Die Bevölkerung, die trotz steigender Löhne und Gehälter zunehmend verarmte, nahm diese Zahlen mit Verbitterung auf. Die Industrie begründete ihre hohen Preise dagegen mit höheren Löhnen und der Unsicherheit der Kriegsproduktion. Sollte der Krieg enden – und das sollte ja bald der Fall sein –, dann seien die teuren Produktionsanlagen für Waffen und Munition zu großen Teilen nichts mehr wert und müssten verschrottet werden. Folglich müssten die investierten Gelder in kurzer Zeit wieder eingespielt werden und das gehe nur über hohe Verkaufspreise. Doch es entstand der Eindruck, dass der Krieg vor allem im Interesse der Industrie geführt wurde – und die Loyalität der Bevölkerung gegenüber dem Staat wurde durch solche Gedanken allmählich untergraben. Hinzu kamen die zusehends maßloseren Forderungen der »Alldeutschen« und der im September 1917 gegründeten »Vaterlandspartei«, die nicht nur die Kohle- und Erzlager in Belgien und Frankreich, sondern gleich die ganze Kanalküste, zudem Teile Russlands und noch viel mehr forderten.[81] Auch wenn diese Ansprüche mit den Opfern, die das deutsche Volk im Krieg erbracht hatte, gerechtfertigt wurden, wer würde denn den Nutzen aus dieser gigantischen Beute haben, die sich Industrie, Politiker, Interessenverbände und Glücksritter ausmalten? Doch nur – so die Meinung vieler Menschen – die kleine Gruppe, die reich und mächtig genug war, diese riesigen Bissen auch verdauen zu können.

Aber noch tobte der Krieg, forderte immense Opfer, und von Sieg, Frieden und reicher Beute konnte keine Rede mehr sein. Denn: der

Die Einkommen und Gewinne – der Krieg nährt das Volk

Krieg verlief nicht so, wie der deutsche Generalstab ihn ausgedacht hatte. Es war ein ganz anderer, ganz neuer Krieg, den die Soldaten wie die Zivilbevölkerung erlebten.

＃ 4. Kein Plan übersteht den ersten Schuss – die Illusion der Machbarkeit

»Wenn Sie den Krieg lieben, ziehen Sie einen Graben im Garten, füllen ihn halb mit Wasser, kriechen hinein und bleiben dort einen Tag oder zwei ohne etwas zu essen; ...«[82]

Als der Krieg ausbrach, war die Finanzierung vorbereitet und es war sichergestellt, dass alles, was benötigt wurde, über Kassenscheine bezahlt und über Kriegsanleihen auch finanziert werden konnte. Die Kriegsmaschine lief an und lief die ganzen vier Jahre. Wofür man kämpfen wollte, war weniger klar: ein genaues Kriegsziel gab es nicht. Das Reich wollte die Gegner schnell niederwerfen, Russland, Frankreich und England besiegen.

Doch schon wenige Wochen nach Beginn der Kämpfe sah die Situation anders aus als geplant. Vor allem der Kriegseintritt Großbritanniens war nicht vorhergesehen worden. Daraus ergab sich ein Problem, das die Heimat schwer bedrückte, denn die Seeblockade der Royal Navy schnitt das Reich von wichtigen Lieferungen ab. Vor allem die rund 20 % der Lebensmittel, die das Reich aus dem Ausland bezog, fehlten bald und waren kaum zu ersetzen, auch weil die eigene Lebensmittelproduktion zurückging. Personal fehlte, Pferde auch, sie waren im Kriegseinsatz. Im Osten rückte die russische Armee vor, anstatt eine langwierige Aufmarschbewegung zu vollziehen, wie es der Generalstab erwartet hatte. Im Westen war der Vormarsch indes bereits an der Marne gestoppt, anstatt sich schwungvoll Richtung Paris zu bewegen und das französische Heer zu umfassen. Es bewahrheitete sich der Satz von Generalfeldmarschall von Moltke (1800–1891):[83]

4. Kein Plan übersteht den ersten Schuss – die Illusion der Machbarkeit

Kein Operationsplan reicht mit einiger Sicherheit über das erste Zusammentreffen mit der feindlichen Hauptmacht hinaus.

Vier Jahre später, als das »große Schlachten«[84] zu Ende ging, hatte das kaiserliche Deutschland den Krieg verloren und sein Regierungssystem war zusammengebrochen. Der Verlust an Vertrauen war so total, dass selbst die Militärführung auf die Frage des Kaisers am 29. Oktober 1918 im Großen Hauptquartier, ob er sich auf die Armee verlassen könne, abwinkte. Wie konnte es geschehen, dass Loyalität und Verbundenheit mit dem kaiserlichen Staat so geräuschlos und ohne Widerstand zusammenbrach? Warum stemmte sich niemand gegen diese Entwicklung? Wie konnten die revolutionären Matrosen innerhalb von Tagen Deutschland übernehmen, ohne Kampf, ohne Blutvergießen? Der militärische Lagebericht für Prinz Max von Baden, den amtierenden Reichskanzler, meldete am 8. November 1918: »*Nachmittags: Halle u Leipzig rot; Abends: Düsseldorf, Haltern, Osnabrück, Lüneburg rot; Magdeburg, Stuttgart, Oldenburg, Braunschweig, Köln rot.*«[85]

Die militärische Niederlage hätte das Kaiserreich vielleicht noch verkraftet, dazu kam aber das ignorante Festhalten an überholten Machtstrukturen, vor allem dem Klassen- und Zensuswahlrecht, das Wenigen die Macht über die Mehrheit gab. Liberale Köpfe wie Ludwig Heilbrunn hatten diese uneinsichtige Haltung der konservativen Kräfte um den Kaiser schon lange kritisiert – jedoch vergeblich. Als 1918 endlich eine grundlegende Reform des Wahlrechts und der Mitwirkung des Volkes an der Regierung angekündigt wurde, war es zu spät.

Zu allem aber kam das Versagen der Organisation, das die Loyalität zum Staat untergraben hatte. Der vermeintlich so perfekt organisierte, starke und effiziente kaiserliche Staat war den Herausforderungen des modernen Krieges nicht gewachsen gewesen. Krieg war als politische und militärische Angelegenheit betrachtet worden, die Finanzierung war durch die Reichsbank vorbereitet und sofort in Gesetze gegossen worden, aber wirtschaftliche Aspekte hatten in den Planungen zu wenig Beachtung gefunden. Das Scheitern des Hindenburg Programms, das 1916 aufgelegt worden war, um die Waffen-

4. Kein Plan übersteht den ersten Schuss – die Illusion der Machbarkeit

und Munitionsproduktion massiv zu steigern, hatte gezeigt, dass Regierung und Heeresleitung die wirtschaftlichen Aufgaben nicht bewältigen konnten. Geld konnte man drucken und solange der Glaube an den Sieg das Vertrauen in die Mark aufrecht hielt, funktionierte auch die Finanzierung des Krieges. Aber wirtschaftliche Leistung ließ sich nicht so einfach realisieren. Der Versuch, die Defizite der Organisation mit Geld zu kompensieren, blieb erfolglos. Fehlende Arbeitskräfte, ungenügende Produktionskapazitäten und überlastete Transportsysteme konnten mit Geld nicht ausgeglichen werden und führten zu schweren Strapazen für die Bevölkerung, zum zunehmenden Mangel an Lebensmitteln und zivilen Gütern.

Auch die Finanzierung des Krieges durch Kredite, die der unterlegene Gegner später bezahlen sollte, war blauäugig, denn wie das funktionieren sollte, blieb offen. Selbst im Fall des von Deutschland gewonnenen Krieges hätte die Umverteilung großer Vermögensmengen zu Lasten der Gegner und zu Gunsten des Reiches ungeahnte wirtschaftliche und finanzielle Probleme aufgeworfen wie die Reparationszahlungen, die später nicht von den Gegnern, sondern von Deutschland geleistet werden mussten, zeigen sollten. Doch die Möglichkeit, die Kriegskosten über höhere Steuern, z. B. auf die hohen Gewinne der Rüstungsindustrie, zu finanzieren, wurde erst im Jahr 1916 realisiert. Zu stark war der Egoismus der Profiteure, zu schwach der Staat. Das alles wusste 1914 natürlich niemand, noch war auch nichts verloren, es wurden im Gegenteil noch spektakuläre militärische Erfolge verzeichnet wie die Befreiung Ostpreußens von den russischen Armeen, der Vormarsch nach Osten, die Eroberung der Festung Verdun im Westen, die später wieder verloren wurde, die Erfolge gegen das italienische Heer, die Seeschlacht im Skagerrak und andere militärische Leistungen. Aber eins war im Herbst 1914 klar: dies war kein schneller Krieg mit klarem Ausgang, und dass die Soldaten nachhause kommen würden, »bevor die Blätter fallen« wie es vom Kaiser prophezeit worden war, blieb Wunschdenken.

Zudem entstanden soziale Herausforderungen. Die Unterstützung der Frauen und Familien der eingezogenen Soldaten war lächerlich gering, weil die entsprechenden Vorschriften seit 1888 nicht mehr

4. Kein Plan übersteht den ersten Schuss – die Illusion der Machbarkeit

angepasst worden waren. Also mussten Städte und Gemeinden einspringen um wenigstens das Existenzminimum der Betroffenen zu sichern. Die Seeblockade der Royal Navy warf zudem eine weitere Annahme der deutschen militärischen Führung über den Haufen, nämlich dass man über die neutralen Staaten weiterhin vom Weltmarkt beliefert würde. Denn die britische Regierung setzte die Regierungen neutraler Staaten unter Druck, den Handel mit Deutschland zu stoppen.[86]

Die notwendige Organisation der Kriegswirtschaft durch staatliche und halbstaatliche Stellen erfasste immer weitere Bereiche der Wirtschaft und Landwirtschaft. Bereits kurz nach Kriegsausbruch wurde auf Vorschlag des Industriellen Walter Rathenau die Kriegs-Rohstoff-Abteilung gegründet, die für die Verteilung der wichtigsten Rohstoffe an die Rüstungsindustrie verantwortlich war. Dann kamen die »Kriegsgesellschaften« hinzu, die bald jeden Bereich der Wirtschaft regelten. Bis Ende 1916 war die gesamte Industrie in Kriegsausschüssen organisiert und die Arbeitgeber arbeiteten mit den Vertretern der Arbeitnehmer in Arbeitsgemeinschaften zusammen, um Konflikte schnell zu bereinigen und die Rüstungsproduktion nicht zu gefährden.[87]

Der Versuch, von der Beschaffung über die Verteilung von Gütern aller Art bis zur Preisfindung alle Schritte des Marktprozesses zu überwachen und zu lenken, führte zu hohem Verwaltungsaufwand und zur Verlangsamung der Prozesse. Zudem erwies sich die Methode in vielen Bereichen als ineffektiv. Kriegswichtige Industrien wurden geschont, auch wenn sie gegen Vorschriften verstießen, weil ihre Produktion wichtiger war als alles Regelwerk, andere Branchen wurden durch strenge Regeln eher behindert als gefördert und eine in wirtschaftlichen und finanziellen Fragen unerfahrene Bürokratie versuchte, Mängel durch immer detailliertere Anweisungen auszugleichen.

4. Kein Plan übersteht den ersten Schuss – die Illusion der Machbarkeit

Das Versagen der Organisation – die Schwarzmärkte und der Hunger

Die eilig durchgeführte Umstellung der Wirtschaft des Reiches auf den Krieg ließ sich nicht ohne Reibungen durchführen. So klagte die Handelskammer Frankfurt in ihrem Wirtschaftsbericht für die Kriegsjahre:[88]

> In den ersten Monaten des Krieges nahm die Heeresverwaltung die für die Versorgung des Heeres notwendigen Waren überall da, wo ihr die schnellste Lieferung in Aussicht gestellt wurde; ohne Auswahl der Verkäufer und ohne Ansehung der Preise kaufte sie von jedem, der ihr die notwendigen Waren zu beschaffen versprach.

Nach diesem holprigen Start richtete sich die Kriegswirtschaft in dem enger werdenden Geflecht von Kriegsgesellschaften, Preiskontrollen und Materialzuteilungen ein und fühlte sich dort trotz der ausufernden Bürokratie auch zusehends wohl, weil ihr opulente Gewinnmargen zugestanden wurden. Die Frankfurter Handelskammer gab zu, dass die Unternehmen im Krieg gut verdient hätten.[89] Doch trotz großer Aufträge und hoher Gewinne war der Krieg eine Belastung. Arbeitskräfte fehlten, und die neu angelernten Mitarbeiter – zumeist Frauen – konnten die Produktivität der Stammbelegschaft nicht sofort erreichen. Rohstoffe wurden knapp, der Wegfall ausländischer Märkte zerstörte langjährige Handelsbeziehungen und die zunehmenden staatlichen Eingriffe in die Preisgestaltung förderten den Schwarzmarkt.

Die Versuche, die Preistreiberei zu unterbinden, erreichten jedoch kaum ihr Ziel: so wurde vom Handel eine genaue (die Handelskammer schrieb »kleinliche«) Preiskalkulation gefordert, um überhöhte Angebotspreise zu verhindern. Die Erlasse gegen das »Schiebertum« belasteten den Handel ohne dass sich die kriminellen Schwarzhändler davon beeindruckt zeigten. Zudem bildete sich eine Zweiteilung. Private Verbraucher, die versuchten, die mangelhaften Zuteilungen von Lebensmitteln und Gütern des täglichen Bedarfs aufzubessern, wurden verfolgt. Andererseits blieb vor allem die militärisch wichtige Industrie verschont, wenn sie sich notwendige Produkte und Versorgungsgüter auf dem Schwarzmarkt beschaffte.[90]

Die Zwangswirtschaft des Krieges verursachte am Ende ebenso viel Schaden wie sie durch die Steuerung der Wirtschaft an Nutzen erzeugte. Der Schwarzmarkt, der sich immer weiter ausdehnte, war der Beweis. Durch hohe Preise für Heeresmaterial und die steigenden Löhne der Arbeiter, vor allem in der Rüstungsindustrie, wuchs die Geldmenge kontinuierlich an, während das Warenangebot in allen Bereichen des zivilen Lebens stetig zurückging. Die Folge waren Preiserhöhungen auf dem Schwarzmarkt, der damit eine Indikation für die tatsächliche Teuerung lieferte. Die Schere zwischen denen, die auf die offiziellen Zuteilungen angewiesen waren und denen, die sich auf dem Schwarzmarkt versorgen konnten, klaffte zusehends auseinander. Ein Beobachter meinte, der Schwarzmarkt sei »*ein schlimmerer Feind als die Franzosen*«.[91] Trotz Vorschriften, Strafen und Preisfestsetzungen durch die Kriegsgesellschaften gelang es weder, eine ausreichende Versorgung der Bevölkerung zu sichern, noch den Schwarzmarkt trockenzulegen. Dieser saugte ein Viertel bis zur Hälfte vor allem der höherwertigen Lebensmittel auf, die zum Doppelten der offiziellen Preise verkauft wurden.[92] Diese Zweiteilung der Versorgung schürte den Hass auf die Kriegsgewinnler. Die sozialen Unterschiede wurden nicht mehr akzeptiert.[93]

Ein zweiter Markt, der von der zunehmenden Geldmenge profitierte, war die Börse. In Frankfurt, nach Berlin der wichtigste deutsche Börsenplatz, war der Wertpapierhandel bei Kriegsbeginn ausgesetzt worden, doch der Börsensaal blieb als Versammlungslokal für die Händler geöffnet. Die Handelskammer schrieb:[94]

> Die Erkenntnis von den ungeheuren Gewinnen, die der Industrie im Kriege zugeflogen waren, und von ihren weiteren Verdienstmöglichkeiten war in immer weitere Kreise gedrungen. Auch die Kriegslage förderte trotz gelegentlicher Rückschläge, wie beispielsweise dem an der Marne, die günstige Stimmung. Geld war, wie bereits erwähnt, vorhanden. Es war also nichts natürlicher, als dass es an der Börse Betätigung suchte, und nun fingen die Märkte an, langsam und bescheiden sich zu entwickeln.

4. Kein Plan übersteht den ersten Schuss – die Illusion der Machbarkeit

Waren es anfangs die Aussichten auf militärische Erfolge und damit verbunden die Hoffnung auf zukünftigen Reichtum aus Gebietseroberungen und Reparationszahlungen, durch die der Aktienmarkt beflügelt wurde, wurden bald die Kriegsbilanzen der großen Gesellschaften der Antrieb für Kurssteigerungen. Nochmals die Frankfurter Handelskammer:[95]

> Inzwischen waren auch die ersten Kriegsbilanzen herausgekommen, die ein Bild gaben von der beispiellosen Hochkonjunktur, die für die deutsche Industrie angebrochen war. Dass Gesellschaften Verdienste bis zur Höhe des Aktienkapitals erzielten, war keine Seltenheit. Auch Erträgnisse, die das Mehrfache des Aktienkapitals ausmachten, kamen wiederholt vor.

Zugleich verband sich mit der Teilnahme am Höhenflug der Börse die Hoffnung, diese Kurssteigerungen auch nach einem für Deutschland siegreichen Kriegsende weiter zu erleben, denn dann würde der Nachholbedarf an zivilen Gütern die Wirtschaft auslasten und hohe Gewinne abwerfen. Doch das war für den Moment das Wunschdenken von Investoren und Spekulanten – die meisten Menschen hatten andere Sorgen.

Was die überwältigende Mehrheit der Menschen in der Heimat spürte war die Teuerung, die Knappheit und die Not. Bereits am 3. August 1914 hatte die Stadt Frankfurt einen Betrag von 2 Mio. Mark bewilligt und zur Verteilung dieser Mittel eine »gemischte Kriegskommission« aus je neun Mitgliedern des Magistrats und der Stadtverordnetenversammlung gebildet. Mit dem Geld sollte *»Fürsorge getroffen werden für die Pflege der Kranken und Verwundeten, für die einheitliche Organisation der Sammlung und Verteilung von Liebesgaben und von Unterstützungen für die in Not geratenen Familien unserer Vaterlandsverteidiger und sonst zur Linderung der allgemeinen Notlage.«*[96] In Frankfurt, einer der reichsten Städte des Reiches, lag die Zahl der »Minderbemittelten«, die weniger als 3.000 Mark pro Jahr verdienten, bei 87 % der Bevölkerung. Rechnet man deren Familienangehörige dazu, waren dies 360.000 von 414.000 Einwohnern.[97] Neben der zusätzlichen Unterstützung aus städtischen Mitteln wurden für diesen Teil der Bevölkerung auch städtische Steuern und Gebühren gesenkt bzw. gestrichen.[98] Steuererhöhungen zur Deckung der entstehenden Defizite konnten vermieden werden, weil aus der wohlhabenden Bevölkerung, vor allem aus dem jüdischen Bürgertum, großzügig gespendet wurde und dadurch die städtischen Finanzen entlastet werden konnten. Bis Anfang 1915 erreichte die »Zentralsammlung«, die Mittel für die Kriegsfürsorge zusammentrug, ein Volumen von 3,4 Mio. Mark. Bis Ende 1917 sollten sich die Spenden auf über 12 Mio. Mark aufsummieren![99]

Die Versorgung der Zivilbevölkerung mit Lebensmitteln war bis zum Spätsommer 1915 ausreichend.[100] Zwar gab es schon im Winter 1914/15 erste Preissteigerungen und Versorgungsengpässe: die Landwirtschaft konnte nicht mehr die gewohnten Mengen liefern, weil es an Arbeitskräften, Dünger und Zugtieren mangelte, Hamsterkäufe verknappten das ohnehin geringere Warenangebot und Transportprobleme aufgrund der Priorität des militärischen Eisenbahnverkehrs erschwerten die Belieferung der Städte.[101] Die Bevölkerung hatte aber zunächst die mangelhafte Versorgung und knappe Zuteilung von Lebensmitteln als unvermeidlich und kurzfristig angesehen. Die Kommunen hatten auf die Herausforderung reagiert und zusätzliche Mittel für die Unterstützung von Soldatenfamilien bereitgestellt. Ebenfalls im August 1915 wurden die ersten Volksküchen eingerichtet.[102] Diese Maßnahmen waren notwendig, denn die Preise für Kartoffeln, das Grundnahrungsmittel der Bevölkerung, verdreifachten sich nach der Aufhebung einer ersten Höchstpreis-Verordnung. Dieser Versuch, den Preis zu decken, hatte nur dazu geführt, dass die Landwirte ihre Kartoffeln anderswo anboten. Also hob man die Verordnung wieder auf und die Preise stiegen daraufhin massiv an.[103]

Bis Mitte 1916 hatten sich die Lebensmittelpreise im Durchschnitt verdoppelt, die Löhne waren allerdings im Durchschnitt nur um ein Viertel gestiegen.[104] Das bedeutete eine spürbare Reduzierung des Realeinkommens. Eine Arbeiterfamilie musste einen erheblich größeren Teil des Einkommens für Ernährung aufwenden, Geld, das an anderer Stelle fehlte. Besonders hart traf es die alleinerziehenden Mütter, deren Männer im Krieg oder gefallen waren und die von

4. Kein Plan übersteht den ersten Schuss – die Illusion der Machbarkeit

völlig unzureichenden Zuwendungen der Gemeinden leben mussten, sofern sie nicht arbeiten konnten. Die sozialen Gräben, die im Kaiserreich schon ausgeprägt waren, aber durch den allgemeinen Wohlstandsgewinn wenigstens zum Teil aufgefangen worden waren, vertieften sich. Selbst wohlhabende Familien wie die von Hjalmar Schacht, dem späteren Reichsbankpräsidenten und während des Krieges Vorstand der Darmstädter- und Nationalbank (Danat-Bank), legten einen Gemüsegarten an. Schacht kaufte zudem eine Ziege, um Milch für seine Kinder zu haben.[105] Zwar konnten sich die Gutverdienenden auch Einkäufe auf dem Schwarzmarkt leisten, aber da niemand sagen konnte, wie lange der Krieg noch dauern würde und welche Maßnahmen möglicherweise gegen den Schwarzmarkt ergriffen werden würden war es sinnvoll auf Selbstversorgung zu bauen.

Auch die Gerlachs, eine wohlhabende Frankfurter Familie, begannen ein Haushaltsbuch zu führen, um nachvollziehen zu können, wofür das Geld ausgegeben wurde. Dass die Familie zum wohlhabenden Bürgertum gehörte, lässt sich aus der Ausgabenstruktur gut ablesen. Man konnte sich fast alle Tage Milch, Butter und Eier leisten, für ärmere Familien schon 1916 ein seltener Luxus; auch Fleisch stand auf der Ausgabenliste, außerdem Kosten für den bürgerlichen Lebensstil. So wurden im Januar 3 Mark für das Klavierstimmen ausgegeben und 56 Mark sind als Lohn an M. vermerkt – das waren die beiden »Mädchen«, also Hausangestellte. Insgesamt wurden für den Haushalt der Gerlachs im Januar 1916 749,92 Mark ausgegeben.

Vergleicht man diese Ausgaben mit den Kosten, die der Haushalt im November 1918 erforderte, wird die Teuerung sichtbar. Dort finden sich 1.593,22 Mark als Endsumme notiert. Auch die beiden Angestellten, Jula und Emma, haben Lohnerhöhungen erhalten: statt 56 Mark für beide erhält jetzt Jula 37, Emma 35 Mark, macht zusammen 72 Mark, das heißt 28,5 % mehr als noch zwei Jahre zuvor. Fleisch, Butter und Eier schlagen jetzt mit 66 Mark zu Buche, im September 1916 war ein vergleichbarer Einkauf mit zusammen knapp 34 Mark notiert worden, also mit rund der Hälfte dessen, was er am Ende des Krieges kostete. Die Ausgaben der Familie Gerlach enthalten mit ei-

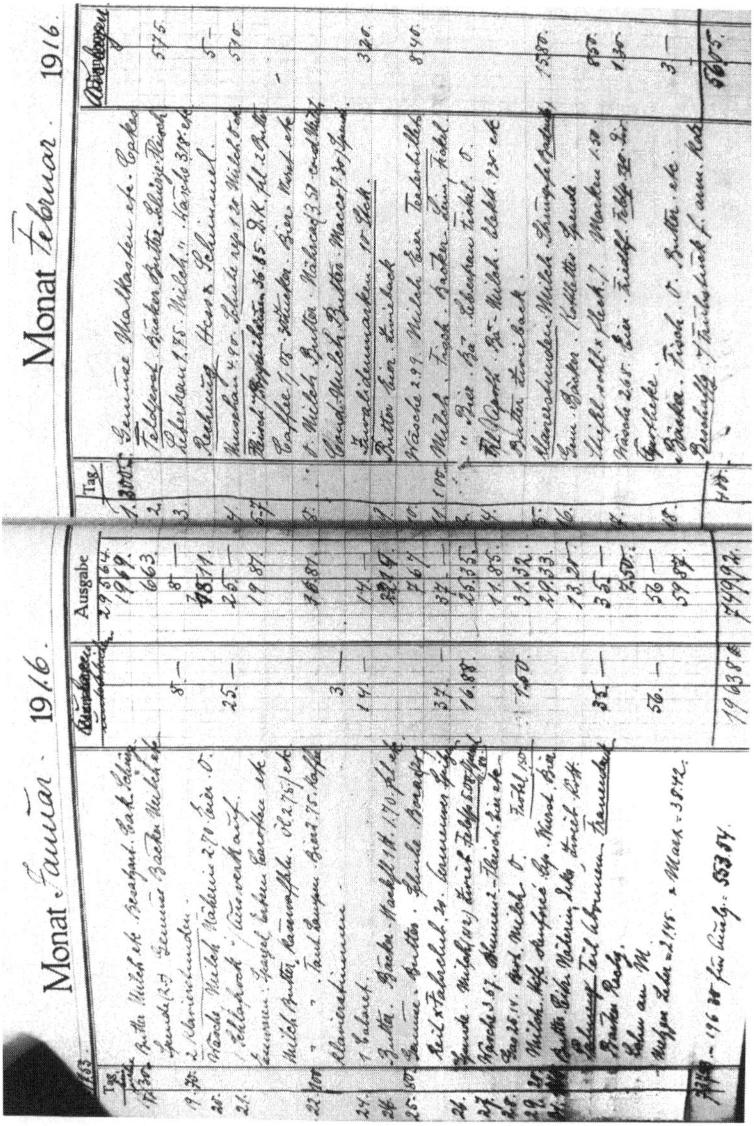

Abb. 5: Haushaltsbuch Familie Gerlach Januar/Februar 1916.

4. Kein Plan übersteht den ersten Schuss – die Illusion der Machbarkeit

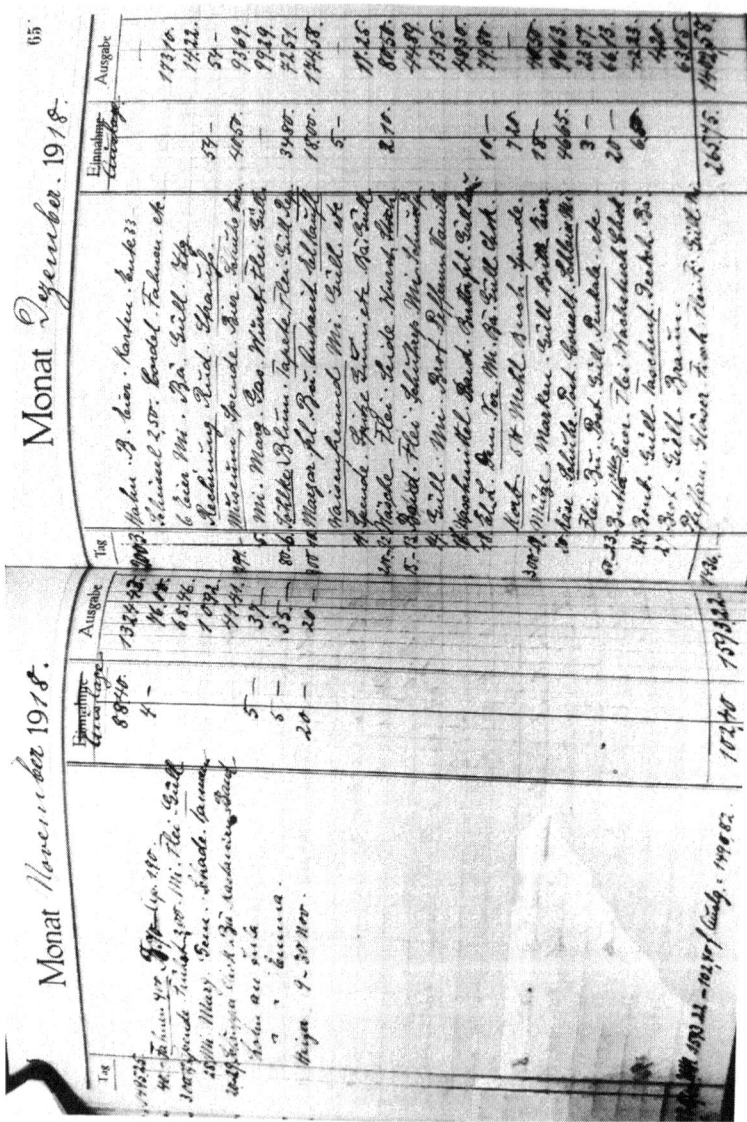

Abb. 6: Haushaltsbuch Familie Gerlach November/Dezember 1918.

niger Sicherheit auch Einkäufe auf dem Schwarzmarkt. Denn von Eiern, Milch, Butter und Fleisch konnte die Bevölkerung Frankfurts, die auf die offiziellen Zuteilungen angewiesen war, Ende 1916 nur noch träumen.

Wie wichtig die Sicherstellung der Lebensmittelversorgung zu bezahlbaren Preisen war, wurde schon 1915 erkannt: im Reichstag sagte der Abgeordnete David am 20. August 1915:[106]

> Nicht minder bedeutungsvoll als die Erhaltung unserer militärischen Widerstandskraft ist die Stärkung der wirtschaftlichen und seelischen Widerstandskraft bei der in der Heimat gebliebenen Bevölkerung. Die Versorgung der breiten Volksschichten mit ausreichender Nahrung ist nicht minder wichtig für die glückliche Durchführung des Krieges, als die Versorgung der Armee mit Munition. ... Ich will mich darauf beschränken zu erklären, dass eine wesentliche Herabsetzung der Preise für die Massennahrungsmittel unbedingtes Erfordernis ist. Meine Herren, es muss möglich sein, das zu erreichen. ... Wir haben ausreichende Mengen von Lebensmitteln für das kommende Jahr im Lande. Steht diese Tatsache fest – und sie kann nicht bestritten werden –, dann bedarf es nur der durchgreifenden organisatorischen Maßnahmen und eines rücksichtslos vorgehenden Willens, die Seuche des Lebensmittelwuchers, die allerorten grassiert, endlich auszurotten. Dem gewissenlosen Treiben derer, die glauben, sich am Hunger ihrer ärmeren Mitbürger bereichern zu sollen, muss unbedingt Einhalt geboten werden.

Doch es gelang nicht, den Mangel auszugleichen, der durch die Blockade der Royal Navy und den Mangel an Dünger, Vieh und Zugtieren ausgelöst worden war. Es gelang auch nicht, die inländische Versorgung so zu organisieren, dass zumindest die Sicherung einer Mindestmenge von Lebensmitteln gewährleistet war. Die Preissteigerungen und Versorgungslücken, die in Folge der mangelhaften Organisation der inländischen Versorgung auftraten, konnten durch ein System von Kontrollen, Rationierung und staatlicher Verteilung teilweise unterdrückt werden.[107] Da aber mehr Geld als Waren vorhanden war, stiegen die Preise auf dem Schwarzmarkt bis zum 10-fachen der offiziellen Preise, die auch schon das zwei- bis dreifache der Friedenspreise betrugen. Am Ende des Krieges, so die Schätzung, wurden 1/7 von Getreide, Mehl und Kartoffeln; 1/4 von Milch, Butter,

Käse; 1/3 bis 1/2 von Eiern, Fleisch und Obst über den Schwarzmarkt gehandelt. Der Schwarzmarkt spiegelte das Verhältnis von Geld zu Gütern deutlich wider: es gab von allem zu wenig, außer von Geld! Zugleich war der Schwarzmarkt, gerade weil es um etwas Existentielles, um die Ernährung, ging, zutiefst unsozial. Wer das Geld hatte, konnte dort fast wie zu Friedenszeiten einkaufen und sich ernähren. Wer nicht, musste hungern. Denn die offiziellen Rationen reichten bald nicht mehr aus, um satt zu werden, geschweige denn bei Kräften zu bleiben. Als Reaktion auf diese gefährliche Entwicklung wurden in allen Kommunen mit über 1.000 Einwohnern Preisprüfungsstellen eingerichtet, die Wucherpreise melden und die Einhaltung der festgesetzten Höchstpreise überwachen sollten.[108] Weiterhin wurden Volksküchen eingerichtet, die z. B. in Frankfurt im Oktober 1916 bereits 40.000 (!) Mahlzeiten ausgaben, wobei häufig über die schlechte Qualität des Essens geklagt wurde.[109]

Die Versorgungsprobleme dämpften nicht nur die Kriegsbegeisterung spürbar, sondern verschärften auch die sozialen Gegensätze zwischen denen, die sich auf dem Schwarzmarkt versorgen konnten und dadurch die Lücken in der Versorgung für sich selbst schließen konnten und denen, die nicht die Mittel zu solchen Zukäufen hatten.[110] Auch die Einführung weiterer Bezugsscheine half nicht. Diese gaben zwar das Recht, etwas zu kaufen, aber nicht den Anspruch, die Waren auch zu erhalten. Und was nicht vorhanden war, konnte nicht angeboten werden.[111] 1917 benötigte 75 % der Frankfurter Bevölkerung Unterstützung durch öffentliche Küchen, die im Sommer 1917 55.000 Mahlzeiten täglich ausgaben.[112] Die USPD, eine Linksabspaltung von der SPD, nutzte das Elend für den Protest gegen den Krieg: *»Die Fortsetzung des Kriegs bedingt eben noch größeren Hunger!«*[113]

Im Winter 1916/17 war die Belieferung der Privathaushalte mit Kohle (nach Abzug der Lieferungen an die Industrie, Krankenhäuser, Ernährungsbetriebe etc.) auf 12 % der Friedensmenge gesunken,[114] was in dem bitterkalten Winter eine zusätzliche Belastung bedeutete und die Erbitterung über den »Krieg der Reichen«[115] weiter steigerte. Die Erinnerung an den Kohlenmangel führte zu einer Entschließung der Stadtverordnetenversammlung, die mit der bürgerlichen Mehrheit angenommen wurde, dass die Kohlenzufuhr des kommenden Winters über eine gemeinwirtschaftliche Organisation zu organisieren sei. Da sich Kohle wegen des Gewichts, Volumens und der allgemeinen Lieferengpässe nicht oder kaum auf dem Schwarzmarkt beschaffen ließ, forderte auch das wohlhabende Bürgertum eine Organisation, die eine gerechte Verteilung des knappen Brennmaterials sicherstellen konnte.

Zunächst galt diese Beschränkung als kriegsbedingt und damit nicht nur als notwendig, sondern geradezu als patriotisch. Doch in den zunächst freiwilligen Verzicht mischten sich bald die Zeichen echten Mangels: selbst in der Familie von Thomas Mann, der ein wohlhabender Schriftsteller war, großzügig wohnte und Personal zur Verfügung hatte, war der Krieg spürbar. Sein Sohn Klaus Mann schrieb:[116]

> Es wäre eine Übertreibung zu behaupten daß wir wirklich darbten; aber die schlichte Wahrheit ist, daß wir immer hungrig waren. Kein Zweifel, eine so tiefe und intensive Erfahrung wie der Hunger hinterlässt gewisse Spuren in der körperlichen und seelischen Konstitution eines Menschen. Man nimmt Wohlstand und Fülle nicht mehr als etwas selbstverständliches hin, wenn man einmal erfahren hat, was es bedeutet, von einem Butterbrot wie von einer himmlischen Delikatesse zu träumen. Essen, Kleider, Schuhe, Kohle, Seife, Schreibpapier, alles, was wir berührten, rochen oder schluckten, war Ersatz, erbärmliches, schundiges Zeug.

Doch weder das zunehmende staatliche Eingreifen in die Versorgung der Bevölkerung durch Preisfestsetzungen und Abgabeverpflichtungen der Produzenten noch die Überwachung der Preise[117] verbesserte die Situation. Ab 1915 konnte der Lebensstandard der Bevölkerung nicht mehr gehalten werden[118] und der zunehmende Mangel untergrub den Burgfrieden.[119] Die Versorgungsmängel, unter denen immer größere Teile der Bevölkerung litten, wurden ein ernstes Problem: 1916 gab es in Frankfurt einen deutlichen Anstieg von Todesfällen aufgrund von Lungenentzündung, Tuberkulose und Kreislaufversagen sowie der Grippe (einschließlich der Spanischen Grippe). Die Sterblichkeit aufgrund dieser Krankheiten war Ende des Krieges wieder auf dem Niveau, die sie zuletzt um die Jahrhundertwende

4. Kein Plan übersteht den ersten Schuss – die Illusion der Machbarkeit

gehabt hatte.[120] Der Mangel an ausreichender und gesunder Ernährung, Kleidung und ausreichender Heizung forderte seine Opfer. Eine Folge dieser Entwicklung waren Hungerunruhen in verschiedenen Städten im Jahr 1916, so im Mai in Leipzig, im August in Hamburg,[121] im November in Dresden.[122] Das Generalkommando Frankfurt, welches regelmäßig Stimmungsberichte anfertigte, meldete dem Kriegsministerium im März 1917, die Ungleichverteilung von Lebensmitteln »*erschüttert das Vertrauen in das gemeinsame Durchhalten*«.[123] Der Mangel und die dadurch ausgelösten Preissteigerungen verschärften die sozialen Unterschiede sichtbar. So hieß es 1918 aus Danzig, dass: »*für teures Geld noch immer alles in beliebiger Menge zu haben sei.*« In Berlin wurde beobachtet, dass »*die Vergnügungsstätten aller Art ... überfüllt*« seien. Und in Frankfurt monierte das Generalkommando den »*lärmenden Gesellschaftstrubel*« in den hessischen Kurorten, der »*sich in Schlemmereien, unwürdigem Benehmen und auffälligen Toiletten der mehr oder minder leichtsinnigen Frauenwelt kundgab.*«[124] Diese Unterschiede wären vielleicht nicht so stark aufgefallen, hätte nicht die Not der Vielen dem Luxus der Wenigen so krass gegenübergestanden. Soziale Unterschiede, die in Friedenszeiten stillschweigend akzeptiert worden waren, wurden angesichts des immer stärker um sich greifenden Mangels als provozierend empfunden. Die Akzeptanz der materiellen und gesellschaftlichen Unterschiede schwand. Eine Folge der wachsenden Spannungen war auch ein Verfall des Rechtsbewusstseins: Not kennt kein Gebot! Kriminalität und Korruption stiegen auf ein früher unbekanntes Maß an.

Trotz aller Not und Spannungen hielt der Burgfriede noch: am 11. April 1917 sprachen Vertreter der Kirchen und der großen Parteien einschließlich der SPD im Frankfurter Saalbau, um für die sechste Kriegsanleihe zu werben. Unter dem Eindruck des Kriegseintritts der USA wenige Tage zuvor, am 6. April, kam in Frankfurt eine Rekordsumme von fast 500 Mio. Mark zusammen, 100 Mio. Mark mehr als selbst in Hamburg. Zuvor hatte ein »U-Boot-Spende« im Sommer 1917 bereits einen Betrag von 343.000 Mark erbracht.[125] Dabei war allerdings ein Sinneswandel zu bemerken: nicht mehr glorreiche Siege, sondern Friedensverhandlungen waren der Wunsch, der die Spendenbereitschaft beflügelte. Vor allem bestand die Hoffnung, dass der U-Boot-Krieg Großbritannien zu Friedensgesprächen bewegen würde und dadurch die Blockade des Reiches und der Hunger ein Ende finden würde.

Die Hoffnung auf die Verlierer – der Feind zahlt alles

Sehr schnell wurde klar, der Krieg war nicht nur grausam, er war auch teuer. Die offiziellen Beträge reichten in keiner Weise, weder die 120 Millionen aus dem Juliusturm noch die Kriegsreserve der Reichsbank. Die Kosten des Krieges stiegen bald in nie dagewesene Höhen und es stellte sich die Frage: Wer zahlt das alles? Die Antwort war simpel: Der dereinst besiegte Gegner würde dafür aufkommen. Mit großer Selbstverständlichkeit stellte Finanzstaatssekretär Helfferich am 20. August 1915 vor dem Reichstag fest:[126]

> Meine Herren, wie die Dinge liegen, bleibt also vorläufig nur der Weg, die endgültige Regelung der Kriegskosten durch das Mittel des Kredits auf die Zukunft zu schieben, auf den Friedensschluss und auf die Friedenszeit. Und dabei möchte ich auch heute wieder betonen: wenn Gott uns den Sieg verleiht und damit die Möglichkeit, den Frieden nach unseren Bedürfnissen und nach unseren Lebensnotwendigkeiten zu gestalten, dann wollen und dürfen wir neben allen anderen auch die Kostenfrage nicht vergessen; das sind wir der Zukunft unseres Volkes schuldig. Die ganze künftige Lebenshaltung unseres Volkes muss, soweit es irgend möglich ist, von der ungeheuren Bürde befreit bleiben und entlastet werden, die der Krieg anwachsen lässt. Das Bleigewicht der Milliarden haben die Anstifter dieses Krieges verdient; sie mögen es durch die Jahrzehnte schleppen, nicht wir. Meine Herren, ich verkenne dabei nicht, dass die ungeheure finanzielle Schwächung, die der Krieg in seinem bisherigen Verlaufe bereits über unsere Gegner gebracht hat, die Aufgabe, die ich eben bezeichnete, zu einer ganz besonders schwierigen gestalten wird.

4. Kein Plan übersteht den ersten Schuss – die Illusion der Machbarkeit

Der letzte Satz deutete an, was Helfferich und seine Fachleute im Finanzministerium schon geahnt hatten: die Kriegskosten sprengten jede bisherige Dimension und alle kriegführenden Staaten waren in hohem Maße belastet. Diese Kosten würde man daher nicht einfach dem Gegner aufbürden können, denn dieser war bei Kriegsende vermutlich bankrott. Aber dieser unangenehme Gedanke wurde verdrängt. Denn hätte man ihn zu Ende gedacht, musste die Schlussfolgerung lauten, dass man auf großen Teilen dieser Kosten sitzenbleiben würde.

Welche Dimensionen die Kriegskosten angenommen hatten, sagte Helfferich ganz unverblümt. Mit der Gewährung der neuen Kriegsanleihe im Sommer 1915 – das war das Thema der Aussprache im Reichstag an jenem 20. August – waren die Kriegskosten bei 30 Mrd. Mark angekommen. Zwei Mrd. Mark kostete der Krieg jeden Monat, rechnete Helfferich vor. Summen, die für die Versorgung und Ausrüstung der Armee, die Rüstungsproduktion und den Bau von Eisenbahnen, Brücken und Wegen hinter der Front benötigt wurden. Um diese Dimensionen deutlich zu machen, verwies Helfferich darauf, dass die bisher bewilligten Kriegsanleihen in Höhe von 20 Mrd. Mark dem Wert des gesamten deutschen Eisenbahnsystems entsprächen.[127]

Als der Krieg vorbei war, fasste Finanzminister Schiffer die Entwicklung der Kriegsfinanzierung mit wenigen Worten zusammen:[128]

> Dieser Krieg war als ein kurzer Krieg veranlagt, und dadurch, dass er es nicht war, dadurch, dass er uns sachlich und zeitlich über den Kopf wuchs, zeigte sich mehr und mehr, dass wir ihm nicht gewachsen waren.

Und mit der Niederlage war auch die Hoffnung zerplatzt, dem unterlegenen Gegner die Kosten des Krieges aufhalsen zu können; stattdessen stand Deutschland jetzt vor dem finanziellen Abgrund, weil es selbst der Verlierer war.

Der »Waffenstillstand auf zwanzig Jahre« – die Katastrophe von Versailles

Am 28. Juni 1919 betraten zwei deutsche Minister den Spiegelsaal des Königsschlosses in Versailles. 48 Jahre nachdem in diesem Saal das Deutsche Reich gegründet worden war, sollte es an gleicher Stelle seine Niederlage unterschreiben. Die demütigende Szenerie war von den Siegermächten bewusst gewählt und wurde von der deutschen Öffentlichkeit auch so empfunden. Doch schwerer als dieser symbolische Rahmen wog der Inhalt des Friedensvertrages.[129] In den Monaten nach Abschluss des Waffenstillstandes am 11. November 1918 hatte die provisorische deutsche Regierung und die Bevölkerung auf einen milden Frieden gehofft, entsprechend den sogenannten »14 Punkten« des US-Präsidenten. Diese waren der Entwurf einer auf Ausgleich und Gerechtigkeit gegründeten Friedensordnung, die auf Forderungen und Reparationen verzichtet.[130]

Aber die Verhandlungen der Siegermächte fanden ohne die Deutschen statt, denn die Alliierten untereinander und dazu die USA, die den Status einer »assoziierten Macht« beanspruchten, um sich nicht den Beschlüssen der übrigen Kriegsparteien unterwerfen zu müssen, waren sich nicht einig, wie der Friedensvertrag aussehen sollte und welche Forderungen an die besiegten Kriegsgegner darin enthalten sein sollten. Am einfachsten war noch die Formulierung des britischen Premierministers David Lloyd George im Wahlkampf 1918: »*Wer verliert, bezahlt!*«[131] Und genauer:[132]

> Jede Zahl, die ihnen (den Deutschen) keine Angst macht, ist unter der Zahl, die M. Clemenceau (der französische Premierminister) und ich den Völkern unsere Länder zeigen können angesichts der herrschenden öffentlichen Meinung.

Doch wieviel, an wen, in welcher Zeit und ich welcher Form sollte gezahlt werden? Land, Sachwerte, Verbrauchsgüter, Arbeit, Geld? Die Debatte über diese Fragen und die unterschiedlichen Interessen der einzelnen Siegerstaaten führte bei den Verhandlungen der Sieger in

4. Kein Plan übersteht den ersten Schuss – die Illusion der Machbarkeit

Versailles, wie der britischen Diplomat Artur Balfour sagte, zu »*einer regellosen Rauferei.*«[133]

Da die deutsche Regierung keine Delegation zu den Friedensverhandlungen entsenden durfte, hatte sie auch keine Kenntnis über die Vorstellungen der Alliierten und der USA,[134] vielmehr eine Hoffnung, die der Kommentator Ernst Troeltsch »*das Traumland der Waffenstillstandsperiode*«[135] nannte. Alle möglichen Gedanken zum Frieden und dem Wiederaufstieg des Reiches wurden in der eigens geschaffenen »Geschäftsstelle für die Friedensverhandlungen« diskutiert, ohne dass man die Pläne der alliierten Verhandler kannte.[136] Man stützte sich vielmehr auf die von US-Präsident Wilson verkündeten »14 Punkte« und legte sie zum eigenen Vorteil aus, was einen amerikanischen Beobachter zu der Bemerkung veranlasste:[137]

> Deutschland macht seine eigene Interpretation der 14 Punkte und vergisst dabei, dass die Alliierten den Krieg gewonnen haben.

Umso größer war der Schock, als der Friedensvertrag der deutschen Delegation am 7. Mai 1919 in Versailles vorgelegt wurde. Die Sieger hatten den Vertrag über eine Vielzahl von Meinungsverschiedenheiten hinweg formuliert, 60 Kommissionen hatten die 440 Artikel des Vertrages ausgearbeitet, was durch persönliche Differenzen zwischen den Siegern nicht erleichtert wurde. Selbst die »großen Drei«, US-Präsident Wilson, Frankreichs Premierminister Clemenceau und Großbritanniens Premier David Lloyd George, die als die Sieger des Krieges auftraten, waren nicht frei von persönlichen Animositäten. US-Außenminister Lansing sagte von seinem Präsidenten: »*Sogar Fakten wurden ignoriert, wenn sie nicht in Wilsons Weltsicht passten.*«[138] Und der französische Premierminister Clemenceau sagte über seine Verhandlungspartner Wilson und Lloyd George: »*Ich sitze zwischen Jesus und Napoleon.*«[139] Der britische Premierminister David Lloyd George wiederum schrieb, es gehe bei den Verhandlungen darum, »*es erfolgreich aufzunehmen mit dem verkrampften Nationalismus Frankreichs, mit dem mystischen und anmaßlichen Republikanertum Amerikas und mit der vermutlichen Eigenbrötelei der Delegationen der Dominions.*«[140]

Premier Clemenceau seufzte: »*Wir haben den Krieg gewonnen und das nicht ohne Schwierigkeiten – jetzt müssen wir den Frieden gewinnen und das wird vielleicht noch schwieriger.*«[141] In dieser angespannten Atmosphäre wollten man die Verhandlungen nicht dadurch erschweren, dass auch noch die Einwände und Vorschläge der deutschen Delegation angehört und berücksichtigt wurden. Das führte zu einer Überschätzung der deutschen Zahlungsfähigkeit, nicht nur aufgrund von Unwissenheit über den Zustand der deutschen Wirtschaft, sondern auch, weil man sich bei Forderungen an das Reich noch am schnellsten einigen konnte. David Lloyd George meinte daher, dass bei den Verhandlungen »*oft der Wunsch der Vater des Gedankens gewesen sei.*«[142]

Aus Verhandlungspositionen, über die man hätte sprechen und die man an die Realität hätte anpassen können, wurden auf diese Weise bindende Forderungen, die in den Friedensvertrag eingingen, ohne dass ihre Erfüllbarkeit geprüft worden wäre. Vor diesem Hintergrund war es nicht überraschend, dass die Frage, wie diese Reparationen geleistet werden sollten und welche Auswirkungen sie auf die Wirtschaft und Politik Europas haben könnten, in den Hintergrund trat. Der britische Wirtschaftswissenschaftler John Maynard Keynes schrieb:[143]

> Es ging nicht um die zukünftige Existenz Europas, man war nicht besorgt darüber, wie dieses sein Leben fristen sollte. Im Guten wie im Schlechten kreisten alle Überlegungen um Grenzen und Nationalitäten, um das Gleichgewicht der Mächte, um imperiale Zugewinne, um die künftige Schwächung eines starken und gefährlichen Feindes, um Rache – und darum, die unerträgliche finanzielle Belastung auf die Schultern der Besiegten abzuwälzen.

Während die Alliierten und die USA sich stritten – die USA wollten politisches Gewicht in Europa, Frankreich wollte Sicherheit vor Deutschland, Großbritannien wollte wirtschaftliche Erholung, Japan und Italien wollten Beute, die kleinen Staaten wollten sich zu Lasten des Besiegten bereichern, hielt man sich auf deutscher Seite an der irrigen Vorstellung über einen vermeintlich milden »Wilson«-Frieden fest.[144] Doch als die deutsche Delegation nach Versailles kam,

4. Kein Plan übersteht den ersten Schuss – die Illusion der Machbarkeit

wurde sie nicht einmal angehört; es wurde ihr lediglich zugestanden, schriftliche Eingaben zu machen, die dann geprüft werden sollten. Die Illusion der Reichsregierung, durch amerikanischen Einfluss würden die Auflagen der europäischen Kriegsgegner milde ausfallen, war geplatzt. Warnende Stimmen hatte es reichlich gegeben. Bereits am 6. Oktober 1918 hatte der Industrielle Walther Rathenau geschrieben, die Bedingungen der US-Note zum Waffenstillstand könnten »*auf eine verhüllte Kriegsentschädigung in der Größenordnung von fünfzig Milliarden hinauslaufen.*«[145] Auch die Frankfurter Zeitung schrieb:[146]

> ... wer möchte bestreiten, dass hinter dieser wohl absichtsvollen Unklarheit (der US-Note zu den Waffenstillstandsbedingungen) die schrankenlosesten Forderungen der Westmächte zum mindesten verborgen stehen können und dass diese bereit sind, auch den Schaden, den der Tauchbootkrieg an Menschen, Schiffen und Frachten angerichtet hat, zum Ersatz anzumelden? Dann könnten unsere Feinde zu den wahnsinnigsten Forderungen kommen ...

Diese Besorgnis war nur zu berechtigt, denn die deutsche Regierung wusste um die wirtschaftlichen und finanziellen Schwierigkeiten der Alliierten, vor allem Frankreichs: Finanzminister Dernburg sagte am 26. April 1919 im Kabinett:[147]

> Der Kampf um die Reparationen wird so heftig sein, weil die französische Wirtschaftslage, wenn das überhaupt möglich ist, noch viel trauriger ist als unsere. Die Franzosen haben ungefähr 180 Milliarden Schulden, haben einen großen Teil davon im Ausland, ihre Industriegebiete sind vernichtet, ihre Industrie ist zum größten Teil Luxusindustrie, wofür die verarmte Welt keine große Absatzmöglichkeit bietet, sie haben nur 40 Millionen Menschen, die Vermögensteile sind in sehr vielen kleinen Händen und sie haben noch 20–30 Milliarden abzuschreiben, die sie an Russland ausgegeben haben.

Angesichts des Bürgerkrieges und der Machtübernahme durch die Bolschewiki war eine Rückzahlung der vor dem Krieg von Frankreich an die zaristische Regierung gewährten Kredite äußerst unwahrscheinlich geworden.

Die europäischen Sieger kamen unter dem Druck ihrer Finanzen und der öffentlichen Meinung zu der Schlussfolgerung: »*Deutschland muss die Kriegskosten bis an die Grenze seiner Fähigkeiten bezahlen.«*[148] So auch der britische Premierminister im Wahlkampf im November 1918. Damit hatte sich Lloyd George allerdings einen Weg offengehalten, bei den Reparationsforderungen flexibel zu sein, denn die Formulierung *»Grenze ihrer Fähigkeiten«* bedeutete, dass die Reparationsforderungen nicht nur in Abhängigkeit von den Kriegskosten der Alliierten, sondern auch unter Berücksichtigung der wirtschaftlichen Leistungsfähigkeit Deutschlands bestimmt werden sollten.

Oberst House, Berater des US-Präsidenten, beschrieb die Reaktion auf den Vorschlag der US-Delegierten, die Forderungen an Deutschland abzuschreiben:[149]

> Selbst wenn die Führer der Alliierten der Weisheit der amerikanischen Vorschläge zustimmten, wurden sie doch durch den Druck der öffentlichen Meinung verhindert, sie anzunehmen. Clemenceau wurde als Verräter gebrandmarkt, weil er sich weigerte, Deutschland zu vernichten; hätte er in der Frage der Rheinlandbesetzung nachgegeben, so wäre er aus dem Amt gefegt und durch einen steifnackigeren Premierminister ersetzt worden. Lloyd George gab zu, dass die öffentliche Schätzung der deutschen Zahlungsfähigkeit absurd war, aber er dachte nicht daran, es seinen Wählern zu sagen. Orlando (der italienische Premierminister) würde mit Freuden eine Kompromisslösung der adriatischen Frage angenommen haben; es wurde ihm durch die politischen Mächte in Italien untersagt. Die Ministerpräsidenten waren weit davon entfernt, die höchste Gewalt auszuüben. Durch die Aufpeitschung der Volksstimmung während des Krieges –ein nach orthodoxer Anschauung notwendiges Mittel der Kriegführung – hatten sie sich selbst ein Frankenstein-Monstrum geschaffen, vor dem sie nun hilflos waren. Sie mochten Kompromisse schließen, wenn sie geschickt waren, nachgeben durften sie nicht.

Die Forderungen nach Sicherheit, wirtschaftlicher Erholung, finanzieller Entschädigung und Schwächung des Kriegsgegners führte zu einem Vertragswerk, das dem Reich massive, langfristig wirkende Belastungen auferlegte:

- das Reich verlor ein Siebtel seines Territoriums, das entsprach 7 Mio. Menschen, rund 10 % der Bevölkerung. Damit ging der

4. Kein Plan übersteht den ersten Schuss – die Illusion der Machbarkeit

Verlust von 50 % der Eisenerzvorkommen, 25 % der Steinkohleförderung, 17 % der Kartoffel- und 13 % der Weizenernte einher;[150]
- alle Kolonien wurden dem Reich entzogen und als Mandate unter den Alliierten aufgeteilt,[151] eine Entschädigung für die deutschen Vermögen und Besitzungen in den Kolonien wurde von den Alliierten nicht geleistet;[152]
- 90 % der Handelsflotte musste ausgeliefert werden – das verringerte den Anteil der deutschen Schifffahrt an der weltweiten Handelsflotte von 11,3 % (1914) auf 0,7 % (1920). Weiterhin mussten 60 % der Kohleförderung, die Hälfte der Binnenschiffe, 25 % der chemischen und pharmazeutischen Produktion und alle ausländischen Patente abgeliefert werden;[153]
- das gesamte Auslandsvermögen des Reiches und seiner Einwohner wurde von den Siegern eingezogen, ohne dass dies auf die Reparationsschuld angerechnet wurde; Klagen der enteigneten Vermögensbesitzer dagegen waren nicht zulässig.[154] Der Wert dieser Vermögen wurde von den Staaten, an welche die Werte übergingen, festgelegt. Dagegen wurden Forderungen des jeweiligen Landes aufgerechnet. Verbleibende Restbeträge sollten dem Reparationskonto gutgeschrieben werden. Das Reich wurde verpflichtet, die deutschen Vermögensbesitzer, die auf diese Weise enteignet worden waren, zu entschädigen;[155]
- die Überseekabel, die dem Reich gehörten, wurden enteignet und von den Alliierten übernommen;[156]
- Frankreich erhielt Elsass-Lothringen zurück, Reichs- und Privatbesitz wurde von Frankreich nicht entschädigt;[157]
- die deutschen Staatsbürger, die aus den von Frankreich und anderen Staaten übernommenen, vormals deutschen Territorien ausgewiesen worden waren, mussten vom Reich entschädigt werden.[158]

Hinzu kamen, wenngleich die endgültige Höhe der Reparationen noch nicht festgelegt war, finanzielle Auflagen und Bedingungen:

- die Höhe der vom Deutschen Reich zu erbringenden Leistungen wurde durch das Reparationskomitee (im Friedensvertrag »Wiedergutmachungskomitee« genannt) festgelegt. Die Reichsregierung konnte von diesem Komitee »nach Billigkeit« angehört werden, hatte aber kein Mitspracherecht;[159]
- die Dauer der Reparationsleistungen war auf 30 Jahre befristet. Diese Frist konnte aber, falls es Verzögerungen in den Zahlungen geben würde, verlängert werden.[160] Dieses Damoklesschwert, das über dem Reich hing, wurde ergänzt durch die Drohung, die besetzten Gebiete im Rheinland nicht –wie im Vertrag vorgesehen – nach 15 Jahren zu räumen, sondern die Besetzung zu verlängern, wenn die Reparations-Verpflichtungen nicht erfüllt würden;[161]
- das Reich wurde verpflichtet, sofort eine Schatzanweisung in Höhe von 100 Mrd. Mark zu emittieren, für welche das Vermögen des Reiches als Sicherheit diente.[162] Die Schatzanweisung war in drei Tranchen zu teilen:[163]

20 Mrd. Mark waren bis April 1921 fällig und mussten in Form sofort beginnender Lieferungen von Rohstoffen und landwirtschaftlichen Gütern geleistet werden. Von diesem Betrag wurden zunächst die Kosten der Besatzungstruppen und der Lebensmittellieferungen für die deutsche Bevölkerung abgezogen; der verbleibende Betrag wurde anschließend der Reparationsschuld des Reiches gutgeschrieben

40 Mrd. Mark, die bis 1926 fällig wurden

40 Mrd. Mark, die nach 1926 fällig wurden – allerdings nur, wenn diese Zahlung vom Reich aufgebracht werden könne.

Die in Rohstoffen, Maschinen und landwirtschaftlichen Erzeugnissen zu leistenden Reparationen waren in der Anlage zu diesem Abschnitt des Versailler Vertrags bereits aufgelistet, weshalb erste Lieferungen sofort erfüllt werden mussten. Der Wert dieser Lieferungen und die resultierende Gutschrift auf dem Reparationskonto des Reiches wurde vom Reparationskomitee festgesetzt.[164]

Der Begriff der »Kriegsschuld« im Paragraph 231 des Friedensvertrages, der nur zur juristischen Fundierung der Reparationsfor-

4. Kein Plan übersteht den ersten Schuss – die Illusion der Machbarkeit

derungen gedacht war, wurde zu einem der am heftigsten kritisierten Termini des Friedensvertrages. Aus deutscher Sicht ging es in diesem Passus nicht um juristische oder finanzielle Aspekte, sondern um die moralische Verantwortung Deutschlands für den Kriegsausbruch. Dieser Paragraph berührte das Ehrgefühl Deutschlands, was die Debatte um den Friedensvertrag emotional auflud und ein sachliches Urteil erschwerte. Aus der Verbindung von Gebietsabtretungen, den befürchteten großen finanziellen Forderungen und der – so wurde es in Deutschland verstanden – moralischen Verurteilung bildete sich im Reich eine toxische Mischung aus gekränkter Ehre, wirtschaftlicher Sorge und verletztem Nationalstolz. Dies führte dazu, dass der Vertrag quer durch alle Schichten der Bevölkerung und politischen Lager abgelehnt wurde.

Positive Aspekte des Vertrages, z. B. der Verzicht auf Gebietsabtretungen im Westen, der Verzicht auf eine Verschiebung der französischen Grenze an den Rhein oder die internationale Kontrolle des Ruhrgebiets, die ausgebliebene Zerschlagung des Reiches in Einzelstaaten (zurück zum Zustand vor 1871) blieben unbeachtet. Auch die offene Reparationssumme, die auf der Basis einer wirtschaftlichen Analyse durch die Reparationskommission festgelegt werden sollte und dadurch zumindest die Chance auf eine realistische Höhe eröffnete, wurde vor dem Hintergrund der Empörung über den Vertrag nicht als die Chance auf eine erträgliche Belastung, sondern als Bedrohung wahrgenommen. Einige weitblickende Vertreter der Alliierten erkannten die Sprengkraft, die in dem Vertragswerk lagen. Paul Deschanel, ein französischer Politiker, sagte: »*Wir sind dabei, den zweiten Weltkrieg zu unterzeichnen.*«[165] Und der Präsident der in Weimar tagenden Nationalversammlung, der spätere Reichskanzler Konstantin Fehrenbach, drohte: »*Seid eingedenk, ihr Feinde, aus den Gebeinen der Gefallenen wird ein Rächer entstehen.*«[166]

Vermutlich war es ein Zufall, dass die Reparationsforderungen, die bei Kriegsbeginn auf deutscher Seite formuliert wurden, nicht weit von den Forderungen entfernt waren, die jetzt von der alliierten Reparationskommission erhoben wurden. Auch die Vorstellungen über die Landgewinne, die das Deutsche Reich vereinnahmen wollte, ähneln denen, die jetzt zu Lasten des Reiches im Versailler Friedensvertrag festgeschrieben wurden. So hatte Hjalmar Schacht, der spätere Reichsbankpräsident, im Sommer 1914 eine Reparationssumme von 40 Mrd. Mark gefordert, die von Frankreich zu zahlen sei; vor allem aber hatte er verlangt, dass Frankreich nicht nur die unmittelbaren Kriegskosten, sondern auch die Kosten für die Witwen, Waisen und Versehrten trage. Genau diese Berechnungsmethoden kamen später gegenüber dem Deutschen Reich zur Anwendung. Die Empörung über die ungerechtfertigten Reparationen verdeckte daher eine Menge »heuchlerischer Selbstgerechtigkeit«.[167] Auch die Wegnahme wirtschaftlich wichtiger Gebiete und ihre Einverleibung in das Deutsche Reich fand sich, noch bevor die Alliierten es in den Versailler Vertrag schrieben, bereits in den Programmen der Deutschen Vaterlandspartei und des Alldeutschen Verbandes.[168]

Doch nun war es andersherum. Die Sieger bestimmten die Bedingungen und den Besiegten wurde klar, dass sie von genau den Annexionsplänen und wirtschaftlichen Belastungen getroffen wurden, die sie noch kurz zuvor für ihre Gegner vorgesehen hatten. Waren die Verluste an Land, wirtschaftlicher und landwirtschaftlicher Produktion schon schlimm genug, war zudem die unbestimmte Höhe der Reparationen und die unklare Laufzeit der verlangten Zahlungen ein Besorgnis erregender Punkt. Wenn die Beträge und die Zeit, in der sie zu zahlen sind, feststehen, kann man ermitteln, wie und ob der Schuldner diese Verpflichtung erfüllen kann. Wenn aber beide Faktoren offen sind, herrscht Unsicherheit. Vor allem, wenn – wie im Versailler Vertrag festgeschrieben – beide Größen auch nach Jahren noch verändert werden können. Die Reparationshöhe verdoppelte sich durch die Einrechnung der Pensionszahlungen für die alliierten Kriegsopfer, und es bestand die Gefahr, dass diese Forderungen durch eine Verlängerung der Laufzeit der Reparationen über die vereinbarten 30 Jahre hinaus erhoben werden könnten.[169]

Während die Sieger in Versailles um die Höhe der Reparationen stritten, sah man sich in Deutschland mit anderen wichtigen Fragen konfrontiert: Für die Umstellung der deutschen Industrie auf Friedenswirtschaft waren Investitionen nötig, doch das Reich hatte rund

4. Kein Plan übersteht den ersten Schuss – die Illusion der Machbarkeit

145 Mrd. Mark Schulden. 89 Mrd. fundierte (= langfristige) Schulden plus 55 Mrd. schwebende (= kurzfristige) Schulden, die verzinst und getilgt werden mussten.[170] Außerdem 4 Mrd. Mark Schulden bei den neutralen Ländern,[171] sowie 100 Mrd. Mark Reparationsverpflichtungen, die im Versailler Vertrag als erste Zahlung genannt waren. Diese Beträge summierten sich auf 249 Mrd. Mark (rund 1,5 Billionen Euro). Es war schwer vorstellbar, wie das Deutsche Reich angesichts dieses Schuldengebirges noch ausländische Kredite bekommen konnte, um zahlungsfähig zu bleiben.

Die Haltung der europäischen Sieger war von der Notwendigkeit bestimmt, einen Ausgleich für ihre enormen Kriegskosten zu erhalten, die sich auf 140 Mrd. US-Dollar beliefen, von denen 20 Mrd. Kredite waren, die von den USA gewährt worden waren, und zu denen nach Kriegsende nochmals 20 Mrd. US-Dollar hinzugekommen waren.[172] Weiter erhob die Bevölkerung der alliierten Staaten die Forderung, nach allen Leiden wenigstens materiell einen Ersatz für die erbrachten Opfer zu erhalten. Doch der Umfang dieser Leistungen war heftig umstritten. Die 14 Punkte des US-Präsidenten sahen nur Zahlungen für Schäden vor, die aus der Verletzung internationalen Rechts entstanden waren. Hier stand der Wiederaufbau Belgiens an erster Stelle. Weiter waren Entschädigungen zu leisten an Zivilpersonen, die im Krieg zu Schaden gekommen waren.[173] Die Regierungen Frankreichs und Großbritanniens gingen in ihren Forderungen jedoch weit über den vom US-Präsidenten gesetzten Rahmen hinaus. Sie wollten eine möglichst hohe Reparationssumme vom Deutschen Reich einfordern.

In welcher Höhe, über welchen Zeitraum und in welcher Form die Reparationszahlungen zu leisten seien, war unklar, weil die Sieger bzw. die Kommission zunächst bestimmen musste, welche Kriegsschäden die Grundlage der Reparationsberechnungen bilden würden. Diese Überlegungen bezeichnete der französische Delegierte André Tardieu als »*das Spiel der Prozente*«. Denn je nach Berechnungsbasis änderten sich die Anteile der alliierten Staaten. Eine Beschränkung der Reparationsforderungen auf die Wiedergutmachung ziviler Schäden hätte Frankreich und Belgien mit 43 % und 24 % den größten

Anteil der Zahlungen gesichert, denn diese Länder hatten die größten Zerstörungen erlebt. Dagegen hätte die Einberechnung der Militärausgaben Großbritannien 40 % aller Zahlungen gesichert.[174] Man verständigte sich auf Reparationsforderungen auf Basis der zivilen Schäden. Diese wurden geteilt in private und öffentliche Schäden. Die zivilen Schäden umfassten Schäden an Eigentum, Wirtschaftsgütern und Rechten (z. B. Patenten). Unter öffentlichen Schäden wurden Zerstörungen öffentlichen Eigentums, aber auch die staatlichen Aufwendungen für Flüchtlinge, der Ausgleich für zivile Schäden sowie die Aufwendungen für Zahlungen an Kriegsopfer verstanden. Damit waren Pensionszahlungen (auch für Militärangehörige) Teil der Reparationsforderungen geworden.[175] Die Berechnung der Kosten sollte zu Gegenwartswerten erfolgen, d. h. zu den Preisen, die aktuell zu leisten waren, wenn zerstörte Gebäude wiederaufgebaut wurden und Zahlungen an Kriegsopfer getätigt wurden.[176]

Frankreich, Großbritannien und Italien, die neben Russland die Hauptlast des Krieges auf Seiten der Alliierten getragen hatten, fürchteten den wirtschaftlichen Wiederaufstieg Deutschlands nach dem Krieg, der zu Lasten ihrer eigenen wirtschaftlichen Entwicklung gehen könnte. Sowohl Frankreich wie auch Großbritannien wollten zunächst ihre eigene Wirtschaft aufbauen und auf eine leistungsfähige Friedenswirtschaft umstellen, bevor der Wettbewerb mit dem Deutschen Reich wieder aufflammen würde. Um dieses Ziel zu erreichen, musste Deutschland eine gewisse Zeit wirtschaftlich und finanziell schwach gehalten werden, indem es hohe Belastungen auferlegt bekam. In Verbindung damit stand das Sicherheitsbedürfnis Frankreichs, das gleichfalls als Argument diente, Deutschland wirtschaftlich schwächen zu wollen. Die USA dagegen waren skeptisch, ob diese Pläne realistisch waren. Oberst House, der Berater des US-Präsidenten, beschrieb die Situation so:[177]

> Wenn wir sagen, das sicherste Mittel sei Abrüstung und Versöhnung, so erwiderten die Franzosen: ›Die Briten und Amerikaner können es sich leisten, so zu denken; aber Frankreich hat schon zu viel Invasionen erlebt um nicht auf

4. Kein Plan übersteht den ersten Schuss – die Illusion der Machbarkeit

bessere Garantien zu bestehen als papierene Versprechen.‹ Wenn wir sagen, es sei ein gutes Geschäft, die deutschen Reparationen einfach als schlechte Schuld abzuschreiben, so erwiderten die Europäer: ›Sollen also wir, die Angegriffenen, die gesamten Kosten tragen und den Angreifer ungestraft laufen lassen? Nicht, bevor wir nicht jede letzte Möglichkeit ausgeschöpft haben, ihn zu zwingen, dass er zahlt‹.

Es zeigte sich bald, dass die Forderungen der Alliierten die Zahlungsfähigkeit Deutschlands überstiegen. Daraus wurde der Grundsatz abgeleitet, das Reich solle bis an die Grenze seiner Leistungsfähigkeit zahlen. Während der Verhandlungen stellte sich daher die Frage, wo diese Grenze lag. Der US-Sachverständige Prof. Young errechnete eine deutsche Leistungsfähigkeit von 10 Mrd. US-Dollar, die aufgrund von Protesten Frankreichs und Großbritanniens auf 20 Mrd. US-Dollar und schließlich auf 60 Mrd. US-Dollar (= 240 Mrd. Mark) heraufgesetzt wurde. Davon sollte die Hälfte in deutscher Währung gezahlt werden können.[178] Trotz der Heraufsetzung der Forderungen war eine Einigung nicht zu erzielen. Großbritannien schlug am Ende der Verhandlungen 220 Mrd. Mark, Frankreich 124–188 Mrd. Mark und die USA 100–140 Mrd. Mark vor. Daher wurde ein weiterer Ausschuss ins Leben gerufen, der aus je einem Vertreter der USA, Großbritanniens und Frankreichs bestand. Dieses Gremium einigte sich auf eine Summe von 30 Mrd. US-Dollar (= 120 Mrd. Mark), zahlbar über 20–30 Jahre, zur Hälfte in Devisen, zur anderen Hälfte in Mark.[179] Die großen Unterschiede in den aufgeführten Zahlen zeigen, wie wenig gesichert die Berechnungen waren und wie wenig solide die Annahmen und die Datenbasis, auf der die Kalkulationen aufbauten.

Die 120 Mrd. Mark Reparationen, die von den Delegationen angesetzt wurde, entsprachen einer Annuität[180] von 6 Mrd. Mark p. a., das waren rund 7 % des Bruttosozialprodukts des Deutschen Reiches. Angesichts der Tatsache, dass die USA in ungefähr der gleichen Höhe Exporte während des Krieges an die Alliierten geleistet hatten, erschien eine Transferleistung in dieser Höhe zumutbar. Auch der Vergleich mit den britischen Kapitalexporten in den Jahren 1911–13 bestätigte die These, dass eine solche jährliche Zahlung geleistet werden konnte. Großbritannien hatte vor dem Krieg Kapital in Höhe von über 8 % seines Bruttosozialprodukts exportiert.[181] Allerdings bezogen sich diese Vergleiche auf prosperierende Volkswirtschaften, während die Wirtschaft des Deutschen Reiches am Ende des Krieges geschwächt war und vor der Aufgabe stand, selbst Kapital zu beschaffen, um zu investieren und wieder an Wettbewerbsfähigkeit zu gewinnen.

Die Entwicklung der alliierten Finanzen in den Monaten nach Ende der Kämpfe bestärkte die Sieger noch in ihrem Verlangen, Zahlungen von Deutschland zu erhalten, denn die Schulden der alliierten Regierungen gegenüber den USA stiegen weiter: die ersten Wiederaufbau-Maßnahmen, die Demobilisierung der Armee und die Versorgung der Verwundeten und Hinterbliebenen verschlang viel Geld. Die USA gaben ihren europäischen Alliierten 1919 weitere 2,4 Mrd. US-Dollar (9,6 Mrd. Mark) Kredit.[182] Die steigende Staatsverschuldung führte zum Kursverfall der nationalen Währungen – sowohl der britischen wie auch der französischen und italienischen – gegenüber dem Dollar.[183] Dadurch verteuerten sich die Lebensmittelimporte, auf welche ganz Europa, nicht nur Deutschland, dringend angewiesen war. Streiks waren die Folge und beunruhigten die Regierungen.[184]

Ein eigenes Konzept der Reparationszahlungen entwickelte John Maynard Keynes, der als Wirtschaftswissenschaftler zur britischen Delegation gehörte. Seine Überlegungen gingen dahin, dass die Alliierten und die USA auf die Rückzahlung von Krediten verzichten sollten und die Reparationszahlungen auf 40 Mrd. Mark zu begrenzen seien, da ansonsten die hohen und dauerhaften Transferleistungen das weltwirtschaftliche Gleichgewicht gefährdeten. Mit einer solchen Beschränkung der Reparationen wären die am Krieg beteiligten Staaten von ihren Auslandsschulden befreit worden und die Zahlungen wären auf ein für Deutschland tragbares Maß reduziert gewesen. Keynes hielt dieses Vorgehen für gerechtfertigt, weil dadurch die wirtschaftliche Stabilität Europas hätte gesichert werden können.[185] Bei einer Streichung der US-Kredite und dem Ende der damit einhergehenden Zahlungsströme in die USA hätte zudem London seine Position als wichtigster Finanzplatz der Welt zurückerobert.

4. Kein Plan übersteht den ersten Schuss – die Illusion der Machbarkeit

Die USA lehnten diese Idee ebenso ab, wie den Vorschlag des französischen Finanzministers Klotz, die gesamten Kriegskosten zusammenzufassen und dann von den Siegermächten entsprechend ihrer Möglichkeiten tilgen zu lassen. Das hätte nichts anderes bedeutet, als dass die USA einen wahrscheinlich bedeutenden Teil ihrer Kreditforderungen hätten abschreiben können. Mit welchem Geld hätten die europäischen Sieger das Tilgungskonto füllen können? Zwar bot die französische Regierung an, für das gemeinsame Tilgungskonto die Reparationsforderungen an Deutschland zu reduzieren. Damit wollte man den US-Interessen entgegenkommen. Die amerikanischen Vertreter in Paris lehnten diesen Vorschlag aber auch ab. Die USA waren nicht bereit, auf ihre Forderungen zu verzichten.[186]

Die Haltung der USA war durch die besondere Situation des Landes und die hohen Ziele des Präsidenten geprägt: die USA waren der Gewinner des Krieges, vor allem in wirtschaftlicher Hinsicht. Der Krieg war für die USA ein großes Konjunkturprogramm gewesen und das Land lag militärisch unangreifbar hinter den Ozeanen. Für Präsident Wilson waren daher die 14 Punkte und das Ziel des Völkerbundes wichtiger als die Nöte Europas. Abgesehen von der Rückzahlung der Kriegskredite war der Präsident bereit, Zugeständnisse an die Alliierten zu machen um die Zustimmung seiner Verbündeten zu seiner Vision des Völkerbundes zu bekommen. US-Außenminister Lansing notierte im März 1919 in sein Tagebuch: »*Die ganze Welt will Frieden. Der Präsident will seinen Bund. Ich glaube, die Welt wird warten müssen.*«[187]

Die erste Konferenz, zu der auch Mitglieder der Reichsregierung eingeladen waren und die sich nach dem Abschluss der Verhandlungen in Versailles mit der Zahlung der Reparationsleistungen – Höhe, Modalitäten, Zeitrahmen – befasste, fand rund 13 Monate nach der Verkündung des Friedensvertrages im Juli 1920 in dem kleinen Kurort Spa in Belgien statt. Die Reichsregierung ließ im Juni 1920 eine Denkschrift zur deutschen Zahlungsfähigkeit anfertigen.[188] Die Daten über Einkommen und Steuerlast im Deutschen Reich zeigten, dass die im Friedensvertrag geforderten Zahlungen nicht geleistet werden konnten und die bis März 1921 zu leistenden 20 Mrd. Mark bereits erfüllt waren. Weiterhin zeigte das Papier die inflatorische Wirkung der fortgesetzten Reparationszahlungen auf, die aufgrund der ständig aus Deutschland abfließenden Güter bei zugleich steigender Geldmenge verursacht wurde. So musste etwa die deutsche Regierung die Lieferanten der Güter, die an die Alliierten geliefert wurden, selbst bezahlen. Die sinkenden Reallöhne – als Folge der Inflation – erhöhten die Gefahr sozialer Unruhen und gefährdeten die ohnehin labile wirtschaftliche und politische Stabilität des Reiches.

Im Vorfeld der Konferenz von Spa hatten die Alliierten auf Konferenzen in San Remo, Hythe und Boulogne (April, Mai und Juni 1920) die Reparationsleistungen, die vom Reich verlangt werden sollten, bereits festgelegt. In Boulogne wurde eine Gesamtsumme von 269 Mrd. Mark, zahlbar über 42 Jahre, von 1921–63 in Höhe von 12 Mrd. Mark p. a., diskutiert. Es gab ein Element der Flexibilität in diesem Zahlungsplan. Die Reparationskommission konnte nach 1926 die jährlichen Zahlungen bis auf 3 Mrd. Mark p. a. reduzieren, die deutsche Regierung konnte vorzeitige Zahlungen mit 8 % abdiskontieren. Theoretisch hätte Deutschland mit einer sofortigen Überweisung von 65 Mrd. Mark die gesamte Reparationslast zahlen können. Doch auch ein Diskontsatz von 5 %, der war bei Vorauszahlungen ab 1926 vorgesehen, hätte die deutsche Zahlung auf 100 Mrd. Mark begrenzt.[189] Diesen Betrag hatte Deutschland selbst am 29. Mai 1919 in seiner Antwort auf den Entwurf des Friedensvertrages angeboten – mit der gleichen Fristigkeit: 20 Mrd. Mark bis 1926 und die verbleibenden 80 Mrd. in den Folgejahren.[190]

An der Konferenz von Spa nahmen mit Reichskanzler Fehrenbach und Außenminister Simons sowie Finanzminister Joseph Wirth deutsche Regierungsmitglieder teil. Diese Geste der Normalisierung im Verhältnis der Nationen, die auf Drängen Großbritanniens zustande kam, war belastet von der Besetzung deutscher Städte (Frankfurt, Darmstadt, Hanau, Bad Homburg und Dieburg) im April 1920 durch französische Truppen. Damit reagierte die französische Regierung auf die Nichterfüllung der vereinbarten Kohlelieferungen. Als Protest gegen das französische Vorgehen hatte Großbritannien daraufhin seine Kohlelieferungen an Frankreich ausgesetzt.[191]

4. Kein Plan übersteht den ersten Schuss – die Illusion der Machbarkeit

Trotz der Spannungen mit der französischen Regierung gelang es der deutschen Delegation, in Spa drei wichtige Beschlüsse durchzusetzen. Die Kreditaufnahme für Lebensmittelimporte nach Deutschland wurde erlaubt;[192] die Kohlenlieferungen wurden auf 2 Mio. Tonnen monatlich herabgesetzt;[193] und der Preis für deutsche Kohle wurde um 5 Mark pro Tonne erhöht, um Lebensmittelkäufe für die Bergarbeiter zu ermöglichen.[194] Die Erlaubnis zur Kreditaufnahme für den Einkauf von Lebensmitteln zeigte allerdings auch ein Problem, vor dem Europa stand. Die USA waren auch nach der Ratifizierung des Friedensvertrages nur zu neuen Kreditzusagen bereit, wenn die Reparationsfrage geklärt war. Die USA hatten den Zusammenhang zwischen Reparationen und Krediten wohl verstanden, auch wenn sie offiziell keine Verbindung zwischen diesen beiden Zahlungsmodalitäten akzeptierten!

Unabhängig von diesen Zugeständnissen einigten sich die Alliierten auf die Verteilung der Reparationsleistungen, ohne dass die absolute Höhe der Forderung an Deutschland bereits festgelegt worden war: Frankreich sollte 52 %, Großbritannien 22 %, Italien 10 %, Belgien 8 % sowie 2 Mrd. Mark vorab, alle anderen 8 % zusammen erhalten.[195] Das war eine erhebliche Verbesserung für Frankreich zu Lasten Belgiens gegenüber den ursprünglich vorgeschlagenen 43 % für Frankreich, 19 % für Großbritannien, 24 % für Belgien und 6 % für Italien. Wenige Monate später (September/Oktober 1920) fand die Konferenz von Brüssel statt; sie wurde vom Völkerbund organisiert und sollte die weltwirtschaftliche Situation untersuchen. Vertreter der deutschen Regierung waren zwar eingeladen, aber das Reparationsthema durfte nicht angesprochen werden. Grund dafür war die Sorge Frankreichs, die neutralen Staaten könnten Verständnis für die Situation Deutschlands entwickeln und so die Position der Alliierten schwächen.[196] Dennoch stand die Schilderung der wirtschaftlichen und finanziellen Situation Deutschlands unter dem Eindruck der Reparationslasten – nur die Höhe dieser Lasten durfte nicht thematisiert werden.[197]

Die deutsche Delegation schlug vor, die Reparationen unter Anrechnung der bereits erfolgten Leistungen festzulegen und zunächst auf Sachleistungen zu beschränken. Die deutschen Vertreter erfuhren von alliierter Seite zudem, dass man bemüht sei, die Gesamtforderung auf 100 Mrd. Mark zu begrenzen.[198] Das entsprach dem Angebot der deutschen Regierung vom Mai 1919 – ein deutlicher Schritt der Alliierten auf die deutsche Regierung zu. Nach dem offiziellen Teil der Konferenz von Brüssel traten die für Reparationsfragen zuständigen Fachleute am 16. und 17. Dezember 1920 noch einmal zusammen, um über ein Reparationsabkommen zu beraten. Bei den Verhandlungen zeichnete sich eine Entspannung des Verhältnisses zwischen der alliierten Delegation und den Vertretern des Reiches ab. Vor allem die Zusammenhänge zwischen Exporterschwernissen und Inflation wurden besprochen.[199] Carl Bergmann, ein Mitglied der deutschen Delegation, schrieb:[200]

> Die Stimmung der Konferenz blieb bis zum Schluss die denkbar beste. Alle Fragen, die ich aufgegriffen hatte, wurden in den folgenden Tagen von den deutschen Sachverständigen in den Sitzungen eingehend erörtert. Alliierte und Deutsche verkehrten auch außerhalb der Sitzungen in ungezwungener Weise miteinander. Alles ließ hoffen, dass diese Konferenz von Sachverständigen frei von jedem politischen Druck nun endlich den richtigen Weg weisen würde!

So einfach war es dann doch nicht.

Die Konferenz von Paris (Januar 1921) sollte eine Lösung für die immer noch strittige Frage der Reparationshöhe finden. Der französische Sachverständige Seydoux schlug eine Zwischenlösung vor: Deutschland sollte für fünf Jahre einen bestimmten Betrag – er wurde von 3 Mrd. Mark p. a. gesprochen – zahlen und erst danach sollten die endgültige Höhe der Reparationen und die Zahlungsmodalitäten festgelegt werden.[201] Aus französischer Sicht war dieser Vorschlag sinnvoll, wie die Zeitung »Le Temps« am 18. Januar 1921 schrieb:

> Die öffentlichen Finanzen Deutschlands sind in einem schauderhaften Zustand, aber die Entwicklung der deutschen Industrie und des deutschen Handels nimmt schon wieder einen mächtigen Aufschwung. Es würde daher unvernünftig sein, schon heute das Deutsche Reich auf zu schwere Zahlungen festzulegen, die es zum Bankrott bringen würden. Aber es wäre noch viel

4. Kein Plan übersteht den ersten Schuss – die Illusion der Machbarkeit

unerträglicher, auf die Summe zu verzichten, welche Deutschland später nach Maßgabe seiner wachsenden wirtschaftlichen Leistungsfähigkeit wird zahlen können.

Diesem Gedanken stand allerdings entgegen, dass die USA nicht zu neuen Krediten an Europa bereit waren, solange die Reparationsfrage nicht geklärt war. Ohne den amerikanischen Kapitalmarkt konnten die europäischen Finanzen aber nicht gesunden. In Paris wurde daher der Plan einer Übergangsregelung verworfen und stattdessen ein Zahlungsplan mit 42 Jahren Laufzeit verabschiedet:[202] 1921–23: 2 Mrd. Mark p. a.; 1923–26: 3 Mrd. Mark p. a.; 1926–29: 4 Mrd. Mark p. a.; 1929–32: 5 Mrd. Mark p. a.; 1932–63: 6 Mrd. Mark p. a. Daraus ergab sich eine Gesamtsumme von 226 Milliarden Mark. Darüber hinaus sollten jährlich zwölf Prozent des Wertes der deutschen Ausfuhren (geschätzt etwa 1–2 Milliarden Mark p. a.) über die gesamte Zahlungsperiode von 42 Jahren abgeführt werden.

Die deutsche Öffentlichkeit war über diese Beträge schockiert; Reichskanzler Fehrenbach erklärte die Zahlungen für nicht erfüllbar. Doch Frankreich wollte mit Hilfe der deutschen Zahlungen seine Kriegsschulden bei den USA begleichen und Deutschland dauerhaft schwächen. Erstaunlich ist, dass Pläne mit einer Dauer von 42 Jahren erarbeitet wurden. Glaubten die Alliierten wirklich, so weit in die Zukunft schauen zu können? War es die Hoffnung auf eine lange Friedensperiode wie vor dem Krieg, als zwischen 1871 und 1914 auch 43 Jahre lang Frieden geherrscht hatte? Kam niemand auf den Gedanken, dass die Welt sich schneller zu drehen begonnen hatte, dass wirtschaftliche und politische Systeme nicht mehr so fest verankert waren, wie es vielleicht früher der Fall gewesen war? Fragen über Fragen, doch genau daran sollte sich der Widerstand in Deutschland entzünden. Die Vorstellung, dass noch die Generation der Enkel unter den Folgen dieses Krieges leiden würde, erschien unerträglich.

Der Hinweis auf die Unerfüllbarkeit der alliierten Forderungen nutzte nichts: Frankreich benötigte das Geld – dringend! Zudem bestand für Deutschland die Gefahr der militärischen Besetzung, denn wenn die Zahlungen nicht geleistet wurden, konnten die im Friedensvertrag festgelegten Sanktionen verhängt werden, nämlich die Besetzung von Teilen des Industriegebietes an Rhein und Ruhr durch alliierte Truppen. Die Alliierten, insbesondere die französische Regierung, saßen am längeren Hebel.

Die deutsche Seite bot auf der Konferenz von London im März 1921 an, die in Paris erhobenen Reparationsforderungen in Höhe von 226 Mrd. Mark, abdiskontiert mit 8 %, zu übernehmen. Daraus ergab sich eine Reparationszahlung von 50 Mrd. Mark, von denen die nach deutscher Rechnung bereits erbrachten 20 Mrd. Mark noch abgezogen werden sollten. Die verbleibenden 30 Mrd. Mark würden dann durch eine internationale Anleihe aufgebracht werden. Dieses Angebot wurde von den Alliierten empört abgelehnt. Die 20 Mrd. erbrachter Leistungen tauchten in den alliierten Berechnungen nicht auf, denn die Kosten für die Enteignung des deutschen Besitzes in Elsass-Lothringen, die Enteignung des Kolonialbesitzes und die Kosten für die Besatzungstruppen, die in Deutschland stationiert waren, wurden auf alliierter Seite nicht berücksichtigt. Der Diskontierungszins von 8 %, der zu hoch erschien, obwohl er in den Vorschlägen von Boulogne als Rechnungsgrundlage zumindest eines Teils der Zahlungen genannt war. Die am Ende effektiv zu zahlenden 30 Mrd. Mark, die im Vergleich zu den geforderten 226 Mrd. Mark äußerst gering erschienen empörte die alliierten Politiker und die Öffentlichkeit. Sie sahen in diesem Vorschlag eine Provokation. David Lloyd George forderte die deutsche Delegation ultimativ auf, bis zum 7. März 1921 die Forderungen der Alliierten anzunehmen, anderenfalls würde Teile des Ruhrgebiets besetzt, die Exporterlöse beschlagnahmt, die Zölle eingezogen sowie eine Zollgrenze zwischen dem besetzten und unbesetzten Teil Deutschlands errichtet.[203]

Die deutsche Regierung versuchte daraufhin, die USA als Schiedsrichter in der Auseinandersetzung mit den Alliierten zu gewinnen. US-Präsident Harding erklärte sich bereit, realistische deutsche Vorschläge an die Alliierten weiterzuleiten. Die Reichsregierung bot nun an, 50 Mrd. Mark Gegenwartswert zu zahlen. Die strittigen 20 Mrd. Mark wurden nicht mehr eingerechnet. Ein hoher Anteil der sofortigen Zahlungen sollte in Sachleistungen erfolgen.

4. Kein Plan übersteht den ersten Schuss – die Illusion der Machbarkeit

Weiterhin wurde ein »Besserungsschein« angeboten, durch den die Alliierten an einer Steigerung der deutschen Wirtschaftsleistung beteiligt werden sollten.[204] Davon sollte 1 Mrd. Mark sofort gezahlt werden. Weiterhin erklärte sich die deutsche Regierung bereit, einen Teil der alliierten Schulden in den USA zu übernehmen. Doch die Alliierten lehnten das Angebot ohne Begründung ab. Bergmann schreibt, es sei nicht nachvollziehbar, warum sie auf diesen Vorschlag nicht eingingen. Vermutlich seien sie mit der Ausarbeitung eigener Forderungen zu beschäftigt gewesen.[205] Die Übernahme alliierter Schulden durch das Deutsche Reich hätte den Alliierten wie auch der Reichsregierung die Möglichkeit eröffnet, durch diese Umverteilung der Schuldenlast zu sinnvollen und für alle tragbaren Lösungen zu kommen. Stattdessen wurde am 27. April 1921 von der Reparationskommission festgelegt, dass Deutschland eine Reparationsschuld von 132 Mrd. Mark zu tragen habe.

Die zweite Londoner Konferenz (April/Mai 1921) legte einen Zahlungsplan vor, der diese 132 Mrd. Mark als Grundlage hatte. Diese Summe schien bedeutend niedriger als die zuvor geforderten 226 Mrd. Mark, war aber tatsächlich erheblich höher, da sie effektiv zu zahlen war und nicht mit 8 % auf 53 Mrd. Mark abgezinst werden konnte.[206] Im »Londoner Ultimatum« legten die Alliierten fest, dass die deutsche Regierung unter Androhung der Besetzung des Ruhrgebietes verpflichtet sei, Schuldverschreibungen über die folgenden Beträge auszuhändigen: am 1. Juli 1921: 12 Mrd. Mark (A-Bonds); am 1. November 1921: 38 Mrd. Mark (B-Bonds); und zu einem späteren Zeitpunkt: 82 Mrd. Mark (C-Bonds). Allerdings sollten die C-Bonds erst dann fällig werden, wenn das Deutsche Reich hinreichend zahlungsfähig sei – also vielleicht nie. Der britische Wirtschaftswissenschaftler John Maynard Keynes rechnete damit, dass die C-Bonds alsbald annulliert werden würden. Allerdings ließen sie die Reparationssumme größer erscheinen und erleichterten es vor allem der französischen Nationalversammlung, ihre Zustimmung zu diesem Zahlungsplan zu geben. Die tatsächliche Reparationslast (ohne C-Bonds) für das Deutsche Reich hätte dann bei 50 Mrd. Mark gelegen. Ein kleiner Teil dessen, was ursprünglich gefordert worden war und nahe an den 53 Mrd. Mark, die sich aus den abgezinsten 226 Mrd. Mark des Pariser Plans ergaben. Die Konferenz in London trug daher Züge der Spiegelfechterei: große Zahlen wurden der Öffentlichkeit genannt, während die realistische Zahlungsverpflichtung nahe an den alten Summen lag und nur die Hälfte dessen betrug, was das Reich vor nicht allzu langer Zeit selbst angeboten hatte!

Doch aus Sicht der Reichsregierung überforderten auch diese Beschlüsse die Leistungsfähigkeit der durch die steigende Inflation immer schwächer werdenden deutschen Währung und des Staatshaushaltes. Hinzu kam, dass die britische Regierung im März 1921 eine zusätzliche Belastung für den deutschen Außenhandel beschlossen hatte: eine Importabgabe auf deutsche Waren in Höhe von 50 %. Die britischen Importeure waren verpflichtet, die Hälfte des Einkaufswertes der deutschen Waren an die Regierung abzuführen, nur die andere Hälfte wurde an den deutschen Exporteur bezahlt. Die britische Regierung ging davon aus, dass die deutsche Regierung ihre Exporteure entschädigen würde.[207] Bereits im Mai wurde die Abgabe auf 26 % reduziert, blieb aber eine schwere Benachteiligung für den deutschen Export.[208] Sinn der Maßnahme war der Schutz der britischen Wirtschaft vor deutschen Waren, die im Zuge der deutschen Inflation in ausländischer Währung immer preiswerter wurden.

Die deutsche Regierung musste die Reparationssumme von 132 Mrd. Mark akzeptieren. Dagegen wandten sich große Teile der Öffentlichkeit. Während die Regierungen und Völker der Alliierten sich an dem erwarteten Geld wärmten, protestierten die Deutschen gegen die aus ihrer Sicht viel zu große Belastung – und beiden Parteien wurde nicht gesagt, dass der Endbetrag vermutlich deutlich geringer sein würde. So entstand das Gefühl in Deutschland, ausgeplündert zu werden, eine Stimmung, die von Demagogen und Scharfmachern noch verstärkt wurde. Der Protest aus Deutschland, von der Presse wie auch der Regierung erhoben, war ebenso ein Reflex wie umgekehrt die Unterstellung der Alliierten, Deutschland wolle sich seinen Verpflichtungen entziehen.[209] Allerdings muss berücksichtigt werden, dass die wirtschaftliche Situation Deutschlands sich seit Kriegsende kontinuierlich verschlechtert hatte und daher

4. Kein Plan übersteht den ersten Schuss – die Illusion der Machbarkeit

Reparationssummen von 100 Mrd. Mark, wie sie noch 1919 angeboten worden waren, 1921 erheblich schwerer aufzubringen waren: steigende Inflation, Erschwernisse im Exportgeschäft aufgrund der Bedingungen des Friedensvertrages und die labile innenpolitische Situation belasteten die Zahlungsfähigkeit des Reiches deutlich.

Es war, wie Harold Nicholson, ein britischer Diplomat, mit Blick auf die Friedensverhandlungen geschrieben hatte:[210]

> Und konnte man erwarten, dass die menschliche Natur, nachdem sie eben erst im Wahnsinn des Großen Krieges sich ergangen hatte, nun plötzlich die ruhige Gelassenheit fast übermenschlicher Weisheit an den Tag legen würde?

Eine Frage, die angesichts der Zahlenspiele, unrealistischen Erwartungen, des öffentlichen Drucks und der finanziellen Zwänge nur zu berechtigt war.

Doch die Reparationsforderungen der Alliierten waren trotz aller Probleme nicht die größten Herausforderungen, vor denen das Deutsche Reich stand. Im Inneren galt es, eine neue Staatsform und eine neue Regierung zu etablieren. Die neue Regierung musste akzeptiert werden und zugleich mit Hunger, Elend, feindlich gesinnten Siegern, unterschiedlichen politischen Bestrebungen und der Rückkehr eines geschlagenen Heeres fertig werden. Eine Herkulesaufgabe, vor allem da die Feinde der neuen Republik bereits anfingen, sich zu sammeln.

5. »Jetzt kommt es aufs Geld nicht an ...« – die Revolution und die Republik

»Wenn die Deutschen einen Bahnhof stürmen, kaufen sie zuerst eine Bahnsteigkarte.«[211]

Am 11. November 1918, in einem Salonwagen der französischen Eisenbahn im Wald von Compiègne, nordöstlich von Paris, wurden mit den Unterschriften der Vertreter der kriegführenden Parteien die Kampfhandlungen im Westen eingestellt. Die Kämpfe im Osten waren mit dem Friedensschluss von Brest-Litowsk schon am 3. März 1918 beendet worden.

Es war vorbei, der furchtbare Krieg war zu Ende. Zumindest für den Moment, denn der Waffenstillstand war auf vier Wochen befristet und musste jeweils verlängert werden. Den Alliierten war es wichtig, ein Wiederaufflammen der Kämpfe zu verhindern, weshalb der erste Waffenstillstand nicht nur die Einstellung der Kämpfe, sondern auch die Herausgabe großer Mengen militärischen und zivilen Geräts umfasste. Neben Waffen und Flugzeugen mussten die U-Bootflotte wie auch die militärische Hochseeflotte den Alliierten übergeben werden. Ebenso wurde bestimmt, dass zivile Güter abzuliefern waren: 5.000 Lokomotiven und 150.000 Eisenbahnwagen (das war rund ein Viertel des Vorkriegsbestandes an Lokomotiven und Waggons der Reichsbahn) und 5.000 Lkw.[212] Zusammen mit dem Wert der Eisenbahn von Elsass-Lothringen, die ohne Anrechnung auf die Reparationsleistungen zu übergeben war, summierten sich die abgelieferten Zivilgüter auf ein Vermögen von mehreren Milliarden Goldmark.[213] Außerdem sollte sofort die Rückgabe des liquiden Vermögens der belgischen Nationalbank sowie des beschlagnahmten oder ausgelieferten russischen und rumänischen Goldes in die Wege geleitet

5. »Jetzt kommt es aufs Geld nicht an ...« – die Revolution und die Republik

werden.[214] Es war daher weniger ein Waffenstillstand als mehr eine »verdeckte Kapitulation«.[215] Was blieb anderes übrig? Der militärische Sieg war nicht mehr zu erreichen, das Reich war nach vier Jahren Krieg und Blockade am Ende seiner Kräfte und zudem war die finanzielle Lage verzweifelt. Eine Gesamtschuld von 148 Mrd. Mark lastete auf dem Haushalt, davon 100 Mrd. Mark Kriegsanleihen, ein erheblicher Teil des Volksvermögens. Wie sollte unter diesen Umständen der Krieg noch fortgesetzt, geschweige zu einem für Deutschland siegreichen Ende gebracht werden?

Das Reich, ausgeblutet und hungernd, konnte sich die Herausgabe der zivilen Güter, vor allem der Lokomotiven, gar nicht leisten. Die Transportkapazitäten wurden dringend benötigt um Truppen und Material zurückzuholen, im Reich Lebensmittel und Kohle zu verteilen und den Personenverkehr aufrechtzuerhalten. Aber das schien niemanden wirklich zu interessieren –während die Unterhändler sich in Compiègne gegenübersaßen, entwickelte sich in Deutschland das, was Revolution genannt wurde.

Ausgehend von Kiel, wo sich die Matrosen der Hochseeflotte gegen schlechte Behandlung und den sinnlosen Befehl, noch einmal auszulaufen, erhoben hatten, ergoss sich der Aufstand wie »*ein Ölfleck*« (Harry Graf Kessler) über das Reich. In schneller Folge bildeten meuternde Matrosen in immer mehr Städten Arbeiter- und Soldatenräte, die die Macht übernahmen. Einfach so. Erstaunlich ist nicht so sehr der revolutionäre Elan, von dem diese Bewegung getragen wurde, als vielmehr das geräuschlose Zusammenbrechen der hergebrachten Ordnung, die bis dahin unerschütterlich erschienen war. Diese Ordnung stürzte ohne Widerstand. Und der Kaiser ging ins Exil, nachdem ihm seine Generäle gesagt hatten, dass die Truppe »*geordnet in die Heimat marschieren wird, aber nicht unter dem Kommando seiner Majestät.*«[216] In Berlin ernannte Prinz Max von Baden Friedrich Ebert zum Reichskanzler. Philip Scheidemann, SPD, rief die Republik aus. Karl Liebknecht von der USPD, der linken Abspaltung der SPD, tat Gleiches einige Stunden später. So endete der Machtstaat, der so unverrückbar ausgesehen hatte. Und keine Hand rührte sich, diesen Staat zu verteidigen.

5. »Jetzt kommt es aufs Geld nicht an ...« – die Revolution und die Republik

Denn es waren nicht nur die Matrosen, die dem Kaiserreich den Todesstoß gaben. Auch die Unternehmer erkannten, dass nicht nur der Krieg verloren war, sondern auch der Obrigkeitsstaat abgewirtschaftet hatte. Carl Duisberg, Vorstandsvorsitzender der Bayer AG, begrüßte die Republik schon im Oktober:[217]

> Von dem Tage an, wo ich sah, daß das Kabinettssystem abgewirtschaftet hatte, habe ich die Umstellung auf das parlamentarische mit Freuden begrüßt und stehe heute, wo es sich um das höchste, was es für mich gibt, das Vaterland, handelt, hinter der demokratischen Regierung und gehe, wo es möglich ist, Hand in Hand mit den Gewerkschaften und suche auf diese Weise zu retten, was zu retten ist. Sie sehen, ich bin Opportunist und passe mich den Verhältnissen an.

Jakob Altmaier, ein Chronist dieser Zeit in Frankfurt, schildert die Szene vom 8. November 1918, als fünf Mitglieder der SPD vom kommandierenden General in Frankfurt die Wahl von Soldatenräten verlangten. Antwort des preußischen Militärs:[218]

> ›Stehe zu Diensten.‹ Und zu seinem Adjutanten: ›Herr Major, geben Sie sofort Befehl an das Garnisonskommando, dass heute Abend 9 Uhr bei allen Truppenteilen Soldatenräte gebildet werden. Die Mannschaften versammeln sich um diese Zeit in den größten Räumen ihrer Kasernen und Unterkunftsorte.‹ Der Major notiert, wiederholt den Befehl und geht ab. Der General: ›Was wünschen Sie noch, meine Herren?‹ ›Wir brauchen ein Automobil.‹ Der General: ›Herr Hauptmann, bestellen Sie bitte einen Kraftwagen.‹ Und so geht es fort, als hätte der Generalstab nie etwas anderes als revolutionäre Anordnungen getroffen. Das war die Kapitulation des Militarismus in Frankfurt.

Das widerstandslose Verschwinden des kaiserlichen Staates ersparte der Bevölkerung Blutvergießen und die revolutionären Matrosen taten das ihre, die Situation unter Kontrolle zu halten. In Frankfurt lautete eine der ersten Bekanntmachungen des Arbeiter- und Soldatenrates: »*Wir wollen nur die Freiheit, aber keine Unordnung, wer plündert, wird erschossen!*«[219] Diese Haltung und die Kontinuität des Verwaltungsapparats, der ohne Störung weiterarbeitete, führten zum fast reibungslosen Übergang vom Kaiserreich in die zunächst noch

5. »Jetzt kommt es aufs Geld nicht an ...« – die Revolution und die Republik

provisorische Republik, die vom »Rat der Volksbeauftragten« regiert wurde. Ernst Troeltsch, scharfsinniger Beobachter der Nachkriegszeit, schrieb am 10. November 1918 erleichtert:[220]

> Der Kaiser in Holland, die Revolution in den meisten Zentren siegreich, die Bundesfürsten im Abdanken begriffen. Kein Mann tot für Kaiser und Reich! Die Beamtenschaft in den Dienst der neuen Regierung getreten! Die Fortdauer aller Verpflichtungen gesichert und kein Sturm auf die Banken!

Dieser reibungslose Übergang war umso erstaunlicher, als da noch niemand wusste, was kommen würde. Die Kontinuität in Wirtschaft und Verwaltung und die weitgehend reibungslose Zusammenarbeit mit den »Arbeiter- und Soldatenräten« bildeten einen guten Start in die neue Zeit – so gut, wie es in der bestehenden Situation eben ging.

Es gab auch nachdenkliche Stimmen, aber die traten nicht in den Vordergrund. Harry Graf Kessler, Chronist der Zeit, schrieb: »*Mir griff es doch an die Gurgel, dieses Ende des Hohenzollernhauses, so kläglich, so nebensächlich, nicht einmal Mittelpunkt der Ereignisse ...*«[221] Aber selbst das Bürgertum, bis dahin stärkste Stütze des Kaiserreiches, verteidigte die alte Ordnung nicht. Zu sehr bedrückten der Tod der Söhne, der Hunger, die Krankheiten und der Mangel an allem die Menschen. Ein Beobachter in Leipzig sah das als »frivole Gleichgültigkeit« und »matten Geist der Resignation«.[222] Aber es war weder das eine noch das andere, sondern die tiefe Enttäuschung über ein System, dass seine Bürger nicht zu schützen vermocht hatte. Der Schock des scheinbar so plötzlichen Zusammenbruchs, nachdem man bis kurz zuvor noch geglaubt hatte, den Krieg mit letzter Anstrengung siegreich beenden zu können, kam hinzu. Doch Schock und Resignation hielten nicht lange an. Durch die Not getrieben, bildeten sich neben den Arbeiter- und Soldatenräten auch Zusammenschlüsse zur Wahrung der bürgerlichen Interessen: die Bürgerräte bzw. Bürgerausschüsse. Der Hansabund, vor dem Krieg als Interessenvertretung von Industrie und Handel gegründet,[223] unterstützte diese Aktivitäten, und auch die Arbeiter- und Soldatenräte hatten nichts gegen die bürgerliche Unterstützung bei der Aufrechterhaltung von Ruhe und

5. »Jetzt kommt es aufs Geld nicht an …« – die Revolution und die Republik

Ordnung,[224] auch wenn, wie in München, der Bürgerrat erklärte, er wolle »*der Geschlossenheit des Bolschewismus die Geschlossenheit des Bürgertums entgegenstellen*«[225] und damit klar Stellung gegen Teile des Arbeiter- und Soldatenrates bezog.

Es war keine Revolution – wenngleich einige Heißsporne große Pläne für die Sozialisierung der Wirtschaft und die Machtübernahme durch Arbeiterräte entwarfen. Zu keinem Zeitpunkt gab es eine realistische Chance, diese Ideen zu realisieren. Es gab Schießereien in Berlin mit vielen Toten und die kurze Räteherrschaft in München, aber sonst blieb es im Reich weitgehend ruhig. Dafür, dass die Übergangszeit von Unsicherheit und Hunger geprägt und die Zukunft offen war, passierte wenig. Unruhen wie der Kapp-Putsch und der Aufstand im Ruhrgebiet brachen erst später aus.

Die Probleme und Herausforderungen der Zeit waren dringender als der Entwurf großer Zukunftsvisionen, und die russische Revolution hatte das Gewaltpotential radikaler Veränderungen deutlich gemacht; das erschreckte die Mehrheit der Bevölkerung. Daher war der Moment der Revolution nicht von Umsturz geprägt, sondern von der Konzentration auf die Aufgaben, die angegangen werden mussten. Das Heer strömte ins Reich zurück, die Soldaten mussten demobilisiert, untergebracht und mit einer Zukunftsperspektive, sprich Arbeit, ausgestattet werden. Das Volk hungerte weiter, da die Blockade der deutschen Häfen mit dem Waffenstillstand nicht geendet hatte, und diese gefährliche Herausforderung musste bewältigt werden. Eine Verfassung war auszuarbeiten, die dem zukünftigen Staatswesen Grundlage und Form gab. Es mussten Wahlen vorbereitet werden, um dieses Staatswesen zu legitimieren. Und es musste verhindert werden, dass politische Desperados versuchten, die Macht an sich zu reißen.

Die Gefahr einer sich verschärfenden Hungersnot aufgrund der fortbestehenden Blockade und der Schwächung der Transportkapazitäten durch die Abgabe von Eisenbahnen, Waggons und Lkw führten zur Warnung des Staatssekretärs Solms an die Alliierten und die USA:[226]

5. »Jetzt kommt es aufs Geld nicht an ...« – die Revolution und die Republik

> Wir gehen dann (wenn die Blockade aufrechterhalten wird) undenkbaren, mehr oder weniger bolschewistischen Verhältnissen entgegen, die auch den Nachbarstaaten gefährlich werden können.

Die Alliierten weigerten sich jedoch, darauf einzugehen. Sie wollten die fortdauernde Blockade als Druckmittel während der Friedensverhandlungen einsetzen und sich selbst die Belieferung aus den USA zu günstigen Preisen sichern.[227] Diese Situation wurde von Frankreich als Ausgangspunkt für die angestrebte Zusammenarbeit mit den USA und Großbritannien in der Nachkriegszeit gesehen.[228]

Im einem der folgenden Waffenstillstandsabkommen, das im Februar 1919 abgeschlossen wurde,[229] wurde die Ausfuhrkontrolle der deutschen staatlichen Metallbestände (einschließlich Edelmetall) sowie der Wertpapiere durch die Alliierten vorgeschrieben. Diese de facto-Sperrung der deutschen Devisen- und Edelmetallbestände diente auch der Blockade der dringend benötigten Lebensmittelimporte, denn ohne die Verwendung von Devisen hatte Deutschland keine Möglichkeit, Importe zu bezahlen.[230]

Der Rat der Volksbeauftragten, der die provisorische Regierung des Reiches bildete, geriet dadurch unter starken Druck, denn die Kriegsjahre hatten zu einer dramatischen Unterversorgung der Bevölkerung geführt. Doch die deutsche Erklärung, die Getreidevorräte reichten nur 4–6 Wochen, wurde von den Siegern mit Skepsis aufgenommen, da kurz nach der Ernteperiode (es war Herbst) doch ausreichende Vorräte vorhanden sein müssten.[231] Die landwirtschaftliche Produktion in Deutschland war jedoch gegenüber 1913 um 30–40 % gesunken.[232] Rechnet man hinzu, dass vor dem Krieg rund 20 % der Lebensmittel importiert wurden, ergibt sich ein Fehlbestand von rund 50 % der benötigten Lebensmittel für das Reich.

Die dringend benötigten Lebensmittellieferungen wurden zugleich zum Gegenstand der Reparationsforderungen, da die Bezahlung der Importe und der Transport geregelt werden mussten. Zunächst wurde von den USA Hilfe bei der Versorgung der Bevölkerung in Aussicht gestellt, wenn der U-Bootkrieg gestoppt würde.[233] Kurze Zeit später aber, am 9. November 1918, machte die US-Regierung Lebensmittellieferungen davon abhängig, dass es der Reichsregierung gelänge, die öffentliche Ordnung aufrecht zu erhalten. Konkret bedeutet dies vor allem, die Gefahr eines kommunistischen Umsturzes zu bannen.[234] Die Frage, wie die Lieferungen bezahlt werden sollten, war die nächste Hürde. Die US-Regierung plante zunächst, die Lieferungen nach Europa, wo sie Siegern wie Besiegten zugutekommen sollten, unentgeltlich zu leisten. Dagegen erhob sich Protest in der amerikanischen Öffentlichkeit.[235] Gegen die Bezahlung der benötigten Lieferungen durch die Reichsregierung legte der französische Finanzminister Klotz Einspruch ein. Der Widerstand Frankreichs gegen die Verwendung der Devisen des Reiches für Lebensmittelkäufe entsprang allerdings nicht nur einem Revanche-Gedanken, sondern auch finanziellen Notwendigkeiten – Frankreich benötigte die Gelder ebenso dringend wie Deutschland Lebensmittel brauchte!

Durch die Versorgungskrise wurde allerdings nicht nur die öffentliche Ordnung gefährdet, sondern auch die Moral der alliierten Besatzungstruppen.[236] So warnte etwa der Kommandeur der britischen Soldaten, »*... er könne nicht für seine Truppen verantwortlich gemacht werden wenn in Deutschland Kinder halbverhungert durch die Straßen liefen.*«[237] Schließlich wurde auf Druck des britischen Premierministers erlaubt, dass die Reichsregierung bei den Alliierten wie auch in den neutralen Staaten Lebensmittel kaufen und dafür die Gold- und Devisenreserven der Reichsbank nutzen konnte – darüber war es Ende März 1919 geworden.[238]

Die Republik aus Papier – die Überwindung des Chaos

Die Frankfurter Zeitung veröffentlichte am 11. November 1918, dem Tag des Waffenstillstandes, eine Note des Rates der Volksbeauftragten, in der US-Präsident Wilson auf die Folgen der im Waffenstill-

5. »Jetzt kommt es aufs Geld nicht an ...« – die Revolution und die Republik

standsabkommen verlangten Ablieferung von Transportmitteln und des Unterhalts der Besatzungstruppen aufmerksam gemacht wurde: angesichts der 50-monatigen Blockade würde das »*die Ernährungslage zu einer verzweifelten gestalten und den Hungertod von Millionen Männern, Frauen und Kindern bedeuten.*«[239]

Für die Bevölkerung der Städte war die Ernährungssituation tatsächlich katastrophal: die Lebensmittelversorgung stockte, wer konnte, versorgte sich zu ständig steigenden Preisen auf dem Schwarzmarkt. Der Bericht eines Lebensmittelamtes im Herbst 1918 zeichnete ein hoffnungsloses Bild. Es mangelte nicht nur an einer ausreichenden Menge an Nahrung, die verfügbaren Lebensmittel waren zudem von schlechter Qualität. Mehl, Fleisch und Obst waren teilweise ungenießbar.[240]

Zyniker konnten sagen: Es hatte sich nichts geändert! Schon 1917 war die Versorgungssituation kritisch gewesen, weil die Belieferung mit Lebensmitteln stockte. Die einzelnen Regionen hatten ihre Lebensmittel für den Eigenbedarf behalten, der Schwarzmarkt hatte immer größere Mengen geschluckt, die für die Verteilung fehlten, erhoffte Lieferungen aus der von deutschen Truppen besetzten Ukraine waren nicht angekommen. Die Sterblichkeit in Frankfurt stieg im Vergleich zum letzten Friedensjahr 1913 bis 1915 um 2,2 %, 1917 um 18 %, 1918 um 31 %, 1919 um 44 %.[241] Allein die Spanische Grippe forderte in der Stadt zwischen Oktober 1918 und dem Jahresende 700 Todesopfer.[242] Die Zahlen zeigen, wie sich Mangel und andauernde Unterernährung auswirkten. Gegen diese Entwicklung waren die Bemühungen der Stadtverwaltung um die Sicherung der Ernährung machtlos. Weder Eingaben in Berlin noch die eigene Herde von 1.300 Kühen im Taunus,[243] um wenigstens eine minimale Milchversorgung sicherzustellen, konnte spürbar etwas ändern. Selbst die Versorgung mit Kartoffeln war im Sommer 1918 nicht mehr ausreichend und die Bekämpfung des Schwarzmarktes war schwierig, weil die Industrie, allen voran die Rüstungsindustrie, selbst auf dem illegalen Markt kaufte, was sie für die ausreichende Verpflegung ihrer Arbeiter brauchte.[244]

Nun war der Krieg vorbei, nicht aber die Mangelversorgung, die Unterernährung und der Schwarzmarkt. Die Regierung konnte nach langen Verhandlungen seit dem Frühjahr 1919 endlich Lebensmittel importieren, damit ergab sich jedoch ein anderes Problem. Die Zahlungen für Lebensmittelimporte schmälerten den Devisenbestand der Reichsbank. Die Goldreserven und Devisen des Reiches betrugen lediglich 2,4 Mrd. Mark und waren außerdem durch das Waffenstillstandsabkommen vom 13. Dezember 1918 zur Verfügung der Alliierten gestellt bzw. durften jetzt nur für die Bezahlung der Lebensmittelimporte verwendet werden.[245]

Zugleich mussten die Demobilisierung und die Wiederbelebung der Friedensindustrie, vor allem des jahrelang vernachlässigten Wohnungsbaus, finanziert werden. Das ging nur durch neue Schulden, die von der Regierung bei der Reichsbank aufgenommen wurden. Diese druckte das Geld. Doch welche Alternative stand zur Verfügung? Politik wie auch Wirtschaft und Gewerkschaften schreckten vor schmerzhaften Sparmaßnahmen und neuen Belastungen für die Bevölkerung zurück. Zu labil war die Lage, zu unsicher die Loyalität des Volkes gegenüber der erst entstehenden Republik, zu schwach die finanziellen Reserven. Der Nation nach dem entsetzlichen Krieg weitere Opfer zuzumuten in Form von Arbeitslosigkeit, Hunger und weiter steigenden Preisen, schien undenkbar. Selbst der AEG-Vorsitzende Walter Rathenau und der Großunternehmer Hugo Stinnes rieten dazu, »*die Notenpresse noch etwas mehr arbeiten zu lassen*« und so »*das Leben der Nation zu sichern.*«[246] Dahinter stand die Sorge, dass strenge Sparmaßnahmen zum Zusammenbruch der öffentlichen Ordnung führen und extremen Kräften von links und rechts Auftrieb geben würden.[247]

Diese Entwicklung fand in einer Atmosphäre der Trostlosigkeit statt, die bedrückend war. Ernst Troeltsch schrieb im April 1919 im Spectator-Brief:[248]

> Man braucht nur das heutige Berlin zu sehen: schmutzig, mit Papierfetzen übersät, die Sockel der Gebäude mit Plakaten aller Art beklebt, auf den Straßen Soldaten mit Drehorgel oder fliegendem Kram, sorgenvolle Gesichter

5. »Jetzt kommt es aufs Geld nicht an ...« – die Revolution und die Republik

der Meisten, rasende Amüsiersucht auf den Gesichtern der anderen, zahlreiche Läden aus Furcht vor Plünderung geschlossen, andere in Wohnräume notdürftig verwandelt, überall steigende Preise und Entwertung des Papiergeldes.

Die Geldschwemme ging also weiter, nicht aus Leichtfertigkeit, sondern um größere Übel abzuwenden. Regierung und Bevölkerung hatten Angst vor einem kommunistischen Aufstand. Außerdem führten die heimkehrenden Truppen Waffen mit sich. Es galt, mögliche Unruhen zu vermeiden.

Die Demobilisierung der Armee wurde folglich mit einem großen Arbeitsbeschaffungs-Programm verknüpft, das die inflationäre Politik förderte, denn Tausende von ausgemusterten Soldaten wurden bei der Reichsbahn und der Post angestellt, ohne dass man sie dort brauchte. Immerhin hatten sie einen Arbeitsplatz und ein Einkommen und damit eine Perspektive und lagen nicht auf der Straße. Der Preis dieser Maßnahmen war die Aufblähung der Kosten der Staatsunternehmen, die durch frisch gedrucktes Geld gedeckt werden musste, denn Kredite waren weder aus dem Inland noch dem Ausland zu bekommen. Wer leiht schon jemandem Geld, der dieses für überflüssige Arbeitsplätze ausgibt und keine Vorstellung hat, wie er es zurückzahlen soll? Das Reich konnte sich die sozialen Wohltaten, die es verteilte, überhaupt nicht leisten. Auch war die politische Zukunft Deutschlands unsicher. Die Sorge vor einem kommunistischen Aufstand war nicht unberechtigt und die 2,4 Mrd. Mark an Gold- und Devisenreserven hätten gerade 10 % des benötigten 24 Mrd.-Kredits besichern können. Zudem hatte Deutschland bis vor wenigen Monaten mit allen Kräften genau die Länder bekämpft, von denen es jetzt Kredit hätte erbitten müssen. Also war der Plan einer Auslands-Anleihe unrealistisch. Was blieb der Regierung – sie diente die neuen Schuldtitel der Reichsbank an und die druckte dafür wie schon so oft seit 1916 neues Geld.

Zugleich wussten Regierung und Nationalversammlung um die Lasten, die der verlorene Krieg hinterlassen hatte. Finanzminister

Schiffer erläuterte den Abgeordneten am 15. Februar 1919 die finanzielle Seite der »großen Schlächterei«:[249]

> Wenn ich diese Ausgaben nunmehr im einzelnen verfolge, so stellt sich der Bedarf an außerordentlichen Deckungsmitteln für die verschiedenen Jahre in folgender Weise dar, wobei Sie das beinahe regelmäßige Aufsteigen dieser Ausgaben verfolgen wollen: in den fünf Monaten des Jahres 1914 verbrauchten wir 7,5 Milliarden, 1915 23 Milliarden, 1916 26,6 Milliarden, 1917 39,6 Milliarden, 1918 48,5 Milliarden.

Nachdem man sich bis 1918 allerlei vorgemacht und auf die Reparationen des Gegners gehofft hatte, stand die Regierung jetzt vor dem finanziellen Desaster, das der Krieg hinterlassen hatte. Doch die politischen und sozialen Herausforderungen waren größer als die Finanzprobleme: die Menschen benötigten Arbeit, Brot und Wohnungen.[250] Daher wurden öffentliche Aufträge an die Reichsbahn (1,6 Mrd. Mark), für Wohnungsbau (1,5 Mrd. Mark) und zum Bau neuer Kanäle (0,6 Mrd. Mark) vergeben.[251] Finanzminister Dernburg selbst bezeichnete den Umgang der Regierung mit Geld als »Assignatenwirtschaft«,[252] da die Mark nur noch 28 Pfennige wert sei.

Neben den staatlichen Betrieben trug auch die Industrie zum Frieden im Land bei. Bereits am 15. November 1918 unterschrieben die Arbeitergeberverbände und die Gewerkschaften eine Vereinbarung, später nach den Verhandlungsführern »Stinnes-Legien-Abkommen«[253] genannt, das die Bildung von Arbeiterausschüssen, den Achtstundentag (bei vollem Lohnausgleich), Arbeitsplatzsicherheit (alle Soldaten hatten Anspruch auf den Arbeitsplatz, den sie vor dem Krieg innehatten) und die Einrichtung von Ausschüssen zur Klärung weiterer Fragen regelte. Es war die Geburtsstunde der paritätischen Zusammenarbeit von Arbeitgebern und Arbeitnehmern. Den Preis für die Rückkehr der Soldaten in ihre alten Berufe zahlten die berufstätigen Frauen. Sie wurden massenhaft entlassen, was niemandem ein schlechtes Gewissen machte, denn man folgte dem konservativen Bild des Mannes als Ernährer und der Frau als Mutter und Fürsorgerin für die Familie. Der Krieg war in diesem Weltbild eine Ausnahme gewesen, die nun vorbei war.

5. »Jetzt kommt es aufs Geld nicht an ...« – die Revolution und die Republik

Es ist zweifellos eine der bedeutenden Leistungen der jungen Republik, in der labilen Situation die Abrüstung des Riesenheeres ohne die Gefährdung der inneren Sicherheit durchgeführt zu haben. Der Rat der Volksbeauftragten – noch gab es keine gewählte Reichsregierung – und Militär und Wirtschaft arbeiteten zusammen, nicht aus großem Vertrauen zueinander, sondern aus der Einsicht in die Notwendigkeit, das Land und die Bevölkerung jetzt zusammenzuhalten.

Während die Lage im Innern des Reiches mühsam unter Kontrolle gehalten wurde, fiel an den ausländischen Börsen der Kurs der Mark, denn welche Kreditwürdigkeit hat ein Land, das vor großen Zahlungen steht (Reparationen), aber nicht sagen kann, wie hoch diese ausfallen, in welcher Zeit und in welcher Weise sie gezahlt werden müssen? Angesichts der großen Zerstörungen in Belgien und Nordfrankreich war damit zu rechnen, dass die Sieger erhebliche Mittel verlangen würden.

Finanzminister Dernburg sagte am 26. April 1919:[254]

> Wir können es (das Geld für die Reparationen) nicht auf den Tisch legen, meine Herren, wir haben es nicht. Die Entente wird das Deutsche Reich ruinieren können, wenn sie uns heute, trotz unseres guten Willens, bei unserem Unvermögen zu großen Dingen zwingt. Sie wird ein vertragstreues, ordentliches und auf seine finanzielle Gesundung bedachtes Volk als einen guten Schuldner ansehen können, wenn sie ein paar Jahre Geduld hat, bis wir dazu kommen, unsere Verpflichtungen zu erfüllen. Die 5–6 Monate Waffenstillstand haben uns mehr an nationalem Wohlstand und nationaler Widerstandskraft, an Organisation unserer nationalen Wirtschaft gekostet, als mehrere Jahre Krieg.

Damit meinte der Finanzminister die Demobilisierung der Armee, die fast 9 Mrd. Mark gekostet hatte.[255]

Die bedrückende finanzielle Lage belastete die deutsche Währung spürbar: im Inland wurde die Mark gegen Devisen getauscht und im Ausland wurde die Mark gleichfalls verkauft, da man der weiteren Entwicklung des Reiches skeptisch gegenüberstand. Folge dieser Kapitalflucht war der Fall der Mark auf einen Wert von 7–9 Goldpfennigen.[256]

Der Kursverfall der Mark, eine Folge der hohen Staatsschulden des Reiches und der unklaren Reparations-Zahlungen, brachte allerdings einen Vorteil mit sich: Das Exportgeschäft blühte auf. Deutsche Unternehmen konnten ihre im Reich hergestellten Waren im Ausland zu günstigen Preisen absetzen und damit die dringend benötigten Devisen verdienen. In Frankfurt, traditionell eine Handelsstadt mit vielfältigen Kontakten ins Ausland, konnten die Unternehmen schnell an ihre Vorkriegskontakte anknüpfen. Auf eine Anfrage der Handelskammer 1919 antworteten von 20 Unternehmen, die zu ihrer Auftragssituation Auskunft geben sollten, lediglich drei, sie seien nicht ausgelastet. Die übrigen gaben an, mit Exportaufträgen gut beschäftigt zu sein.[257]

Der Exportboom konnte die finanziellen Lasten, denen sich das Reich gegenübersah, allerdings nicht vollständig auffangen. Die direkten Folgekosten des Krieges wie die Umstrukturierung der Wirtschaft, die Ankurbelung des Wohnungsbaus, die Beschaffung von Arbeitsplätzen für die Soldaten und die Finanzierung der gewaltigen sozialen Lasten für Kriegsopfer, Witwen und Waisen verschlangen hohe Summen. Allein 1919 waren für die Finanzierung der Kriegsschulden, die Rückführung der Truppen und die Lebensmittelimporte 20 Mrd. Mark notwendig.[258] Auch wenn die Bedingungen des Friedensvertrages noch nicht bekannt waren, war zu befürchten, dass auf das Reich harte Zeiten zukommen würden. Dabei gab es, unabhängig von den Reparationsforderungen der Siegermächte, im Land genug zu tun. Das neue Staatswesen war erst im Werden begriffen (die Wahlen zur Nationalversammlung, die der Republik eine Verfassung geben sollte, fanden am 19. Januar 1919 statt und die Verabschiedung der neuen Verfassung erfolgte am 11. August 1919), die Spannungen zwischen den Arbeiter- und Soldatenräten und dem konservativen Beamtenapparat nahmen zu und der Hunger hatte das Land weiterhin fest im Griff (die Sterblichkeit lag 1918 2,5mal so hoch wie 1913.)[259] Der Schwarzmarkt blühte, die Inflation setzte ihren Lauf fort. Das Kriegsende war nicht das Ende der Unsicherheit und Angst gewesen, sondern der Anfang neuer Sorgen und Nöte.

Die Handelskammer Frankfurt schrieb:[260]

5. »Jetzt kommt es aufs Geld nicht an ...« – die Revolution und die Republik

Dem Anwachsen des Notenumlaufs und dem Rückgang der deutschen Valuta entsprach die unaufhaltsame Steigerung der Warenpreise, Löhne und Gehälter, welche sich ohne Rücksicht auf die Wirtschaftlichkeit der Betriebe (Staatsbahnen) den Kosten der Lebenshaltung anpassen mussten. Zum Beispiel betragen die Richtpreise für Kohlen:

Kohlen:

	Ende 1913 per Tonne M	Januar 1919 per Tonne M	Oktob. 1919 per Tonne M	Dezemb. 1919 per Tonne M
Förderkohle	12,—	41,30 / 43,10	77,90 / 79,70	86,90 / 88,70
Nußkohle I u. II	14,25	44,60 / 46,40	83,80 / 85,60	95,20 / 97,—
Hochofenkoks	15,2 / 17,—	58,90 / 60,10	113,50	126,65

Eine weitere starke Erhöhung ist am 1. Januar 1920 eingetreten.

Eisen:

	Dezemb. 1913	Januar 1919	August 1919	Oktober 1919	Dezemb. 1919	Januar 1920
			per Tonne Mark			
Dt. Gießerei I	77,50	250,—	517,—	652,50	914,50	1324,50
Stahleisen	72,—/73,—	240,—	465,—	577,—	826,—	977,—
Siegeleisen	82,—	259,—	502,—	623,—	896,—	1047,—
Grobbleche über 5 mm	103,50	375,—	835,—	1185,—	2235,—	—
Staatsbahnschienen	118,—	—	—	1050,—	1870/1900	—

Baumwolle:

	Ende 1913	16. Dez. 1919
	per kg Mark	
Bremen	1,29	52,—

Löhne.

Berufsgenossenschaften	Tatsächlich verdienter Lohn eines Arbeiters			
	1913	1917	1918	1919
	durchschnittlich Mark			
Knappschaft	1588	2406	2957	3210
Maschinenbau und Kleineisen-Industrie	1424	2181	2688	für die ersten neun Monate.
Leinen-Industrie	882	1265	1606	
Leder-Industrie	1255	1788	2299	

Abb. 7: Preise wichtiger Grundstoffe und Löhne 1918–19 im Vergleich zu 1913.

Der Durchschnittslohn in Frankfurt (über alle vier Branchen hinweg, s. Tabelle) war von 1.037 Mark 1913 auf 3.210 Mark 1919 gestiegen, hatte sich also ungefähr verdreifacht. Dagegen war der Preis für eine Tonne Kohle von 12 Mark auf rund 87 Mark gestiegen, hatte sich also versiebenfacht und der Preis für Baumwolle von 1,29 auf 52 Mark fast verfünfzigfacht!

Trotz aller Schwierigkeiten und ungelösten Probleme wurde in Frankfurt bereits im Oktober 1919 die »Internationale Einfuhrmesse« eröffnet. Diese Messe wurde ein Erfolg, allerdings anders als gedacht. Das verarmte Deutschland mit seiner schwachen Währung konnte sich keine Importe leisten, wohl aber exportieren. Die schwache Mark machte deutsche Produkte für das Ausland preiswert, weshalb die Messe eher eine Ausfuhr- statt Einfuhrmesse wurde.[261] Handel und Industrie hatten die Chance, dringend benötigte Devisen zu verdienen. Die Kehrseite dieses Exportbooms war, dass sich die Importe (Lebensmittel) verteuerten. Während die schwache Währung für eine wirtschaftliche Belebung sorgte, forderte sie zugleich einen hohen Preis.

Die Aufbruchstimmung, die sich mit der Frankfurter Messe einstellte, hatte auch eine politische Seite: Die Revolution war zu Ende! Auf dem Römer, dem Frankfurter Rathaus, wurde die Rote Fahne eingeholt, die hier seit dem 26. November 1918 geweht hatte,[262] und die neue Reichsfahne Schwarz-Rot-Gold gehisst.[263] Die Revolution endete ebenso friedlich, wie sie begonnen hatte. Damit endete auch die Herrschaft der verschiedenen Matrosen- und Hilfspolizei-Einheiten, die zwischenzeitlich für mehr Unruhe als Sicherheit gesorgt hatten und nun durch eine neu aufgestellte Polizeitruppe abgelöst wurden, sehr zur Erleichterung der Bevölkerung.

Auch allen Plänen zur Sozialisierung der Wirtschaft wurde eine Absage erteilt. In der herrschenden Lage, da die Zusammenarbeit mit der Wirtschaft unerlässlich war, sollte erst gar keine Debatte über neue Wirtschaftsformen und Besitzverhältnisse aufkommen. Daher wurden alle Vorschläge, die in diese Richtung zeigten, beiseitegeschoben. Wirtschaft und Politik hatten neben der Schaffung von Arbeitsplätzen für die Soldaten und der Entlassung tausender Frauen

5. »Jetzt kommt es aufs Geld nicht an ...« – die Revolution und die Republik

ein weiteres Thema: die Aufhebung der Preisbindungen. So wenig diese Maßnahmen im Krieg auch die Lebenslage der Bevölkerung verbessern konnte, jetzt, da die Rückkehr zu normalen Verhältnissen das Ziel war, sollten diese und andere Zwangsregelungen aufgehoben werden. Eine sofortige Streichung aller Preisbindungen hätte starke Preiserhöhungen zur Folge gehabt, vor allem bei vielen Grundnahrungsmitteln, was wiederum Protest in der Bevölkerung und die Forderung nach sofortigen Lohnerhöhungen ausgelöst hätte.[264] Man balancierte daher zwischen der wirtschaftlichen Notwendigkeit, den Marktpreis wieder zuzulassen und dem sozialen Erfordernis, ein ausgewogenes Lohn-Preis-Verhältnis zu sichern, indem die Preisbindungen nur nach und nach aufgehoben wurden. Um die Preisentwicklung realistisch abbilden zu können, nahm das Statistische Reichsamt ab Februar 1920 auch die Schwarzmarktpreise in die Berechnung der Lebenshaltungskosten auf.[265]

Trotz der vielfältigen Aufgaben und Nöte in der Heimat verlief die Rückführung der Truppen aus den ausländischen Gebieten im Großen und Ganzen reibungslos; in Frankfurt wurden die 213. Division bei ihrem Marsch durch die Stadt von der Bevölkerung freundlich empfangen. Der Abgeordnete des Arbeiterrates, Müller, rief den Soldaten zu: »*Sie kehren in ein demokratisches Deutschland zurück!*« und »*Sie sind berufen, an dem Aufbau des neuen demokratischen Volksstaates mitzuhelfen!*« Oberbürgermeister Voigt sagte, wenn alle zusammenstünden, könne Deutschland wieder aufblühen als ein Staat der sozialen Gerechtigkeit, »*nicht so stark und glanzvoll wie ehedem, aber friedreich und innerlich stark, ein Hort und Schutz all den Seinen, eine Mutter aller Bekümmerten, ein Muster an Menschenfreundlichkeit und im Unglück erstarkter sittlicher Kraft!*«[266] Die freundlichen Worte an die Soldaten bei ihrer Rückkehr in die Heimat, in Frankfurt wie anderswo – man erinnere sich an den Satz von Reichspräsident Ebert am 10. Dezember 1918 in Berlin an die zurückmarschierenden Truppen: »*Kein Feind hat Euch überwunden!*«[267] – entspannte die Situation für den Moment. Wichtiger war jedoch, den Soldaten eine Perspektive zu geben: Arbeit, Einkommen, ein Dach über dem Kopf. Die Notwendigkeit, 6 Millionen Mann innerhalb von drei Wochen zu demobilisieren, führte zur Zusammenarbeit der alten und neuen Kräfte.[268] Industrie und Gewerkschaften, Soldatenräte und Verwaltung mussten gemeinsam versuchen, die Herausforderung zu bewältigen, die sich aus der Demobilisierung des riesigen Heeres ergab.

In Frankfurt hatten die Kommandantur des 18. Armeekorps, die Zentrale für private Fürsorge[269] und das Arbeitsamt schon vor dem Waffenstillstand Pläne ausgearbeitet, wie Arbeitsplätze geschaffen und die Wirtschaft von Kriegs- auf Friedensproduktion umgestellt werden könne. Auf Weisung aus Berlin wurde ein Demobilisierungs-Ausschuss gebildet, dem der Oberbürgermeister vorstand. Der Ausschuss hatte die Aufgabe, das Wirtschaftsleben in Gang zu halten und die Soldaten in Arbeit zu bringen.[270] Da die Frankfurter Industrie mit ihren Schwerpunkten Maschinen-, Chemie- und Elektroindustrie relativ leicht auf Friedensproduktion umgestellt werden konnte, benötigte man keine staatliche Unterstützung in diesem Umstellungs-Prozess. Auch an anderen Industriestandorten ging die Umstellung zur Friedenswirtschaft relativ gut vonstatten, sodass Oberst Koeth, Chef des Demobilisierungsamtes, befand:[271]

> Im allgemeinen müsse man sich vor Augen halten, dass wir Revolution haben, und dass dafür die Verhältnisse erträglich sind.

Der Preis für diesen Übergang, der in Deutschland besser gelang als in anderen europäischen Staaten,[272] waren allerdings hohe Sozialkosten. Während in der ersten Phase der Demobilisierung den heimkehrenden Soldaten großzügige Unterstützung gewährt wurde, traten bald die Probleme bei der Kohleförderung, im Transportwesen und in der Lebensmittelversorgung in den Vordergrund. Es sollte eine hohe Arbeitsmoral erreicht werden, indem man an die Mitverantwortung jedes einzelnen appellierte.[273] Auch die finanziellen Lasten, die der Staat sich aufbürdete, schienen verantwortbar zu sein, denn es machte sich eine regelrechte Aufbruchstimmung bemerkbar: Unternehmen wurden gegründet, angefangen bei Aktiengesellschaften, deren Zahl im Bereich der Frankfurter Handelskammer von 148 im Jahr 1914 auf 164 im Jahr 1919 anstieg; 13 dieser Neugründungen fanden in den Jahren 1918-19 statt.[274] Bei den GmbHs sah es ähnlich

5. »Jetzt kommt es aufs Geld nicht an ...« – die Revolution und die Republik

aus. Gab es 1914 526 Unternehmen dieser Rechtsform im Handelskammerbezirk, waren es 1919 656, d. h. 130 Neugründungen während des Krieges und in der unmittelbaren Nachkriegszeit.[275] Nicht jede dieser Neugründungen war ein Erfolg. Holtfrerich schreibt daher vom »investivem Wildwuchs«,[276] der aufgrund mangelnder Planbarkeit der wirtschaftlichen und finanziellen Zukunft nicht zu vermeiden war. Es begann eine »Flucht in die Sachwerte«. Man legte sein Geld lieber in sichere oder vermeintlich sichere Investitionen an, z. B. in ein neues Unternehmen, als zuzuschauen, wie seine Kaufkraft weniger wurde.

Durch die Rückkehr der Soldaten wurde ein Problem akut, das während des Krieges entstanden war: der Wohnungsmangel. Im Krieg war die private Bautätigkeit praktisch zum Erliegen gekommen, jetzt fehlte Wohnraum. Verschärft wurde das Problem durch die Tendenz zu kleineren Familien, die entsprechend kleinere Wohnungen brauchten und nicht mehr in die älteren, häufig für große Familien gebauten Wohnungen einziehen wollten. So bemühten sich die Kommunen, möglichst schnell möglichst viel Wohnraum zu schaffen. In Frankfurt wurde zu diesem Zweck Anfang 1919 eine gemeinnützige Siedlungsgesellschaft gegründet, die mit Unterstützung des städtischen Wohnungsamtes und trotz Problemen bei der Beschaffung von Baumaterial bis Ende 1920 über 400 Wohnungen und einige Baracken fertigstellte.[277] Der Kauf von Baumaterial gestaltete sich schwierig, denn zum einen stiegen die Preise kontinuierlich, zum zweiten hatten die süddeutschen Länder ein »Exportverbot« für Baumaterial erlassen. Die deutsche Kleinstaaterei – schon während des Krieges ein Hemmschuh – setzte sich fort.

Die Erleichterung über das Ende der als unsicher empfundenen Zeit der Revolution war weniger ein politisches Signal als vielmehr ein Aufatmen, ein Zeichen, dass man sich jetzt den wichtigen Aufgaben widmen konnte. Denn die Ernährungssituation blieb angespannt; im Winter 1918/19 hatte man aus übrig gebliebenen Militär-Vorräten die Ernährung der Bevölkerung aufbessern können, aber schon im Februar 1919 sank die Nahrungsmenge pro Einwohner wieder auf das Niveau der Hungerzeit von 1917. Unruhen und Streiks waren die Folge. Es kam zu Plünderungen, und als Reaktion darauf verfügte die Stadtverwaltung die Schließung von Geschäften, die an die kleine Minderheit der Wohlhabenden noch immer »Zuckerwaren« verkauften. Außerdem wurden Hamsterlager und private Vorräte zur Beschlagnahme freigegeben.[278] Das führte natürlich zu aufgeregten Debatten und der Polizeipräsident Dr. Sinzheimer bezeichnete die Suche nach Lebensmittelvorräten in privaten Wohnungen als schweren Eingriff in das Bürgerrecht.[279]

Die Situation blieb schwierig und man hungerte sich von Tag zu Tag. Durch das »Loch im Westen«, der nicht kontrollierten Grenze zum französisch besetzten linksrheinischen Gebiet, flossen Waren und Geld aus Deutschland ab und Devisen kamen unkontrolliert ins Land, nutzten aber nur den Schmugglern und Schiebern. Der Rhein als wichtigster Transportweg war schon mehrfach von den französischen Besatzungstruppen gesperrt worden, was für die Versorgung der Städte entlang des Flusses kritisch war, denn vor allem Kohle wurde per Schiff transportiert.[280] Diese fehlte im Winter 1919/20 nicht nur wegen der Transportprobleme, sondern auch weil im Ruhrgebiet gestreikt wurde.

Das Leben schien endlich wieder eine gewisse Regelmäßigkeit und Normalität zu bekommen, als französische Truppen am 6. April 1920 in Frankfurt, Darmstadt, Hanau, Bad Homburg und Dieburg einmarschierten. Das war die Reaktion auf den Einmarsch von Reichswehrtruppen ins Ruhrgebiet, wo sich eine »Rote Ruhrarmee« erhoben hatte und gegen die staatliche Ordnung aufbegehrte. Die Bildung dieser Ruhrarmee war wiederum die Reaktion auf den Kapp-Lüttwitz-Putsch, der am 13. März 1920 vom Preußischen Generallandschaftsdirektor Wolfgang Kapp und dem Preußischen General von Lüttwitz mit Unterstützung von Freikorps-Einheiten in Berlin ausgelöst wurde und nach 100 Stunden am 17. März zusammenbrach, da ein Generalstreik das Land lähmte und den Putschisten die Durchführung des Staatsstreiches unmöglich machte. Die Besetzung Frankfurts als Reaktion auf den Einmarsch der Reichswehr ins Ruhrgebiet verlief – von einzelnen Zwischenfällen abgesehen – erträglich. So unterstützten die französischen Besatzer die 2. Internationale Frankfurter Messe.

5. »Jetzt kommt es aufs Geld nicht an ...« – die Revolution und die Republik

Der Gedanke, dass man besser zusammenarbeitet, als sich gegenseitig zu bedrohen, schien sich durchzusetzen.[281] Schließlich zogen die französischen Truppen am 17. Mai 1920 ab.

Der Schlag ins Wasser – die Steuerreform

Während die Kommunen mit praktischen Problemen wie Lebensmittelversorgung und Baumaßnahmen kämpften, versuchte Finanzminister Erzberger durch eine große Steuerreform die finanzielle Situation des Reiches zu verbessern. Die Steuerhoheit der Länder, die während des Krieges zu finanziellen und organisatorischen Problemen geführt hatte, sollte durch eine effizientere Struktur abgelöst werden. Das war zwingend nötig, denn das Reich hatte sowohl die Zinsen der Kriegsanleihen zu zahlen – 1918 immerhin 6,8 Mrd. Mark und damit ca. 8–10 % des Volkseinkommens[282] – und es würde zusätzlich die zu erwartenden Reparationszahlungen leisten müssen. Also mussten das Steuersystem umgestellt und die Steuern spürbar erhöht werden.

Das finanzielle Erbe des Krieges war ein riesiges Schuldengebirge. Und die Lasten stiegen weiter: allein für die 18 Monate von Februar 1919 bis Juli 1920 wurden 100 Mrd. Mark benötigt – die Inflation ließ grüßen.[283] Da die Reichsregierung viel zu geringe Steuereinnahmen hatte, bestand ein ständiger Kreditbedarf. Hätte man diesen auf dem Anleihemarkt decken können, durch Ausgabe neuer Staatspapiere, wäre keine Inflation entstanden, weil vorhandenes Geld aus dem privaten in den staatlichen Sektor umgeleitet worden wäre ohne die Geldmenge zu erhöhen. Doch der Staat war angesichts der vorhandenen Schulden und zukünftigen Reparationszahlungen nicht kreditwürdig. Also übernahm die Reichsbank die staatlichen Schuldtitel und druckte dafür neues Geld. Diese Geldschöpfung sollte die vorangegangene Geldschöpfung, mit der der Krieg bezahlt worden war, finanzieren. Dadurch wurde die Geldmenge aber weiter erhöht. Noch mehr Geld, dem keine Waren oder Leistungen gegenüberstanden. Die Risiken dieser Politik war den Beteiligten klar und es fehlte nicht an guten Ratschlägen. Die Reichsbank verlangte eine Politik der Sparsamkeit und warnte vor der Erhöhung der schwebenden (= kurzfristigen) Schulden. Die Presse – sowohl der linke Vorwärts, wie auch die bürgerliche Frankfurter und die Vossische Zeitung – kritisierten gleichfalls die Geldmengen-Erhöhung und machten auf die Gefahren dieser Politik aufmerksam.[284] Konkrete Ideen zur Lösung der Probleme hatten sie aber nicht.

Die drei möglichen Wege, dem Staat dauerhaft höhere Einnahmen zu sichern, waren und sind bis heute: Geld leihen – schwierig wenn der Staat nicht kreditwürdig ist; Geld drucken – schwierig wegen der Inflationsgefahr oder: eine grundlegende Steuerreform. Die Notwendigkeit, das deutsche Steuersystem stärker zu zentralisieren, war schon vor dem Krieg erkannt worden. Nun hatte das durch die gewaltigen Kriegsschulden noch größere Dringlichkeit erhalten. Die Schwerpunkte der Verhandlungen über die Steuerreform zwischen Regierung, Ländern und dem Reichstag konzentrierten sich auf drei Aspekte. Höhere Steuereinnahmen für die Reichsregierung, die zur Tilgung der Kriegsschulden nötig waren; ein Ausgleich für die Länder, die im Gegenzug ihre Steuerhoheit aufgaben; und die Gestaltung eines »Reichsnotopfers«, mithilfe dessen die Kriegsschulden gemindert werden sollten. So wurde zwischen September 1919 und März 1920 eine Fülle von Gesetzen erlassen, durch die das Steueraufkommen erhöht und eine zentrale Steuerverwaltung geschaffen wurden.[285] Am 10.09.1919 ein Gesetz über Vermögensabgabe, Erbschaftssteuer, Steuer auf Verbrauchsartikel; am 21.12.1919 das Gesetz für ein Reichsnotopfer; am 08.04.1920 das Gesetz über die Vermögenssteuer, Erhöhung der Körperschaftsteuer und Umsatzsteuer.[286]

Insgesamt wurden die fiskalischen Lasten, die vor dem Krieg auf Reich, Länder und Gemeinden im Verhältnis 42 %, 22 % und 36 % verteilt gewesen waren, jetzt auf eine Verteilung von 70 %, 10 % und 20 % umgestellt.[287] Das Reich würde in Zukunft den größten Teil der Steuereinnahmen erhalten und Teile davon den Ländern und Kommunen rückerstatten. Das hieß aber auch, das Reich musste sich jetzt

5. »Jetzt kommt es aufs Geld nicht an ...« – die Revolution und die Republik

um den Einzug der Steuern bemühen. Um den Ländern die Steuerreform zu versüßen, übernahm das Reich die Reichspost und die Eisenbahnen der Länder – was fatale Folgen hatte. Die Reichsbahn erhielt die zusätzliche Aufgabe, arbeitslose Soldaten einzustellen, wodurch sich ihr Personalbestand um 100.000 neue Mitarbeiter erhöhte.[288] Zudem mussten die 30 % des rollenden Materials, das den Siegern ausgeliefert worden war, nun ersetzt werden, was erhebliche Investitionen bedeutete. So wurde das Unternehmen zum Fass ohne Boden, das die Reichsfinanzen in den kommenden Jahren belastete anstatt eine Einnahmequelle zu bilden.

Doch das größte Problem des Reichshaushalts war die Inflation. Wer konnte, verzögerte seine Steuerzahlung so lange wie möglich, denn: je später man zahlte, desto geringer war die Belastung. Die Steuerschuld lag fest, die Geldentwertung reduzierte aber die tatsächliche Belastung. Ein Mechanismus, von dem vor allem Selbstständige und Landwirte, die ihre Steuererklärung erst nach Ablauf des Wirtschaftsjahres abgeben mussten, profitierten. So verstärkte die Inflation die Steuerungerechtigkeit.

Zwar versuchte die Reichsregierung, durch Nachbesserungen, kürzere Zahlungsfristen und Steuererhöhungen bzw. die Einführung neuer Steuern der Entwertung der Geldeingänge entgegenzuwirken. Doch letztlich lief sie wie die Lohn- und Gehaltsempfänger der Inflation immer hinterher. Zudem resultierten die steigenden Defizite im Reichshaushalt nicht aus mangelnder Steuerzahlung, sondern aus den hohen Ausgaben für Soziales (Arbeitsbeschaffung in öffentlichen Unternehmen, Aufwendungen für Witwen, Waisen und Kriegsversehrte), Kriegsfolgen (Verzinsung der Kriegsanleihen), Reparationen und Lebensmittelimporte (die in Devisen gezahlt werden mussten). Allein die Kriegsfolgekosten belasteten den Haushalt 1921/22 mit über 60 Mrd. Mark: Reparationen (25 Mrd. Mark), Besatzungskosten für die alliierten Truppen (15,5 Mrd. Mark), Zinsen für die aufgelaufenen Reichsschulden (12,7 Mrd. Mark), Versorgung von Hinterbliebenen (4 Mrd. Mark) und Abwicklung des Heeres (4 Mrd. Mark). Hinzu kamen fast 80 Mrd. Mark weitere indirekte Folgekosten des Krieges: 26 Mrd. Mark für den Einkauf von Lebensmitteln, 2 Mrd. Mark für

Wohnungsbau und Arbeitslosenunterstützung sowie über 50 Mrd. Mark für die Kosten der Reichsbetriebe (Bahn und Post).[289]

Solange der Aufwand für Devisenzahlungen (Besatzungskosten, Reparationen, Importe) durch den fallenden Kurs der Mark ständig größer wurde, gab es kaum eine Chance, den Haushalt des Reiches auszugleichen. Um die finanziellen Lasten stemmen zu können, hätte das Reich die Steuern massiv erhöhen und eine Steuerquote von 35 % anstreben müssen.[290] Die Steuerquote vor dem Krieg lag bei 11–12 %, hätte also verdreifacht werden müssen.[291] Das wäre kaum durchsetzbar gewesen und hätte zudem die Gefahr schwerer wirtschaftlicher Schäden heraufbeschworen. Ohnehin war die Einkommenssteuer in Deutschland höher als in den anderen europäischen Ländern.[292] Die Ausgaben des Reiches konnten nach dem Krieg, so sehr sich die Finanzminister auch bemühten, nicht durch Steuereinnahmen gedeckt werden.

Im Ergebnis war die Steuerreform zwar ein wichtiger Schritt hin zu einer modernen Finanzverwaltung. Dennoch verfehlte sie ihr Ziel. Die Steuererhöhungen war zu gering, um den Haushalt auszugleichen und damit dem Anwachsen des Schuldenberges ein Ende zu setzen. Das Reichsnotopfer, das die unteren Einkommen verschonte, die höheren mit einem Vermögen über 3 Mio. Mark (Stand: 1919) jedoch mit Abgabesätzen bis zu 50 % belastete, konnte über 30 Jahre verteilt werden und war daher angesichts der zunehmenden Inflation weitgehend wirkungslos.[293] Denn wer so lange wie möglich wartete, bezahlte – in Kaufkraft gemessen – nur noch Pfennigbeträge: den Rest hatte die Inflation gefressen!

Die Verschuldung stieg also weiter an, denn die Steuereinnahmen reichten in keinem Jahr aus, den Haushalt zu finanzieren. Im Gegenteil: Trotz aller Erhöhungen sank der Steueranteil am Reichshaushalt von 44 % (1921) auf 10 % (1923).[294] Es ist daher nicht überraschend, dass die Steuerreform scharfer Kritik ausgesetzt war. In den »Berichten von der Reichstagstribüne« wurde am 3. November 1921 die Mark als »republikanische Papiermark« bezeichnet, der die »kaiserlichen Werte« – also die Goldmark – gegenüberstanden. Interessant war die Verbindung von Republik mit Papiergeld und Kai-

5. »Jetzt kommt es aufs Geld nicht an ...« – die Revolution und die Republik

serreich mit Goldwert.[295] Die Kaiserzeit wurde in der Erinnerung »vergoldet«! Der Sozialdemokrat Alexander Helphand (Pseudonym: »Parvus«) kommentierte die Steuerpolitik am 14. März 1921 so:[296]

> Was wir treiben, ist keine vernünftige Steuerpolitik, es ist fiskalische Schaumschlägerei. Es ist dasselbe verderbliche Verfahren wie bei der schrankenlose Bankenemission. Nur dass wir beim Gebrauch der Notenpresse auf Grund der früheren sehr trüben eigenen und fremden Erfahrungen uns wenigstens bewusst sind, dass das zu einer Teuerung und Geldentwertung führt, während wir beim schrankenlosen Gebrauch der Steuerpresse noch nicht über die Folgen klar geworden sind. Es sind aber genau dieselben: Teuerung und Geldentwertung. Beides wirkt auch zusammen: Wir erheben hohe Steuern, die in Banknoten gezahlt werden, die wir drucken.

Es war ein Kampf gegen Windmühlen, der nicht zu gewinnen war. Die Staatseinnahmen liefen den Ausgaben stets hinterher und so erhöhte sich der Schuldenstand des Reiches kontinuierlich weiter. Umgerechnet in Goldmark nahm das Reich von April 1920 bis März 1921 3,2 Mrd. Mark Steuern ein und erhöhte gleichzeitig die »schwebende« also kurzfristige Schuld um 6,1 Mrd. Mark.[297] In der Folgezeit ging es genauso weiter und die Schulden stiegen schneller als die Steuereinnahmen. Alle Versuche, durch verkürzte Zahlungsfristen, Steuererhöhungen und Veränderungen der Bewertungsrichtlinien die Steuerzahlungen an die Inflation anzupassen, scheiterten. Die Frankfurter Zeitung resümierte am 22. Februar 1923:[298]

> Eine endgültige Lösung all der Steuerrätsel, vor die das Währungselend alle Beteiligten fortgesetzt stellt, wird auch jetzt nicht gefunden werden. Sie wird erst dann möglich sein, wenn das währungspolitische Fundament selber wieder fest und zuverlässig geworden ist. Bis dahin aber muss versucht werden, die Schäden, die hervortreten, immer wieder nach Kräften zu beseitigen.

Die zunehmende Verschuldung war nicht nur auf Reichsebene spürbar. Auch die Länder und vor allem die Kommunen litten unter der Belastung, mehr ausgeben zu müssen, als sie einnahmen. Zwar wurde den Kommunen ein Teil der »Kriegsfolgelasten« vom Reich erstattet, aber es war nicht genug, weshalb die Kommunen Anleihen begeben mussten um ihren Finanzbedarf zu decken.²⁹⁹ Verschuldung hier wie dort! Weder Staat noch Kommunen konnten anders, der Staat hatte die geschilderten Verpflichtungen, die Kommunen hatten das Elend vor der Tür. Lebensmittelversorgung, Kinderspeisungen, Gesundheitsfürsorge und Investitionen in den unbedingt nötigen Wohnungsbau waren wichtige und kostspielige Aufgaben.

»Die Sonnenpferde der Zeit« – die Verarmung eines Volkes

Licht und Schatten lagen in jenen Tagen dicht beieinander. Neben der großen Not der Nachkriegszeit gab es auch Aufbruchstimmung.³⁰⁰ In Frankfurt stieg die Zahl der Unternehmen von 4.425 im Jahr 1919 auf 6.378 Ende 1921.³⁰¹ Es war eine seltsame Entwicklung, getrieben von der gleichen Inflation, die auf der anderen Seite so belastend wirkte: eine Kombination von steigenden Exportchancen aufgrund der schwachen und immer schwächeren Mark und der beginnenden Flucht in Sachwerte. Drüner schrieb dazu:³⁰²

> ... dieselbe Entwicklung, die auf der einen Seite den wirtschaftlichen Kräften einen starken Ansporn gab und den Arbeitswillen zur Betätigung trieb, diente auf der anderen Seite dazu, die Grundlagen der Wirtschaft selbst zu unterhöhlen, und bedeutete eine tödliche Gefahr für ihren Bestand.

Die skeptische Sicht sollte sich als richtig herausstellen: zwei Jahre später, 1923, waren von 1.400 Unternehmen des Einzelhandels weniger als 800 noch aktiv.³⁰³ Fast die Hälfte war zusammengebrochen! Die Inflationsentwicklung hatte ein solches Tempo angenommen, dass das Geld den Händlern unter den Fingern zerrann. Die Aufstockung der Lager war nicht mehr zu bezahlen, weil das Geld schneller an Wert verlor, als man neue Ware bestellen bzw. Rechnungen bezahlen konnte.

5. »Jetzt kommt es aufs Geld nicht an ...« – die Revolution und die Republik

Doch trotz aller Not hatte das Bürgertum sein Schicksal bei Kriegsende selbst in die Hand genommen. Typisch für diese Haltung ist ein Satz des Ärztlichen Vereinsblatts vom 9. Dezember 1918:[304]

> Der Obrigkeitsstaat hat aufgehört, seine Bevormundung, aber auch seine Fürsorge, sodass niemand mehr für uns sorgen wird, wenn wir es nicht selbst tun.

Das Engagement für die eigenen Interessen änderte allerdings nichts an der allmählichen Verarmung und dem sozialen Abstieg. Ausgaben für Kultur und gesellschaftliches Leben mussten – wie schon im Krieg – eingeschränkt werden, um Lebensmittel zu kaufen. Die Aussteuer für die Töchter, das Studium für die Söhne ließ sich kaum noch darstellen, von Urlaubsreisen und ähnlichem Luxus konnte man nur noch träumen. Doch neben den vielen, die litten, gab es auch Gewinner in der Inflation. Denn neben den Vermögen lösten sich auch die Schulden auf. Landwirte, Unternehmer und Hausbesitzer profitierten. Wer schnell genug diesen Mechanismus verstand, konnte ihn nutzen. Mit geliehenem Geld ein Unternehmen, eine Immobilie, Grund und Boden kaufen und mit wertlosem Geld später zurückzahlen. Oder einfach zuschauen, wie die Markschulden zu Pfennigbeträgen verkamen und sich bald gänzlich auflösten.

Ein Beispiel dieser Entwicklung beschrieb der Schriftsteller Thomas Mann:[305]

> Ich hatte während des Krieges 10.000 Mark in das Landhaus eines Freundes gesteckt, in dem ich gern zu Gast war und das mir also sozusagen mitgehörte; aber wohlgemerkt, nicht ein Teil des Hauses gehörte mir, sondern 10.000 Mark, welche durch das Haus garantiert waren. Im Frühjahr 1923 geschah es, dass dieser Freund mir mitteilte, die Umstände hätten ihn leider gezwungen, sein Haus zu verkaufen, und hier seien meine 10.000 Mark zurück; ja, fügte er mit einem Lächeln hinzu, es seien noch dieselben, mit denen ich ihm 1917 ausgeholfen, sie hätten mittlerweile ganz unberührt in seinem Safe geruht. Da stand ich, etwas ungläubig, etwas verlegen, noch nicht ganz begreifend, mit den sauberen, fast neuen, hübsch gezeichneten Museumsstückchen in der Hand.

»Die Sonnenpferde der Zeit« – die Verarmung eines Volkes

Doch ganz so eindeutig war die Verteilung der Gewinner und Verlierer auch nicht. Schieber und Spekulanten waren so schnell bankrott, wie sie durch ihre windigen Geschäfte hochgespült worden waren. Die Landwirte erfuhren die Entlastung, weil sich ihre Schulden auflösten, doch das Problem ihrer unrentablen Höfe wurde dadurch nicht gelöst, sodass sie durch die Entschuldung mitnichten saniert waren. Die Immobilienbesitzer wurden durch die verfallenden Hypotheken bessergestellt, das Verbot der Mieterhöhung – eine Maßnahme der Regierung, um die Wohnungsnot nicht noch durch steigende Mieten zu verschärfen – ließ ihre Einkünfte jedoch ebenso schnell sinken wie ihre Schulden. Bestenfalls ein Nullsummenspiel. Bei Immobilien, die schuldenfrei waren, wurden die real sinkenden Mieteinnahmen nicht durch ebenso fallende Schulden ausgeglichen. Wer sich also in der Vergangenheit als ehrbarer und vorsichtiger Kaufmann entschuldet hatte, war jetzt im Nachteil. Auch die Banken schauten nicht zu, wie ihre Kredite dahinschmolzen und mit entwertetem Geld zurückgezahlt wurden. Bald vergaben sie die Kredite auf Dollar-Basis. Dies bedeutete, dass die Höhe der Rückzahlung zum gestiegenen Dollar-Kurs geleistet werden musste.

Die Arbeiter konnten die Inflationszeit leidlich überstehen, sorgten doch die Gewerkschaften für kontinuierliche Lohnerhöhungen. Die Löhne und Gehälter liefen der Inflation zwar stets hinterher, aber wurden doch immer wieder angepasst, wenn auch nicht so stark wie während des Krieges. Zwar erlitten sie auch schmerzhafte Einkommensverluste, weil auch ihre Löhne mit den Preissteigerungen nicht Schritt hielten, und die meisten von ihnen schon vor und während des Krieges keine hohen Einkommen hatten, aber es ging ihnen immer noch besser als den Empfängern staatlicher Leistungen. Rentner, Kriegshinterbliebene und -versehrte waren die hilflosen Opfer der Entwicklung. Das Statistische Reichsamt stellte fest, dass die Ausgaben für Kriegsbeschädigte und Hinterbliebene im Reichshaushalt nur 5,2 % ausmachten, weil die Renten nicht angepasst wurden bzw. die Zahlungen restriktiv gehandhabt wurden.[306] Weiter stellte die Behörde fest, dass über die Hälfte aller Studenten im Sommer 1921 arbeiten mussten um ihr Studium finanzieren zu

5. »Jetzt kommt es aufs Geld nicht an ...« – die Revolution und die Republik

können,[307] was auch Rückschlüsse auf die finanzielle Situation ihrer zumeist bürgerlichen Elternhäuser zulässt. Das Elend griff um sich, immer mehr Menschen wussten nicht mehr, wovon sie leben sollten. Mitte 1921 sanken die Reallöhne unter das Niveau der Vorkriegszeit. Allerdings sind diese Statistiken mit Vorsicht zu lesen, denn sie zeichnen eher einen Trend als eine konkrete Entwicklung. Dafür waren die Verhältnisse zu differenziert. Doch die Richtung war eindeutig. Es ging bergab!

Das Bürgertum verarmte, denn die Festgehälter, die den Lehrern, Professoren, Beamten und Angestellten ausgezahlt wurden, waren real immer weniger wert und wurden zu zögerlich und zu spät an die Inflation angepasst.[308] Mit der Verarmung des Bildungsbürgertums und dem Anwachsen einer neuen bürgerlichen Schicht aus Angestellten und Spezialisten ging auch ein Änderung in der Selbstdarstellung des Bürgertums einher. Die Bildungsideale des 19. Jahrhunderts – Theater, Oper, Konzerte – wurden abgelöst durch die moderne »Massenkultur« aus Kino, Radio, Revuen und Sportereignissen.[309] Neben den finanziellen Folgen beschleunigte die Inflation daher auch den kulturellen Wandel.[310] Dass die Symbole herkömmlicher bürgerlicher Kultur auf dem Rückzug waren, zeigte sich im Alltag. Die Frankfurter Nachrichten vom 18. Januar 1919 schrieben z. B., das Orchester des Opernhauses habe seine Tätigkeit eingestellt, weil es aufgrund der geringen Gehälter in zu große Not geraten sei. Kurz darauf kritisiert die gleiche Zeitung das »tanzende Elend« und notierte am 2. Februar 1919, es sei »*der krisenhafte Zustand der Zeit: Elend, Wirtschaftsnot und Tanz.*«[311] Klaus Mann beschreibt in seiner Autobiographie »Der Wendepunkt« die Verfassung der Gesellschaft mit ähnlichen Worten:[312]

> Millionen von unterernährten, korrumpierten, verzweifelt geilen, wütend vergnügungssüchtigen Männern und Frauen torkeln und taumeln dahin im Jazz-Delirium. Der Tanz wird zur Manie, zur Idee fixe, zum Kult. ... Ein geschlagenes, verarmtes, demoralisiertes Volk sucht Vergessen im Tanz.

Eine weitere Veränderung ging mit der Geldentwertung und der Verarmung des Bürgertums einher. Soziales Engagement wurde mehr und mehr zur Aufgabe der Kommunen und des Staates. Die privaten Stiftungen, die bisher große Teile der sozialen Fürsorge wie auch der kulturellen Präsentation übernommen und finanziert hatten, verarmten ebenso wie die Einzelpersonen, die ihr privates Vermögen genutzt hatten, um Gutes zu tun. Zugleich stiegen die sozialen Aufgaben in bis dato ungekannte Höhen. Witwen, Waisen, Invaliden und Kranke, die Opfer des Krieges mussten versorgt werden und das nicht nur für eine Überbrückungszeit, sondern für lange Jahre. Auch viele Rentner, Selbstständige und Künstler, die nun verarmten, benötigten Hilfe. Selbst wenn die Inflation nicht gewesen wäre, hätte allein der Ansturm der Kriegsopfer das bisherige System freiwilliger Unterstützung überfordert. Also übernahmen die Fürsorgestellen der Rathäuser einen Großteil dieser Aufgaben, während die privaten Stiftungen eine nach der anderen untergingen oder sich in ihren Aufgaben und Leistungen immer mehr einschränken mussten, denn ihr Vermögen schmolz dahin wie Schnee in der Sonne.

Wie massiv die Inflation auch schon ein Jahr nach Kriegsende wirkte, zeigt die Tabelle. Innerhalb von zwei Monaten von November 1919 bis zum Jahresanfang 1920 waren Lebensmittel in Frankfurt um 50 %, Heizung und Licht um fast 25 % teurer geworden. Wer sollte das noch bezahlen? In anderen Städten war die Situation nicht viel anders, wie die Aufzählung am unteren Rand der Tabelle zeigt.

Bei den Angestellten, dem »neuen Mittelstand«, wurden die Veränderungen während des Krieges besonders schmerzhaft spürbar. Ihr Selbstverständnis als Angehörige des Bürgertums wurde immer stärker ausgehöhlt, je weiter sie in der Einkommensentwicklung und das heißt in der Bedeutung für Staat und Wirtschaft zurückfielen. Das Durchschnittsgehalt der Angestellten stieg von Kriegsausbruch bis Ende 1917 um 18 %, die Lebenshaltungskosten dagegen um 120 %. Ein Rüstungsarbeiter verdiente dagegen 100 % mehr, was knapp den Preissteigerungen entsprach.[313] Die spürbarste Folge des Krieges war der Zwang zu sparen, um die Schere zwischen Löhnen und Gehältern im Vergleich zu den Preissteigerungen wenigstens teilweise auszugleichen. Für die bürgerliche Schicht hatte das die besonders schmerzliche Folge, da dort gespart werden musste, wo man sein

5. »Jetzt kommt es aufs Geld nicht an ...« – die Revolution und die Republik

Indexziffern.

Den Stand der Kosten der Lebenshaltung für eine vierköpfige Familie in Frankfurt a. M. zu ermitteln, dienen die Untersuchungen von Dr. M. Elsas, der in zweimonatlichen Abständen Indexziffern veröffentlicht (Reitz u. Köhler, Vlg.). Nach Tabelle 3, die nunmehr erschienen ist, stellen sich die neuen Indexziffern vom 1. Jan. 1920 folgendermaßen:

	Indexziffern 1. April 1919	Indexziffern 1. Nov. 1919	Indexziffern 1. Jan. 1920	Erhöhung innerhalb 2 Monate
Lebensmittel..	60	73.99	112.14	51.57%
Kleidung	17	21.04	23.60	12.18%
Wohnung	8	8.80	8.80	—
Heizung und Beleuchtung	4	9.50	11.82	24.40%
Verschiedenes	10.	11.55	13.06	20%
Summa	100	125.—	170.—	

Die Indexziffern anderer Städte sind diesmal zum Vergleich herangezogen: Berlin 174, Bochum 154, Breslau 152, Cöln 176, Dortmund 173, Dresden 154, Halle 135, Hamburg 160, Iserlohn 127, Leipzig 181, Mainz 188, München 152, Nürnberg 140, Solingen 181, Stuttgart 144.

Abb. 8: Index der Lebenshaltungskosten in Frankfurt Anfang 1920.

Selbstverständnis, seine Bürgerlichkeit zeigte: Kultur, Theater, Oper, gesellschaftliche Veranstaltungen. Das musste jetzt der Notwendigkeit weichen, das tägliche Leben zu bewältigen, Essen und Trinken und Kleidung zu beschaffen.

Es war ein weiterer Schlag für das Bürgertum, denn schon während des Krieges waren Normen und Werte ins Rutschen gekommen. Wehler schreibt, »*das große Schlachten zerstörte den ... hauchdünnen Firnis, den die Bildung über die rohe Natur des Menschen zu legen vermochte. Vielmehr ließ es das ganze Projekt ... der neuhumanistischen Bildung als gescheitert erscheinen.*«[314] In Kombination mit dem wirtschaftlichen Abstieg wurde das Bildungsbürgertum in seinen Grundüberzeugungen getroffen. Diese Verletzung des Selbstwertgefühls und der Bruch von Normen, die für unverletzlich gehalten wurden, hatte eine viel tiefergehende Wirkung als die rein ökonomische Wirkung der Inflation.[315] In »Culture and Inflation« heißt es:[316]

> Das deutsche Bildungsbürgertum hatte Geist gegen Geld gesetzt und war in der Inflation schockiert, wie das Geld dominierte: die Inflation schien ein Dämon mit einer riesigen Peitsche, der die Menschen auch in ihren geheimsten und privatesten Nischen des Daseins traf.

Siegfried Kracauer, Feuilleton-Chef der Frankfurter Zeitung, erlebte während seiner Gänge durch die Stadt, wie Ärzte Schlange standen, um die viel zu geringen Beträge aus den Abrechnungen der Krankenkasse zu erhalten. Er sah es als Zeichen für die Situation der gebildeten Stände und das Elend des Lebens in dieser Zeit.[317]

Als Folge dieser Entwicklung gerieten moralische Standards ins Rutschen. Schiebertum und Kriminalität waren für das Überleben wichtiger als eine Ehrbarkeit, die offensichtlich ihren Stellenwert verloren hatte.[318] Die fortschreitende Inflation stellte wirtschaftliche, finanzielle und letztlich auch moralische Standards erst langsam, dann immer schneller auf den Kopf. Nicht mehr Sparsamkeit und Vermögen war erstrebenswert; gut lebte, wer Schulden hatte! Denn diese lösten sich durch die Geldentwertung von selbst auf. Nicht wer sorgfältig überlegte, konnte die erworbenen Güter genießen, sondern wer schnell, ohne lange nachzudenken, sein Geld für irgendetwas verwendete, hatte zumindest die Chance, einen Gegenwert zu erhalten. Am nächsten Tag war das Geld ja bereits deutlich weniger wert, am übernächsten vielleicht nur noch Altpapier.

Die Bevölkerung hatte unmittelbar nach Kriegsende auf einen milden Frieden gehofft, auf einen Wiederaufstieg des Reiches zu alter Stärke und auf eine Rückkehr zu gewohnter materieller Sicherheit und Wohlstand nach den entbehrungsreichen Kriegsjahren. Nun untergrub die fortschreitende Inflation und der Schock des Friedensvertrages nach und nach die materielle Basis, die Zuversicht und die bislang unverrückbaren Standards ordentlichen Wirtschaftens und Lebens. Vor allem das Bürgertum war im Kaiserreich ein Tragpfeiler von Wirtschaft und Gesellschaft gewesen und in den Städten prägend für die Entwicklung der Kommunen. Dies wurde getragen

5. »Jetzt kommt es aufs Geld nicht an ...« – die Revolution und die Republik

durch die Dominanz der bürgerlichen Schicht in der lokalen Politik, wo aufgrund des Drei-Klassen- bzw. Zensuswahlrechts die Entwicklung der Städte und Gemeinden fest in bürgerlicher Hand war.[319] Nun waren diese Privilegien verloren gegangen und damit das Prestige, einer kleinen, politisch bedeutsamen Schicht anzugehören.

Obwohl sich die Angehörigen des neuen Mittelstandes, die Beamten und Angestellten, als Bürger bezeichneten und von der Arbeiterschaft abgrenzten, war der Lebensstandard dieser Gruppe in den meisten Fällen näher an dem von Arbeitern als von Bürgern. In vielen Fällen lag er sogar noch darunter, da während des Krieges die Einkommen der Beamten und Angestellten der fortschreitenden Teuerung nicht so schnell angepasst wurden wie bei den Arbeitern. Ebenfalls zum Neuen Mittelstand gezählt wurden die sogenannten Kleinrentner, die nur geringe Beträge aus der Rentenversicherung erhielten und nun verarmten. Die sogenannten »Privatiers«, die ihr Einkommen vor allem aus Zinserträgen aus Geldanlagen und Mieteinkünften bezogen, verarmten gleichfalls. Die Einkünfte aus ihrem Vermögen reichten bald nicht mehr zum Leben.

Der Krieg führte also vor allem beim Mittelstand zur Verarmung; die deutlichen Lohnerhöhungen der Arbeiter hatten dagegen eine Angleichung der Einkommen zur Folge. Mittlere Beamte mit Frau und zwei Kindern, die 1913 samt Zuschlägen 342 Mark im Monat verdienten (= 100 %), erhielten Ende 1921 zwar die scheinbar große Summe von 3.320 Mark. Doch das entsprach lediglich 50 % des früheren Gehalts, gemessen an den Lebenshaltungskosten, wie sie das Statistische Reichsamt errechnete.[320] Die Lebenshaltungskosten waren (ohne Wohnen) von 1913/14 bis Dezember 1920 auf das 19fache gestiegen, also doppelt so stark wie die Gehaltserhöhungen.[321] Für Arbeiter sah die Einkommenssituation zwar besser, aber doch keineswegs rosig aus. Ihr realer Lohn (an den Lebenshaltungskosten gemessen) war von 1913 (= 100 %) bis Ende 1921 auf 71 % für gelernte Arbeiter in Reichsbetrieben bzw. 96 % (ungelernte Arbeiter), auf 90 % (Hauer und Schlepper im Ruhrgebiet) und 77 % (Buchdrucker) gesunken.[322]

»Die Sonnenpferde der Zeit« – die Verarmung eines Volkes

Die Verarmung der Kriegszeit setzte sich also quer durch alle sozialen Schichten fort und die Probleme der Nachkriegszeit wogen nicht leichter. Die Versorgung mit Lebensmitteln und Gütern des täglichen Bedarfs war unverändert schlecht, die heimkehrenden Soldaten und die Flüchtlinge und Vertriebenen aus Elsass und Lothringen suchten Unterkunft. Zwangseinmietungen waren die Folge in den bürgerlichen Stadtteilen, wo in geräumigen Wohnungen Platz für wohnungslose Menschen geschaffen wurde. Das führte zu Protesten und dem Gefühl von Unsicherheit und Willkür. Der Versailler Vertrag wurde mit Entsetzen zur Kenntnis genommen und das Unwesen des Schmuggels und Schwarzmarktes hörte nicht auf, solange die Grenze nicht gesichert war, und die Versorgungssituation sich nicht normalisiert hatte. Trotz der vielfältigen Probleme und Nöte waren die politischen Verhältnisse recht stabil. Die sogenannte »Weimarer Koalition« aus SPD, Zentrum und Deutscher Demokratischer Partei kam in Frankfurt auf über 81 % der Stimmen für die Nationalversammlung, auf knapp 60 % der Stimmen bei den Wahlen zum Preußischen Landtag und auf fast 73 % bei der Wahl zur Stadtverordnetenversammlung im März 1919.[323]

Wer tatsächlich unterging, sowohl durch abnehmende Bedeutung im politischen Prozess wie auch durch die Verarmung infolge der Inflation, war das klassische, humanistisch gebildete Bürgertum. Diese Bildungsbürger waren die Rechtsanwälte, Lehrer, Professoren, Ärzte, Ingenieure und Intellektuellen.[324] Die Spezialisten und die wachsende Zahl der Angestellten auf allen Ebenen der komplexer werdenden Unternehmen prägten nun das Bild des Bürgertums. Doch trotz aller Veränderungen blieb das bürgerliche Ideal bestehen. Bildung, Kultur, Individualismus, Wohlstand wurden hochgehalten, auch wenn sich diese Ideale immer schwerer erreichen ließen. Aber sie waren wichtig als Selbstverständnis und zur Abgrenzung gegenüber anderen gesellschaftlichen Schichten. Dabei war diese Haltung nicht nur von einem abstrakten »Dazugehören-wollen« geprägt, sondern auch von handfesten materiellen Vorteilen getragen. Die Diskussion um die Sonderstellung der Angestellten erhielt nach Kriegsende und durch die stärkere Interessenvertretung der Beamten

5. »Jetzt kommt es aufs Geld nicht an ...« – die Revolution und die Republik

und Angestellten eine materielle Substanz. Zugehörigkeit zur Arbeiterschaft oder Angestellten-Status entschieden über den Umfang von Versicherungsschutz, Altersversorgung, Risiko der Arbeitslosigkeit und Qualität der Arbeitsvermittlung.[325] Unterstützung im Kampf um ihre Sonderrechte erhielten die Angestellten von den bürgerlichen Parteien, die meinten, »*diese Schichten gehörten zu den festesten Stützen des Staates im Sinne positiver Staatsauffassung.*«[326]

Doch abseits des täglichen Kampfes um Überleben, Anpassung, neue Stellung in Wirtschaft und Gesellschaft suchte das deutsche Bürgertum nach Erklärungen und Sinn hinter den so plötzlich eingetretenen und scheinbar unvorhersehbaren Ereignissen. Die Niederlage der Armee, die Abdankung des Kaisers, die Revolution und das Ausufern der Inflation. Oswald Spenglers »Untergang des Abendlandes« lieferte für viele die einleuchtende Erklärung.[327] Die Idee eines unvermeidlichen Abstiegs von Kultur und Macht nach einer langen Periode der Prosperität und des Glanzes faszinierte die Leser. Die Thesen Spenglers halfen auch über das Unverständnis für die Situation hinweg. Kaum jemand begriff den Mechanismus von Inflation und die Folgen wirtschaftlicher Veränderungen. Die bange Frage an die ungewisse Zukunft – wie wird sich Politik, Wirtschaft und Gesellschaft entwickeln, wie auch der fortwährende Druck der Verarmung, den alle sozialen Schichten spürten, führte zu einer wachsenden Verunsicherung. Neben Ängsten und Unsicherheit gab es auch pragmatische Reaktionen. Der Organisationsgrad der verschiedenen Berufsgruppen stieg und konzentrierte sich vor allem auf eines: Einkommenserhöhungen! Solange die Regierung durch bloßes Gelddrucken das Land am Laufen hielt, war es das Ziel aller Berufsgruppen, von diesem Geld genügend zu bekommen, um das eigene Überleben zu sichern.

Thomas Mann schrieb am 11. April 1920:[328]

> Der Geist hält es mit dem Gerechtigkeitsgeschrei, während der Proletarier 36M täglich verdient und der Mittelstand infolge der hohen Löhne verhungert.

Diese Bemerkung des Schriftstellers trifft des Pudels Kern. Die gut organisierte Arbeiterschaft kam aufgrund der neuen Position ihrer Gewerkschaften, die nunmehr auf Augenhöhe mit den Arbeitgebern verhandelten, anfangs relativ gut durch die Inflationszeit. Zugleich driftete der Mittelstand vom kleinen Angestellten bis zum höheren Beamten, dem Selbstständigen und dem Intellektuellen materiell in eine immer elendere Lage ab, ohne sich wirksam dagegen wehren zu können. In »Culture and Inflation« wird die Lage der Menschen so beschrieben:[329]

> Karren voller Geld, unterernährte Kinder, einst wohlhabende Mitglieder des Mittelstandes, die vor Pfandhäusern stehen: das kollektive Gedächtnis der Deutschen ist voller Bilder der demütigenden Situation der Inflation.

Elias Canetti beschrieb die mentale Wirkung der Inflation mit folgenden Worten:[330]

> Der Mensch, der ihr (der Stabilität des Geldes) früher vertraut hat, kann nicht umhin, ihre Erniedrigung als seine eigene zu empfinden. Zu lange hat er sich mit ihr gleichgesetzt, das Vertrauen in sie war das Vertrauen in sich selbst. Nicht nur gerät durch die Inflation alles äußerlich ins Schwanken, nichts ist sicher, nichts bleibt eine Stunde am selben Fleck – durch die Inflation wird er selber, der Mann, geringer.

Das Gefühl, den Boden unter den Füßen zu verlieren, begleitete die Deutschen seit dem Krieg – doch nun tat sich tatsächlich ein Abgrund auf, der alles verschlang: Vertrauen, Loyalität, Anstand, Hoffnung und Wohlstand oder was davon noch übrig war. Der Kampf um das nackte Überleben einer ganzen Gesellschaft begann.

6. Der Irrsinn wird Methode – die Geldflut spült ins Elend

»Die Preissteigerung ist der verhüllte Staatsbankrott und die Zukunft der vom Gehalt Lebenden scheint eine völlige Proletarisierung«[331]

Wann wurde aus der Inflation die »Hyperinflation«? Wenn Geld aus Vertrauen und Sicherheit besteht, wann gingen diese beiden Tragpfeiler verloren? Dass die Golddeckung im Krieg geschwunden war – sie lag bei Kriegsende bei unter 10 % der Geldmenge,[332] weit entfernt von den vorgeschriebenen 33 %[333] – war zu verschmerzen, solange das Vertrauen in das Geld noch bestand. Wann geriet dieses Vertrauen ins Rutschen? Und welche Ereignisse lösten den Weg in die Hyperinflation aus? Es war eine ganze Liste von Geschehnissen, die sich auf die Stabilität der Mark auswirkten, wie am Anstieg der Geldmenge und dem Kurs der Mark zum US-Dollar sichtbar wurde.

Diese Ereignisse waren für die Währungsentwicklung von Bedeutung, weil sie Einfluss auf die wirtschaftlichen und finanziellen Freiheiten und Möglichkeiten des Reiches hatten, und daher sowohl von kurzfristigen Spekulanten wie auch von langfristigen Investoren beobachtet und bewertet wurden. Das Geldmengenwachstum zeigt die »Überflutung« des Reiches mit Geld, die immer schneller anstieg. Zusammen mit den negativen politischen Nachrichten schwand das Vertrauen in die Mark immer schneller. Deshalb konnte der Finanzminister immer weniger Geld am Kapitalmarkt leihen und musste die Reichsbank auffordern, für die eingereichten Schatzanweisungen (= kurzfristigen Zahlungsverpflichtungen des Reiches) Geld zu Verfügung zu stellen. Mit sinkendem Vertrauen in die Währung wurde das Geldmengenwachstum außerdem auch ohne Gelddrucken beschleunigt. Das Geld wurde schneller ausgegeben – lieber heute etwas kaufen, als morgen wertloses Papier in Händen zu

6. Der Irrsinn wird Methode – die Geldflut spült ins Elend

Tab. 3: Historische Ereignisse und der Stand der Inflation.

Ereignis	Zeitpunkt	Geldmenge (Mrd. Mark) 1914: 8,7	Davon von der Reichsbank gedruckt	Kurs Mark/Dollar (Juli 1914: 4,20 Mark)	Kurs der Mark ggü. Dollar seit Juli 1914 in %
Niederlage	Nov. 18	33,1	43 %	7,34	– 43
Versailler Vertrag	Juni 19	50,1	45 %	14,01	– 70
Kapp-Putsch	März 20	81,6	47 %	83,89	– 94
Londoner Abkommen	Mai 21	122,9	36 %	62,30	– 93
Pariser Konferenz/ Ermordung Rathenaus	Juni 22	1.294,7	63 %	317,44	– 99
Ruhrbesetzung	Jan. 23	496.507,4	77 %	17.972,00	de facto – 100

Quelle: Holtfrerich, Inflation, S. 64 und Deutsche Bundesbank, Geld- und Bankwesen, S. 14.

6. Der Irrsinn wird Methode – die Geldflut spült ins Elend

halten – die Umlaufgeschwindigkeit stieg, d. h. es war mehr Geld im Wirtschaftskreislauf vorhanden, was wiederum zu steigenden Preisen führte. Die Inflation bekam eine zunehmende Eigendynamik.[334]

Aus heutiger Sicht ist es beeindruckend, dass die junge Republik, die nicht nur mit den Problemen des verlorenen Kriegs, des belastenden Friedensvertrages und der Inflation zu kämpfen hatte, sondern darüber hinaus eine Vielzahl politischer und gesellschaftlicher Konflikte aushalten musste, diesen schweren Belastungen standgehalten hat. Denn nicht nur der Zusammenbruch des Obrigkeitsstaates und die Not der Nachkriegszeit führten zu Konflikten. Auch die Generationen standen sich fremd gegenüber. Aufbruch und Rückwärtsgewandtheit trafen aufeinander, Zukunftshoffnungen und der schmerzliche Abschied von einer untergegangenen Welt existierten nebeneinander.

Praktische Folgen dieser Entwicklung waren die Neuausrichtung der Parteien und der steigende Organisationsgrad nicht nur der Arbeiter, sondern auch der Beamten, Angestellten und freien Berufe. Aber auch die Umbrüche in der Berufswelt und das veränderte Selbstverständnis vieler Menschen, vor allem der Frauen, veränderte die Welt und ihre Wahrnehmung. Am deutlichsten traten die neuen Impulse in der Kultur zutage. Trotz der bitteren Not, die auch viele Künstler und Intellektuelle bedrückte, waren die Weimarer Jahre eine Phase intensiven kulturellen Schaffens. Viele Künstler suchten nach neuen Ausdrucksformen, was durch die Meinungs- und Kunstfreiheit der Republik erleichtert und gefördert wurde. Der Expressionismus erlebte eine Blüte. Die Vertreter neuer künstlerischer Ausdrucksformen waren nicht allein und nicht unumstritten. Es gab ebenso den konservativen Kunstgeschmack, der an alten Ausdrucksformen festhielt und neue Entwicklungen ablehnte. Beide Lager standen sich unversöhnlich gegenüber: »Asphaltliteratur« und »Kulturbolschewismus« wurde die moderne Kunst geschmäht, »reaktionärer Kitsch« war die Antwort an die konservativen Künstler.[335]

Doch nicht nur die alte und neue Hochkultur prägten das Kunst- und Unterhaltungserleben der Gesellschaft. Die Nachkriegsjahre waren darüber hinaus von den noch jungen Massenmedien und der

Massenunterhaltung bestimmt. Große Sportveranstaltungen, Revuen, Kino und Radio prägten mehr und mehr das Kulturleben der Republik. Das Theater verlor seine kulturelle Deutungshoheit, da das Bildungsbürgertum, das diese Institution im Wesentlichen getragen hatte, verarmte und mit der finanziellen Überlegenheit auch die gesellschaftliche und kulturelle Dominanz einbüßte.[336] In der Entwicklung von Kultur und Unterhaltung zeigte sich aber auch ein bemerkenswerter Lebenswille der Republik. Trotz Not und Umwälzungen entwickelte sich eine lebendige, neuen Formen der Darstellung gegenüber aufgeschlossene Kultur, die ihre Anhänger fand und starken gesellschaftlichen Widerhall erlebte.

Die Hoffnung stirbt zuletzt – der schleichende Niedergang

Trotz aller Krisen und Veränderungen gab es noch Vertrauen in die Leistungsfähigkeit der deutschen Wirtschaft und den Fleiß der Bevölkerung. Auch nach dem verlorenen Krieg war der Glaube an diese »deutschen Tugenden« nicht gänzlich geschwunden. Die Mark wurde weiterhin akzeptiert. Im In- wie Ausland war man der Meinung, die deutsche Wirtschaft und Währung würde bald zu alter Stärke zurückfinden. Ein Trugschluss mit fatalen Folgen, denn die Siegermächte hatten auf dieser Basis ihre Forderungen formuliert. Ziel des Friedensvertrages und der Reparationszahlungen war, Deutschland wirtschaftlich und militärisch zu schwächen, damit keine Bedrohung mehr von ihm ausgehen könne. Hohe Entschädigung zu bekommen, um die eigenen Kriegsschulden bezahlen zu können, war das andere Ziel. Es ist erstaunlich, dass angesichts der eigenen hohen Verluste an Menschen wie auch an Wirtschaftskraft niemand auf den Gedanken kam, dass nach einem vierjährigen verheerenden Krieg weder für die Sieger noch für die Besiegten die Rückkehr in die Vorkriegsverhält

6. Der Irrsinn wird Methode – die Geldflut spült ins Elend

nisse einfach möglich sein würde. So aber wurden Daten der Vorkriegszeit genommen um auszurechnen, was Deutschland leisten könne. Die 120 Mrd. Mark Reparationen, die von den Siegermächten angesetzt wurden, entsprachen einer Annuität[337] von 6 Mrd. Mark p. a., das waren rund 7 % des Bruttosozialprodukts des Deutschen Reiches.[338] Woher das Reich jeden Monat 500.000 Goldmark in Francs, Pfund Sterling und Lira (die Reparationen mussten in Devisen bezahlt werden) nehmen sollte, blieb das Geheimnis der alliierten Verhandler.

Nach den riesigen Kriegskosten belasteten nun die Reparationszahlungen das Vermögen des Reiches.[339] Unabhängig von diesen Herausforderungen musste das Reich Lebensmittel und Rohstoffe importieren,[340] um die Bevölkerung zu ernähren und die Wirtschaft mit notwendigen Materialien zu versorgen, was den Kurs der Mark schwächte. Zudem mussten die Kriegsanleihen verzinst und ab 1924 zurückgezahlt werden. Außerdem schuf die Konjunktur- und Sozialpolitik der Regierung, die zur Sicherung der wirtschaftlichen und gesellschaftlichen Stabilität staatliche Programme in Milliardenhöhe finanzierte, eine Scheinblüte, die teuer war. Durch öffentliche Aufträge an Reichsbahn und Post mit einem Volumen von 3,1 Mrd. Mark wurden Arbeitsplätze geschaffen und der Wohnungsbau angekurbelt sowie durch die Subventionierung von Grundnahrungsmitteln die Preise unter Kontrolle gehalten. Die Frage war, wie lange der deutsche Staat sich diese großzügige Ausgabenpolitik leisten konnte. Und der Export war keineswegs gesichert, denn auch die europäischen Siegermächte waren durch den Krieg geschwächt und konnten sich Einfuhren aus Deutschland kaum leisten. Also begannen sie bald, Abwehrmaßnahmen gegen die preiswerten deutschen Importe zu ergreifen. So wurde der deutschen Ausfuhr immer engere Grenzen gesetzt, obwohl Exporterträge der einzige Weg waren, um die für Importe und Reparationszahlungen benötigten Devisen zu verdienen.

Trotz aller Widrigkeiten hatte die Ausgabenpolitik und die damit einhergehende Inflation allerdings auch positive Seiten, die nicht vernachlässigt werden durften: sie sicherte den sozialen Frieden durch Arbeitsbeschaffung, einen gewissen wirtschaftlichen Auf-

Die Hoffnung stirbt zuletzt – der schleichende Niedergang

schwung durch die Abwertung der Mark und schuf politischen Druck gegenüber den Siegermächten,[341] weil die Regierung darauf hinweisen konnte, dass neben den staatlichen Ausgaben die steigenden Mark-Beträge, die sie für den Devisen-Ankauf aufwenden musste, um die Reparationszahlungen zu leisten, Wirtschaft und Währung schwächten.

Doch noch war es nicht so weit. Im Sommer 1920 schien es vorübergehend, als sei die Inflation gestoppt und als könne es eine Rückkehr zur Normalität geben. Der Kapp-Putsch, ein von rechten Politikern und Offizieren angezettelter Versuch, die Regierung zu stürzen und anstelle der Republik ein autoritäres Regime zu errichten, war gescheitert, die Bevölkerung hatte auf eindrucksvolle Weise ihre Solidarität mit der Republik demonstriert und der dem Putsch folgende Aufstand im Ruhrgebiet war niedergeschlagen worden. Es schien, als könne man auf die Republik bauen. Der Dollarkurs, der im April 1920 noch bei 60 Mark gestanden hatte, fiel bis Juni des Jahres auf 40 Mark. Die Mark wurde fester, die Importe billiger, die Reparationszahlungen weniger belastend.[342]

Doch als ein knappes Jahr später, im Mai 1921, deutlich wurde, dass die von den Alliierten geforderten Reparationen das Reich überforderten, endete diese Phase der Mark-Stabilisierung. Die auf der Londoner Konferenz verlangten 132 Mrd. Goldmark erschreckten die Investoren im In- und Ausland, auch wenn bei näherem Hinsehen von dieser Summe wahrscheinlich »nur« 50 Mrd. Mark effektiv gezahlt werden mussten. Aber das waren Hoffnungen, auf die man nicht bauen konnte. Außerdem waren schon die festgelegen 50 Mrd. Goldmark kaum zu leisten, wie sich am Reichshaushalt 1922 zeigte, der 8,2 Mrd. Goldmark umfasste, wovon 5,7 Mrd. Reparationszahlungen waren, also rund 70 %![343]

Die Regierung versuchte daher, die finanziellen Belastungen für den Haushalt zu reduzieren. So konnten die fälligen Steuern durch die Rückgabe von Kriegsanleihen gezahlt werden, was die Zinszahlungen für das Finanzministerium verringerte. Es wurden fast 22,9 Mrd. Mark, das waren 20 % der Kriegsanleihen, auf diese Weise zurückgegeben.[344] Doch die Belastung aus steigender Staatsverschuldung

6. Der Irrsinn wird Methode – die Geldflut spült ins Elend

aufgrund von Sozialausgaben und Subventionen führte zu einer stetig steigenden Geldmenge, die sich in steigenden Preisen ausdrückte. Der ständige Druck, Mark gegen Devisen tauschen zu müssen, um Importe und Reparationen zahlen zu können, kam hinzu. So gut wie alles, was zum Leben notwendig war, wurde laufend teurer.

Die positive Haltung zur Mark, die sich im Ausland entwickelt hatte, schwand bald wieder. Die Inflation nahm – wenn auch zunächst langsam – wieder Fahrt auf, wie die Tabelle der Lebenshaltungskosten in Frankfurt zeigt. Das Vertrauen in die Mark sank, als im Sommer 1921 deutlich wurde, dass die grundlegenden Probleme der Reichsfinanzen nicht gelöst werden konnten. Budgetdefizit, schwebende Schuld, zu geringe Steuereinnahmen, zu hohe Verpflichtungen.[345] Ab Herbst des Jahres gingen mehr und mehr Unternehmen dazu über, in ausländischer Währung zu rechnen.[346]

Ein immer größerer Posten im Reichshaushalt war die Lebensmittelsubventionierung. Trotzdem stiegen die Lebensmittelpreise, was zusammen mit den zugleich wirksam werdenden Steuererhöhungen zu massiven Lohnforderungen in allen Branchen führte.[347] Ab der zweiten Hälfte 1920 wurde daher die Preisentwicklung in Deutschland zum Selbstläufer. Das Karussell aus Preiserhöhungen, Lohnforderungen und immer schnellerem Geldausgeben drehte sich von allein.[348] Der Versuch, den Reichshaushalt zu entlasten, indem Subventionen für Grundnahrungsmittel (»politischer Brotpreis«) gestrichen wurden, beschleunigte aufgrund der sofort einsetzenden Preissteigerungen diesen Prozess noch weiter.[349] Die Ausgaben für die notwendigen Lebensmitteleinfuhren stiegen immer weiter an und wurden mit immer größeren Mengen frischgedruckten Geldes bezahlt, mit dem die benötigten Devisen beschafft wurden. Ebenso wurden immer größere Mengen Geld benötigt, um Devisen zu kaufen, die als Reparationszahlung an die Siegermächte überwiesen wurden.

Zwar einigten sich Reichsregierung und Reparationskommission im Wiesbadener Abkommen vom 7. Oktober 1921 auf eine Kombination von Sachleistungen im Wert von 1.450 Mio. Mark und 720 Mio. Mark Geldzahlungen für 1922.[350] In der Zwischenzeit hat man sich bereits an die riesigen durch die Inflation geprägten Summen ge-

Die Hoffnung stirbt zuletzt – der schleichende Niedergang

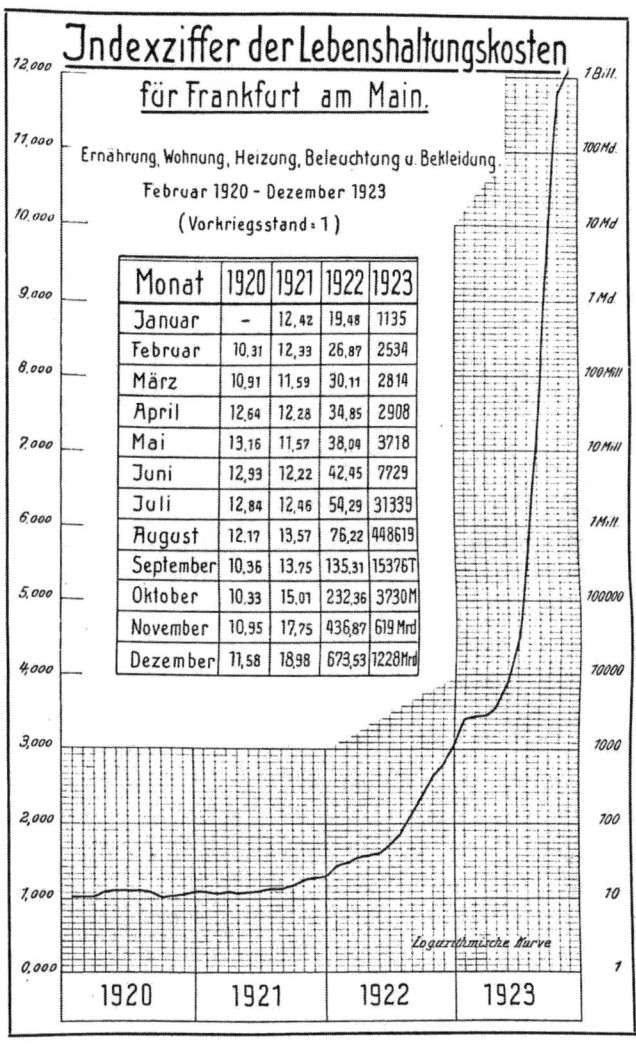

Abb. 9: Entwicklung der Lebenshaltungskosten in Frankfurt 1920–23.

wöhnt, dass man geneigt ist, sich zu fragen, wie es zu so geringen Beträgen gekommen ist. Es sei daran erinnert, dass die Reparationen

6. Der Irrsinn wird Methode – die Geldflut spült ins Elend

zu Vorkriegskursen berechnet wurden, also in Goldmark, d. h. der Dollar wurde mit 4,20 Mark berechnet; tatsächlich mussten Ende 1921 bereits über 190 Mark für den Dollar bezahlt werden. Die Reichsregierung musste also ein Vielfaches der im Vertrag genannten Summe aufbringen um die Devisen zu beschaffen.[351] Hinzu kam, dass diese Vereinbarung nur für ein Jahr abgeschlossen wurde, weshalb Regierung und Wirtschaft keine ausreichende Planungssicherheit hatten. Im Übrigen musste die Reichsregierung nun die deutschen Lieferanten von Kohle, Holz und anderen Reparationsgütern bezahlen, wodurch die Geldmenge weiter aufgebläht wurde. Eine Erleichterung war die Vereinbarung auf alle Fälle, machten die Reparationszahlungen doch zwischen 30–40 % des Außenhandels des Reiches aus.[352] Dass nun ein Teil in Waren statt Devisen geleistet werden konnte, war also gut. Doch obwohl die Vereinbarung von dem festen Willen getragen war, dem Reich die Reparationsleistungen möglich zu machen statt auf unhaltbaren Zahlungsforderungen zu bestehen, sollten Mängel bei eben diesen Sachleistungen die Ruhrbesetzung im Januar 1923 auslösen und das Ende der Mark bedeuten.

Unabhängig von den Erleichterungen bei den Reparationsleistungen blieb die deutsche Zahlungsbilanz weiterhin negativ. Die Schulden im Ausland waren deutlich höher als die Einnahmen aus den Exportgeschäften. Hatte das Reich vor dem Krieg in den Jahren 1909–13 ein jährliches Handelsbilanzdefizit (= Importüberschuss) von durchschnittlich 1,25 Mrd. Goldmark gehabt, waren es nach dem Krieg in den Jahren 1919–22 jährlich 3,5 Mrd. Goldmark.[353] Die Schulden gegenüber dem Ausland stiegen. Das war zu ertragen, solange die Hoffnung bestand, dass sich die Lage irgendwie, irgendwann bessern würde. Das tat sie aber nicht.

Das Ausland reagierte auf die finanzielle Überlastung und politische Instabilität mit dem Verkauf vom Markbeständen, im Inland tauschten gleichfalls viele Bürger ihre Mark gegen Devisen, die sie auf ausländischen Konten anlegten. Auch die exportierenden Unternehmen beließen Teile ihrer Devisenerträge im Ausland. Die Folge war eine fortschreitende und sich immer stärker beschleunigende Entwertung der Mark. Die Forderung, endlich die Währung zu stabilisieren wurde deshalb auch von den ehemaligen Feinden und in den USA erhoben. Die Reichsregierung hielt dagegen, dass ein Ende der Inflation erst realistisch sei, wenn die Reparationsfrage geklärt würde.[354] Da die Reparationsforderungen die Leistungsfähigkeit des Reiches überstiegen, war dieser Einwand nur zu berechtigt. Doch die Alliierten, allen voran Frankreich, waren untereinander und bei den amerikanischen Banken sowie der US-Regierung hoch verschuldet und brauchten die deutschen Zahlungen, um ihre Schulden begleichen zu können. Eine Senkung der Reparationslast musste daher mit einem Verzicht der USA einhergehen. Die USA waren dazu jedoch nicht bereit.

Also blieb gar nichts anderes übrig, als zu versuchen, die Mark mit »Bordmitteln« zu stabilisieren, denn eine Senkung der Reparationslast war nicht in Sicht. Eine Gold- oder Dollar-Anleihe auf dem internationalen Kapitalmarkt zu bekommen, mit der Zahlungen hätten geleistet werden können, war gleichfalls nicht möglich. Ohne Abkehr von den überzogenen Reparationsforderungen keine Anleihe! Die Zweifel an der Stabilität der Mark führten zur Destabilisierung der Mark.[355] Ab Mitte 1921 verlor die Mark ihre Tauschfunktion. Man rechnete wieder in Goldmark, indem anhand des aktuellen US-Dollar-Kurses der Markpreis einer Ware in Goldmark umgerechnet wurde. Dadurch gab es für die Preiskalkulation eine stabile Basis, auch wenn man sich mit den immer größer werdenden Papiergeld-Beträgen herumschlagen musste. Dieses Verfahren war unverzichtbar, um bei Kreditrückzahlungen, zeitversetzten Zahlungen, z. B. bei Wechselgeschäften, die Sicherheit zu haben, einen – in Kaufkraft gerechnet – realistischen Geldwert zu erhalten.[356]

Der Druck, die Löhne und Gehälter den gestiegenen Preisen anzupassen, entstand aus der Verarmung, die während des Krieges eingesetzt hatte und nach dem Krieg weiterging. Die Zahlungen stiegen zwar, aber die Waren, die man dafür kaufen konnte, wurden immer weniger, weil die Preise schneller stiegen als die Einkommen. Die reale Kaufkraft (Einkommen im Verhältnis zum Preisniveau) des Einkommens eines höheren Beamten war schon 1919 auf 40 % des Vorkriegs Einkommens gefallen; ein Arbeiter hatte real noch etwas

6. Der Irrsinn wird Methode – die Geldflut spült ins Elend

über 90 % seines Vorkriegslohnes. Bei Kriegsende verdiente der Beamte real 245 Mark monatlich, der Arbeiter 127 Mark (31,86 Mark x 4 Wochen, gerundet). Am Ende der Inflationszeit waren es 250 Mark für den Beamten und 77 Mark für den Arbeiter. Der Einkommensunterschied hatte sich sogar wieder etwas vergrößert. Doch die Verarmung des einen wie des anderen ist nicht zu übersehen. Auf rund 40 % bzw. 56 % des Vorkriegseinkommens zu fallen war nicht nur bitter, es bedeutete für viele Menschen existentielle Not!

Tab. 4: Nominal- und Realeinkommen von Beamten und Arbeitern 1919–1923 (Zahlen gerundet).

	Höherer Reichsbeamter (Monatsgehalt, ab 1920 Juni-Gehalt)		In % vom Gehalt 1913	Gelernter Reichsbetriebs-Arbeiter (Wochenlohn x 4, ab 1920 Juni-Lohn)		In % vom Lohn 1913
	Nominal	Real		Nominal	Real	
1919	1.015	245	40	557	127	92
1920	2.225	205	34	1.056	98	70
1921	2.602	223	37	1.172	100	73
1922	9.755	235	39	4.684	108	78
1923	2,08 Mio.	250	41	829.776	77	56

Quelle: Statistisches Reichsamt, Geldentwertung, S. 41–43; s. a.: Feldman, Disorder, S. 82–84 und Kocka, Klassengesellschaft, S. 74.

Die Zahlen zeigen die Verarmung sowohl der bürgerlichen Schicht wie auch der Arbeiter. Während die Beamten sich mit Mühe auf dem Gehaltsniveau vom Kriegsende halten konnten, verloren die Arbeiter mehr als ein Drittel ihres Reallohnes. Sie holten unfreiwillig die Verarmung nach, die ihnen während des Kriegs, als man den Arbeitsfrieden vor allem in der Rüstungsindustrie mit großzügigen Lohnerhöhungen erkauft hatte, erspart geblieben war. Zugleich stiegen die Preise für alle Güter des täglichen Bedarfs; die einzige

Ausnahme bildeten die Mieten, die durch eine Mietpreissperre festgeschrieben waren und folglich im Vergleich zu anderen Ausgaben immer niedriger wurden. So reduzierten sich die Mietausgaben eines Dreipersonenhaushalts von 30 % der Gesamtausgaben in 1913 auf 0,5 % Anfang 1923. Dagegen stiegen die Ausgaben für Lebensmittel in dieser Zeitspanne von 30 % 1913 auf 54 % und die Kosten von Heizung und Licht von 5 % auf 13 %.[357] Die Festschreibung der Mieten war aus sozialen Gründen verständlich, hatte aber den Effekt, dass der Wohnungsbau, der dringend nötig war, um den heimkehrenden Soldaten ein Dach über dem Kopf zu verschaffen und den Fehlbestand aufgrund der ausgebliebenen Bautätigkeit während des Krieges auszugleichen, nicht vorankam.

Auch verlief die Entwicklung der Inflation nicht geradlinig, es gab zwischenzeitlich eine Stabilisierung der Mark gegenüber dem Dollar, ja sogar einer Erholung des Mark-Kurses. Im März 1920 mussten für einen Dollar nicht mehr 99 Mark bezahlt werden wie noch im Februar, sondern nur noch 84 Mark und im April nur noch 60 Mark. Im Mai fiel der Dollar-Kurs auf 46 Mark, im Juni und Juli auf 39 Mark, bevor die Erholung vorbei war und der Kurs im November wieder auf 77 Mark stieg. Doch im nächsten Jahr 1921 erholte sich die Mark noch einmal bis auf 61 Mark zum Dollar und stand im Juni immer noch bei 69 Mark. Im November mussten dann 263 Mark für einen Dollar bezahlt werden, wovon die Währung sich im Dezember 1921 und Januar 1922 noch einmal erholte als der Kurs auf 192 Mark zurückging, aber das war ein letztes Luftholen vor dem immer schnelleren Verfall der Mark.

Im Juli 1922 wurde der deutsche Außenminister Walther Rathenau von Rechtsradikalen ermordet. Die Terroristen hassten ihn, weil er Jude war und ein Vertreter der »Erfüllungspolitik«, so bezeichnete man abfällig den Versuch, durch geduldiges Verhandeln eine Milderung der Reparationslasten und die politische Gleichberechtigung der Republik mit ihren Nachbarn zu erreichen. Dem Ausland zeigte dieser Mord, wie instabil die politische Situation in Deutschland war. Hinzu kam, dass kurz zuvor, im Juni, ein Gremium internationaler Bankiers eine internationale Anleihe für das Reich abgelehnt hatte

6. Der Irrsinn wird Methode – die Geldflut spült ins Elend

mit der Begründung, erst müsse die Reparationsfrage geklärt sein. Angesichts dieser negativen Nachrichten fiel der Kurs der Mark auf 493 Mark für den Dollar. Von dort ging es weiter in den vierstelligen, den fünfstelligen und ab Sommer 1923 in den sechs- und mehrstelligen Bereich.[358]

Vor dem Hintergrund der Währungsschwankungen und zunehmender Verarmung nahmen die sozialen Spannungen zu: zwischen Stadt und Land, da die Landwirte das immer schneller wertlos werdende Geld nicht mehr annehmen wollten. Innerhalb der Städte, wo die Schlangen länger, die Preise immer absurder und die Not immer größer wurden, führte die wachsende Verzweiflung der Menschen zu einer Verwilderung der Sitten. Diebstähle und Raub nahmen zu, Not und die Notwendigkeit zur Selbsthilfe waren die Triebfeder und Rechtfertigung für diese um sich greifende Verrohung. Es schien, als habe sich der bürgerliche Wertekanon auf den Kopf gestellt. Nicht mehr der ehrbare Kaufmann war im Vorteil, sondern der Schuldner, der Kredit aufnahm, so viel er konnte, und diesen mit wertlosem Geld zurückzahlte. Das schuldenfreie Haus wurde aufgrund der Mietpreis-Deckelung zur Last, wer sein Haus mit Hypotheken belastet hatte, war im Vorteil, weil er zwar auch keine Mieteinnahmen hatte, aber dafür entschuldet wurde, denn er konnte seine Hypotheken zu – in Goldmark gerechnet – Pfennigbeträgen ablösen.

Die Notlage der Menschen wurde vom Staat und den Kommunen erkannt und sie bemühten sich um Hilfe, doch was getan werden konnte, blieb ein Tropfen auf dem heißen Stein: die Reichsregierung stellte 1921 einen Betrag von 500 Mio. Mark zur Verfügung unter der Bedingung, dass die Städte einen gleich großen Betrag dazugaben. Dieses Geld sollte den bedürftigen Menschen zukommen.

Der Allgemeine deutsche Frauenverein unterhielt im Rathaus von Frankfurt, dem Römer, eine »Verkaufsvermittlung von Wertgegenständen aus Privatbesitz«. Von dort berichtete der Verein über deutliche Zeichen für die erschreckende Zunahme der wirtschaftlichen Not des Mittelstandes:[359]

Die Mittel- und Kleinrentnerfamilie, der verabschiedete Offizier, der hart kämpfende Akademiker, Künstler und Schriftsteller, die Arztwitwe, die Privatlehrerin, sie alle, die früher nicht gerade in glänzenden, aber doch in auskömmlichen Verhältnissen lebten, sehen sich heute zur Veräußerung eines mehr oder weniger wertvollen Teils ihres Besitzes gezwungen. ... niederdrückend und nahezu hoffnungslos sind die sich mehrenden Fälle, in denen ein Stück des Hausrats nach dem anderen dem Verkauf überliefert wird, nur um die Fortdauer eines höchst kümmerlichen Daseins zu ermöglichen.

Die Bankrotterklärung – die fehlende Kreditwürdigkeit

Neben der Regierung, die mit Finanzproblemen zu kämpfen hatte, war auch die Wirtschaft belastet. Verkürzte Arbeitszeiten – der Achtstundentag bei vollem Lohnausgleich war 1919 eingeführt worden – hatten zwar Arbeitslosigkeit und damit weitere Not und die Gefahr von Unruhen vermieden; Lohnerhöhungen, Teuerungszulagen und die Abgabe von verbilligten Lebensmitteln glichen die steigenden Preise teilweise aus, belasteten die Wirtschaft aber zusätzlich zu den ohnehin bestehenden Herausforderungen, die sich aus der Käuferzurückhaltung und der fehlenden Planungssicherheit für Investitionen ergab.

Solange die Exportindustrie aufgrund des fallenden Markkurses ihre Produkte im Ausland preiswert absetzen konnte, war zumindest ein teilweiser Ausgleich gegeben, aber was, wenn dieses System nicht mehr funktionierte? Die Mark konnte nicht endlos abwerten und die Preise im Inland nicht ständig weiter steigen. Die schwache Mark war zwar gut für den Export, verteuerte aber kontinuierlich die Importe. Und die Importe von Lebensmitteln waren unverzichtbar, wollte man nicht wieder Hunger riskieren. Zudem waren die Reparationsleistungen mit einem ständigen Abfluss an Devisen verbunden, die zuvor

6. Der Irrsinn wird Methode – die Geldflut spült ins Elend

an den Börsen für immer höhere Markbeträge hatten gekauft werden müssen – auch das funktionierte nur, solange ausländische Devisenhändler die Mark noch annahmen. Außenminister Rathenau brachte die Zahlungsprobleme auf den Punkt, als er vor dem Reichstag am 29.03.1922 sagte:[360]

> Ein Land, das Gold nicht produziert, kann Gold nicht zahlen, es sei denn, dass es dieses Gold durch Ausfuhrüberschuss kauft oder dass ihm das Gold geliehen wird.

»Gold« kann durch »Devisen« ersetzt werden, die zu immer höheren Markkursen gekauft werden mussten. Im Sommer 1922 brach dieses System nach dem Mord an Rathenau und dem vernichtenden Urteil der Pariser Konferenz zusammen.[361] Die politische Ordnung im Reich war durch den Terror von rechts gefährdet, die wirtschaftliche und finanzielle Zukunft ungewiss. Wie sollte es weitergehen? Die Reparationsforderungen der Siegermächte waren unhaltbar, wenn sich die Finanzwelt dagegenstellte. Die Reichsregierung hatte zwar wiederholt auf die unerfüllbaren Forderungen hingewiesen und war von daher für das Urteil der Bankiers nicht verantwortlich zu machen. Aber sie war die Leidtragende dieser »Kapitulation der Weltfinanz« vor den Lasten des Versailler Vertrages, wie die Frankfurter Zeitung schrieb.[362] Denn das Votum aus Paris und der Mord an Rathenau raubten dem Reich das letzte Vertrauen, das in- und ausländische Anleger noch in seine Entwicklung gesetzt hatten. Deutliches Zeichen dafür war die Weigerung des inländischen Geldmarktes, kurzfristige Anleihen des Reiches anzunehmen. Die Regierung konnte sich auf normalem Weg keinen Kredit mehr verschaffen![363] Dem Finanzminister blieb nichts anderes übrig, als die Anleihen direkt bei der Reichsbank einzureichen, die dafür – wieder einmal – Geld druckte. Waren im Januar 1922 noch 50 % der kurzfristigen Anleihen vom Geldmarkt aufgenommen worden, waren es im Dezember nur noch 20 %, d. h. 80 % der Neuverschuldung wurde durch die Reichsbank über die Notenpresse finanziert (s. Tabelle). Einfach formuliert, tauschten Regierung und Reichsbank in immer stärkerem Maße Zettel aus. Auf dem einen stand »Wir zahlen alles zurück«, während auf dem anderen stand: »Das ist Geld«. Nur Spekulanten hielten noch Mark-Guthaben in der Hoffnung, sie würden mehr Dollars zurückbekommen als sie für den Kauf der Mark aufgewendet hatten. Aber die Zahl dieser Optimisten schwand, denn die Chance auf eine Markerholung sank mit jedem Tag.

Table 25. The Floating Debt of the Reich and the Proportion Held Outside the Reichsbank in 1922

	Total Value of T-Bills (in billions)	Percentage Held Outside the Reichsbank
January	255.9	50.7
February	263.0	48.9
March	272.1	46.2
April	281.1	44.7
May	289.4	42.1
June	295.3	37.0
July	308.0	32.5
August	331.5	24.7
September	451.1	22.5
October	603.8	21.0
November	839.1	19.9
December	1,495.2	20.8

Source: *Deutschlands Wirtschaft, Währung und Finanzen* (Berlin, 1924), p. 62.

Abb. 10: Die kurzfristigen Schulden des Reiches 1922.

Die Tabelle zeigt, dass immer weniger Schatzanweisungen (T-Bills) außerhalb der Reichsbank gehalten wurden. Bis zum Ende des Jahres 1922 waren rund 4.160 Billionen Mark[364] aufgrund der Schatzanweisungen des Reiches generiert worden. Das waren reine Schulden, hinter denen nichts stand außer dem Versprechen des Reiches, diese Schulden irgendwann zurückzuzahlen. Dadurch stieg die Geldmenge kontinuierlich, die Preise stiegen entsprechend und im Juli 1922 setzte die Hyperinflation ein. Die Preissteigerung betrug nun monatlich mehr als 50 %![365] Eine Folge des zunehmend schneller fallenden Markkurses waren die immer schneller steigenden Kosten für Lebensmittel, die von der Reichsregierung subventioniert wurden.

6. Der Irrsinn wird Methode – die Geldflut spült ins Elend

Der Aufwand dafür wurde zu einem der größten Posten im Reichshaushalt: 9,5 Mrd. Mark verschlang er im Haushaltsjahr 1920/21![366] Die wirtschaftliche Situation des Reiches und die Chance, die Krise zu bewältigen, verschlechterte sich, weil die immer schnellere Inflation kaum noch eine tragfähige Planung ermöglichte – weder für das Finanzministerium noch für Wirtschaft und Verbraucher. Ohne die Versorgung von Staat, Wirtschaft und Gesellschaft mit der nötigen Liquidität drohte aber der baldige Stillstand des Zahlungssystems, denn der Staat musste seine Verpflichtungen erfüllen, die Wirtschaft musste investieren und Vorprodukte bzw. Rohstoffe einkaufen und die Verbraucher mussten ihre Rechnungen zahlen können. Da das Vertrauen in die eigene Währung aber verloren war und andere Wertmesser herangezogen werden mussten, wurde die eigene Währung zum Spielball fremder Einflüsse. Um einen völligen Zusammenbruch der Wirtschaft zu verhindern, begann die Regierung eine expansive Kreditpolitik.[367] Damit war der Damm gebrochen, jetzt wurde das Land mit Geld geflutet, das heißt mit dem, was man Geld nannte, denn Vertrauen brachte man der Währung nicht mehr entgegen. Seit Ende 1921 rechnete die Wirtschaft mehr und mehr in US-Dollar.[368] So wurde der Dollarkurs der Gradmesser, der für die Berechnung aller Preise ausschlaggebend war.

Die Abhängigkeit vom Dollarkurs, der das kontinuierliche Fallen der Mark und damit die ständige Erhöhung der Mark-Preise anzeigte, führte zu einer steigenden Geschwindigkeit beim Geldausgeben. Wer Geld erhielt, lief sofort los, es auszugeben, bevor es weniger wert geworden war. Dadurch wurde aber jeder Versuch, die Preise zu stabilisieren, zwecklos. Sebastian Haffner erinnerte sich an die Einkäufe in jener Zeit. Wenn sein Vater, ein preußischer Beamter, sein Gehalt erhielt, kaufte er sofort eine Monatskarte für die U-Bahn, dann wurden die Miete und das Schulgeld bezahlt und dann ging die ganze Familie zum Frisör.[369]

> Was übrig blieb wurde meiner Mutter ausgehändigt – und am nächsten Tag stand die ganze Familie, auch das Dienstmädchen, nur nicht mein Vater, um vier oder fünf Uhr früh auf und fuhr mit dem Taxi zum Großmarkt. Dort

Die Bankrotterklärung – die fehlende Kreditwürdigkeit

wurde ein Großeinkauf organisiert und innerhalb einer Stunde wurde das Monatsgehalt eines Oberregierungsrates für unverderbliche Speisen ausgegeben. ... Und das war das Ende. Es gab einen Monat kein weiteres Geld. Ein freundlicher Bäcker lieferte Brot auf Kredit. Sonst lebte man von Kartoffeln, Geräuchertem, Büchsen, Suppenwürfeln.

Diese Anekdote schildert nicht das Leben armer Leute, sondern einer bürgerlichen Familie!

Ein Phänomen der Inflation ist, dass sie – in Gold gerechnet – gar nicht stattgefunden hat: Nimmt man die Tabelle zur Geldentwertung (s. u.), so verschwindet auf Basis der Lebenshaltungskosten[370] die Inflation: von 1914 = 1,000 (Spalte 2 oben) stiegen die Preise bis 1923 auf 166,2 Mrd. (Spalte 3 unten). Geht man in der Tabelle aber weiter nach rechts, wo die Preiserhöhungen, berechnet in Goldmark, ausgewiesen sind, stellt man fest, dass die Großhandelspreise in Gold berechnet gefallen sind: von 1914 (= 100) bis 1923 auf 54,4 (Spalte 13 = 2. Spalte von rechts).

Wie das? Die Preise stiegen, die Löhne kamen nicht hinterher, die Bevölkerung verarmte, die Wirtschaft geriet ins Stocken – war das alles nur ein Spuk? In stabilem Wert gemessen, war Deutschland in der Tat durch die Inflation nicht teurer, sondern billiger geworden, eine Folge der Verarmung, die aufgrund der Lohn- und Gehaltsentwicklung, die den steigenden Preisen nicht folgen konnten, eintrat. Wenn man nicht genügend Geld hatte, um die schnell steigenden Preise zu bezahlen, blieb nur Verzicht übrig. Die Preise, in stabilen Werten gemessen, fielen, weil die Menschen sich die Güter nicht mehr oder nur noch in geringerem Umfang leisten konnten. Das führte zu dem absurden Bild, dass ein Brötchen zwar Milliarden Papiermark kostete, in Goldpfennigen gemessen aber weniger teuer war als vor dem Krieg.

Aber solche Berechnungen, so richtig sie auf der Basis der über den Dollar berechneten Goldmark auch gewesen sein mögen, waren doch nur »kindisches Spiel«, wie die Frankfurter Zeitung Weihnachten 1922 schrieb.[371] Alle Berechnungen halfen nicht darüber hinweg, dass das Deutsche Reich keine funktionierende Währung mehr besaß. Das Geld hatte seinen wichtigsten Leumund verloren: Vertrauen. Im

6. Der Irrsinn wird Methode – die Geldflut spült ins Elend

I. Allgemeine Übersicht über die Stadien der Geldentwertung.

Jahr bzw. Monat	Steigerung des Dollarkurses	Indexziffern			der Löhne und Gehälter) für			der Aktienkurse	Indexziffern				
		der Großhandelspreise	der Ernährungskosten	der Lebenshaltungskosten¹)	gelernte Reichsbahnarbeiter (Gr. III)	ungelernte Reichsbahnarbeiter (Gr. VII)	höhere Reichsbeamte (Gr. XI)		des Weltmarktpreisniveaus²)	der Großhandelspreise	der Ernährungskosten	der Lebenshaltungskosten³)	der Aktienkurse
					In Papiermark (1913=1)				In Gold⁴) (1913=100)				
1913	1,000	1,00	.	.	1	1	1	.	100,0	100,0	100,0	100,0	100,0
1914	1,017	1,05	.	.	1,0	1,0	1,0	.	98,0	103,4	.	.	.
1915	1,158	1,42	.	.	1,0	1,1	1,0	.	101,0	122,4	.	.	.
1916	1,315	1,52	.	.	1,2	1,3	1,0	.	127,0	116,1	.	.	.
1917	1,668	1,79	.	.	1,6	1,9	1,0	.	177,0	114,5	.	.	.
1918	1,431	2,17	.	.	2,6	3,1	1,1	.	194,0	153,6	.	.	.
1919	4,704	4,15	.	.	4,0	5,3	1,5	1.254	206,0	96,9	.	.	.
1920	15,01	14,86	12,29	10,44	6,8	9,1	1,7	1.052	225,0	105,8	90,4	67,2	91,2
1921	24,91	19,11	15,97	13,37	10,1	13,6	3,3	2.053	147,0	82,7	74,8	56,5*	28,2
1922	449,2	341,82	181,29	150,36	94,2	129,7	5,4	4.32	149,0	82,0	51,4	37,8	14,4
	Mrd.	Mrd.	Mrd.	Mrd.	Mrd.	Mrd.	51,6	20,59					17,9
							Mrd.	Mrd.					9,4
1923	127,4	166,2	198,19	158,97	84,6	100,0	56,1	42,3	154,0	95,1	71,6	54,4	16,2

Abb. 11: Nominale und reale Preissteigerung 1913–1923.

Die Bankrotterklärung – die fehlende Kreditwürdigkeit

Ausland wertlos, im Inland nicht mehr akzeptiert, fielen die wichtigsten Funktionen des Geldes in sich zusammen. Weder als Wertaufbewahrungsmittel noch als Tauschmittel taugte es noch. Umso leichter wurde es für ausländische Geldanleger, in Deutschland etwas zu kaufen. Klaus Mann:[372]

> Amerikanische Touristen kauften Barockmöbel für ein Butterbrot, ein echter Dürer ist für zwei Flaschen Whisky zu haben. Die Herren Krupp und Stinnes werden ihre Schulden los: der kleine Mann zahlt die Rechnung. Wer beklagt sich da? Wer protestiert?

Die Schilderung von Klaus Mann mag zugespitzt sein, doch solche Auswüchse führten dazu, dass sich die Sorge verbreitete, Deutschland könnte »überfremdet« werden. Die Frankfurter Zeitung lobte, dass viele Industrieunternehmen die Gefahr einer Übernahme durch ausländische Unternehme mit sogenannten »Sicherungsaktien« verhinderten, verwies aber zugleich darauf, dass ausländisches Kapital notwendig sei, um die Wirtschaft in dieser schwierigen Zeit handlungsfähig zu halten.[373] 1921, als tatsächlich ein »Ausverkauf Deutschlands« einsetzte, wurden in Berlin ca. 25 % der Häuser an Ausländer verkauft.[374]

Die Frankfurter Nachrichten berichteten am 9. April 1922 über die Situation in Mainz, wo es von »Valutaspekulanten« nur so wimmele. Trotz einer Verordnung, die den Verkauf von Waren aller Art an Ausländer limitiere, seien es »*ehemalige Soldaten, Schieber und polnische Juden*«, die gegen ein Handgeld im Auftrag französischer und belgischer Aufkäufer »Rieseneinkäufe« machten. Weiter:[375]

> Wer jetzt in Mainz über die Straße geht, sieht sich im Geist in eine französische Stadt versetzt. Man hört mehr französisch als deutsch sprechen. Die französischen Geschäfte schießen wie Pilze aus der Erde. Gutdeutsche Geschäfte zeigen in den Schaufenstern Reklameschilder in französischer Sprache. Die Hotels machen Bombengeschäfte. Unter 200 Mark ist in einem besseren Hotel jetzt kein Zimmer zu haben.

Auch in Frankfurt befürchtete der Bürgerrat eine »drohende Überfremdung«, was eine weitere Verteuerung der Lebensmittel und Konsumgüter zur Folge haben werde und die einheimische Bevölkerung zusätzlich belasten werde. Man verwies auf Hamburg, München und Köln, wo im Hotelgewerbe und im Einzelhandel Valutaaufschläge erhoben würden, welche die Preise an das Niveau der ausländischen Preise anglichen. Wie aber der Aufkauf von Waren gebremst werden sollte, war unklar, denn trotz entsprechender Vorschriften fehlte die nötige Kontrolle. Zugleich plädierten die Vertreter einzelner Wirtschaftszweige für ein vorsichtiges Vorgehen, weil »*wir ein großes Interesse daran haben müssen, die Beziehungen mit dem Ausland wieder anzuknüpfen.*« Darüber hinaus liefen die Maßnahmen zur Abwehr übertriebener ausländischer Einkäufe Gefahr, mit dem Artikel 276, Absatz 10 des Versailler Vertrages in Konflikt zu geraten. Dieser besagte, dass es dem Reich verboten war, Angehörige alliierter und assoziierter Mächte schlechter zu stellen als die Deutschen.[376]

Man kann sich leicht denken, dass durch solche Erlebnisse, Befürchtungen und Berichte die Sympathie für ausländische Käufer und Investoren nicht stieg. Ernest Hemingway, der als junger Schriftsteller in Paris lebte und seinen Unterhalt mit Artikeln für die kanadische Zeitung »Toronto Star« verdiente, berichtete von einem Besuch in Kehl am Rhein:[377]

> Für 10 Francs bekamen wir 670 Mark. 10 Francs sind ungefähr 90 Cents in kanadischem Geld. Diese 90 Cents reichten für meine Frau und mich den ganzen Tag und wir leisteten uns eine ganz Menge. Am Ende hatten wir noch 120 Mark übrig. Unseren ersten Einkauf machten wir an einem Gemüsestand in einer kleinen Straße von Kehl, wo eine alte Frau Äpfel, Pflaumen und Pfirsiche verkaufte. Wir suchten uns fünf sehr schöne Äpfel aus und gaben der alten Frau einen Fünfzig-Mark-Schein. Sie gab uns 38 Mark heraus. Ein sehr gut aussehender, weißbärtiger alter Herr sah uns zu, als wir die Äpfel kauften. Er zog den Hut und fragte uns auf deutsch: »Verzeihen Sie, mein Herr, was kosten die Äpfel?« Ich zählte das Wechselgeld ab und sagte ihm: »Zwölf Mark.« Er lächelte und schüttelte den Kopf: »Das ist teuer, das kann man nicht bezahlen.«

Die abweisende Stimmung gegen Fremde erlebte Hemingway dann bei einer Wanderung mit Freunden im Schwarzwald. Als sie in einem Gasthaus nach Zimmern zur Übernachtung fragten, antwortete der

Wirt: »*Ihr könnt hier überhaupt keine Zimmer bekommen, heute nicht und morgen nicht und nie, ihr Ausländer* ...«[378]

Der Sturz ins Nichts – die Nullen geraten außer Kontrolle

Während auf die Geldscheine immer größere Zahlen gedruckt wurden, wurden die Menschen immer ärmer, denn ihr Einkommen lief den Preissteigerungen ständig hinterher. Vor allem die Rentner, die Beamten, die Selbstständigen, die Witwen und Waisen – von letzteren gab es nach dem verheerenden Krieg viele – waren die Opfer dieser Entwicklung. Sie prägten das Bild der Inflation in den Straßen und blieben in der Erinnerung der Menschen, zusammen mit den übrigen Schreckensbildern, die jetzt sichtbar wurden. Noch einmal Sebastian Haffner:[379]

> Die Bettler häuften sich mit einem Mal; auch die Berichte über Selbstmorde in den Zeitungen, und die »Gesucht wegen Einbruch«-Anzeigen der Polizei auf den Litfaßsäulen, denn Raub und Diebstahl fanden überall in großem Maße statt. Einmal sah ich eine alte Frau – vielleicht sollte ich alte Dame sagen – seltsam steif auf einer Parkbank sitzen. Eine kleine Menge hatte sich angesammelt. ›Tot‹ sagte einer; ›Verhungert‹ sagte ein anderer. Es hat mich nicht besonders gewundert. Zu Hause hungerten wir auch manchmal.

Ein englischer Geistlicher, der Anfang 1922 das Land bereiste, schilderte den Niedergang der Gesellschaft:[380]

> Die Glücklicheren verschaffen sich irgendeine kleine Beschäftigung, die sie gerade notdürftig über Wasser hält. Ich will zwei Beispiele geben von vielen. Das eine ist ein hoch angesehener General, der sich vor dem Krieg mit einer damals üppigen Pension zurückgezogen hatte. Neulich ging ein Helfer über die Straße und sah einen alten Mann in Arbeiterkleidern mit einer Lederschürze und war so betroffen über seine Ähnlichkeit mit diesem General, dass er auf ihn zuging und sagte: »Ich kann mir nicht helfen, ich muss Sie an-

6. Der Irrsinn wird Methode – die Geldflut spült ins Elend

sprechen, Sie sehen aus wie General ...« Der alte Mann antwortete: »Ich bin General ...« – »Wie um Himmelswillen kommen Sie zu dieser Kleidung?« antwortete sein Freund. »Nun, sehen Sie«, sagte er, »meine Frau und meine Tochter sind zu zart, um zur Arbeit gehen zu können, und so muss ich gehen und in einem Mietstall von 5 bis 8 Uhr jeden Morgen Pferdewärter spielen, um mich durchs Leben zu schlagen.

Sichtbar wurde das Elend auch in der Krankenstatistik: Tuberkulose nahm wieder zu, Skorbut trat auf,[381] und aus den preußischen Regierungsbezirken wurde gemeldet, dass die Zahl der unterernährten Klein- und Schulkinder erheblich über 50 % hinausgehe. Viele Kinder erhielten keine Milch, der Kohlemangel erhöhte die Zahl der Erkältungskrankheiten.[382] Während einer Ärztetagung in Berlin Anfang 1923 wiesen die Referenten auf die mangelhafte Ernährung der Bevölkerung hin: waren 1913 noch 13,3 Mio. Tonnen Getreide für 944 Mio. Mark importiert worden, kamen 1922 noch 2,3 Mio. Tonnen ins Land, für die 13,7 Mrd. Mark gezahlt werden mussten. Während der Import von Getreide auf weniger als 20 % der Vorkriegsmenge gesunken war, musste dafür mehr als die zehnfache Summe gezahlt werden! Der Milchverbrauch, wichtig für Kinder, Kranke und junge Mütter, war gleichfalls stark zurückgegangen, in Berlin von 1,2 Mio. Liter täglich vor dem Krieg auf 400.000 Liter in 1922. Davon wurde zudem ein Drittel zu Butter verarbeitet, weil die verarmte Bevölkerung selbst diese kleine Menge Milch nicht mehr vollständig aufkaufen konnte.

Die Wohnungsnot, die zur Überbelegung vieler Wohnungen geführt hatte, war in Verbindung mit Mangelernährung eine Brutstätte für Infektionskrankheiten bis hin zur Tuberkulose. Arztbehandlung und Medikamente waren teuer, für die meisten Menschen fast unerschwinglich, denn ein umfassender Versicherungsschutz war noch nicht vorhanden. Wütende Frage eines Referenten der Ärztetagung:

> Warum aber müssen wir, so fragen auch wir deutschen Ärzte, für unsere frierenden und hungernden Kinder und unsere Kranken auf die eigenen Kohlen verzichten, um sie dem Ausland im Überfluss abzugeben?

Kommentar der Frankfurter Zeitung zu diesem Bericht:[383]

> Dass die geschilderten Zustände seit dem Abend, an dem die Reden gehalten worden, sich nicht gebessert, wohl aber schwer verschlimmert haben, weiß jeder, der deutsches Brot isst. Dem deutschen Volke in seiner Gesamtheit wird es nicht schwer, den Erlass gegen die Schlemmerei zu befolgen. Die Schicht, die noch schlemmen kann, wird täglich dünner. Dass die Gesetze diese Herrschaften jetzt scharf anfassen und ihre Genüsse rationieren, ist angesichts des deutschen Elends selbstverständlich.

Diese kritische Anmerkung der FZ-Redaktion basierte auf einer Bemerkung von Ernährungsminister Luther, der gesagt hatte, dass »*dem Wohlleben, das in gewissen Kreisen herrsche, energisch entgegengetreten werden müsse. Auch der Verbrauch in den Gastwirtschaften sei zu groß. Man erwäge deshalb, gewisse Einschränkungen anzuordnen. So sei daran gedacht, die Zahl der Fleischgerichte in den Restaurants einzuschränken, Eier nur für die Mittagsmahlzeiten zuzulassen und den Verbrauch von Milch in den Cafés und Restaurants zu untersagen.*«[384] Auch der Verbrauch von Butter zur Zubereitung der Speisen in Gastwirtschaften sei nicht mehr zu billigen. Weiter seien notwendig Maßnahmen gegen eine übergroße Verwendung von Mehl zum Kuchenbacken. Schließlich solle auch gegen die Schlemmerlokale und Luxusdielen in kürzester Zeit mit aller Schärfe vorgegangen werden. Diese Maßnahmen mögen gut gemeint gewesen sein, sie änderten aber nichts an dem Grundproblem. Es fehlte an allem – außer an Geld!

Die Ernsthaftigkeit dieser Lage wird auch durch eine Bemerkung des englischen Pfarrers, der bereits weiter oben zitiert wurde, bestätigt:[385]

> Dies trifft aufs ernsteste den außerordentlich sparsamen Charakter der Bevölkerung. Die zweite, beinahe unerträgliche Sorge, die alles überschattet, ist die Frage der Heizung. Die Kohle des Landes geht zum größten Teil nach Frankreich. Die Knappheit hat natürlich den Preis enorm gesteigert. Die Preise und die Knappheit sind in diesem Winter unendlich viel grösser als im letzten Jahr. Die Lage ist umso ernster, als zu befürchten ist, dass viele Fabriken diesen Winter schließen müssen, und dies würde für einen großen Teil der Bevölkerung Hunger und Kälte bedeuten.

6. Der Irrsinn wird Methode – die Geldflut spült ins Elend

Eine andere Situation, die mit Geld und Ernährung in Zusammenhang stand, schilderte eine Engländerin, die in Leipzig lebte: [386]

> Wenn ich Mark habe, die ich schnell loswerden will, investiere ich sie in haltbare Lebensmittel. Das ist das stabilste Tauschmittel. Ich kann meine Bibliotheksgebühren mit Reis oder Trockenpflaumen und meine Arztrechnung mit Kondensmilch bezahlen. Auch Eier werden gern genommen. Für gewöhnliche Einkäufe hat diese Art von Zahlungsmittel allerdings einige Nachteile, auch wenn die Handtasche durch einen Kinderwagen ersetzt wird.

Das Land war auf dem Weg zurück in eine primitive Tauschwirtschaft, die für einzelne eine Möglichkeit des Überlebens war, aber keine Perspektive für die Zukunft eröffnete. Es zeigte nur, wie schlecht es um die Währung und damit um die Funktionstüchtigkeit der Wirtschaft stand.

Wer 1914 hunderttausend Mark als Alterssicherung angespart hatte, konnte neun Jahre später mit diesem Geld nicht einmal mehr ein Brötchen kaufen. Dessen Preis lag bei annähernd einer Milliarde Mark. Und wer den Kummer mit einem Schoppen Apfelwein, Lokalgetränk der Frankfurter, herunterspülen wollte, beeilte sich besser. Der Preis stieg von 50 Mark im Januar 1923 auf 200 Mrd. Mark am 21. November. Wert und Preis hatten sich voneinander gelöst, das Geld löste sich in einen irrwitzigen Zahlenhaufen auf. Nachdem alles vorbei war, kostete der Schoppen Apfelwein übrigens wieder 12 Goldpfennige.

Wilhelm Vocke, Mitglied des Direktoriums der Reichsbank (1957 der erste Präsident der Bundesbank), machte im Sommer 1923 mit seiner Familie Urlaub auf dem Landgut seiner Schwiegereltern. Als er zurückreisen wollte, langte das Geld nicht mehr für die Eisenbahn-Fahrkarten. Von seinem Urlaub berichtete er:[387]

> Auf dem Land ging es gut. Man kaufte sich alles Erdenkliche, Klaviere, Möbel, Porzellan und so weiter. Freilich, wenn man in Mark bezahlt wurde für sein Getreide oder Vieh, so entwertete sich das Geld rapide. Man verstand es daher auf dem Land, sich Dollarnoten zu verschaffen. Die Neigung, die herangereifte Ernte gegen Mark zu verkaufen, war geschwunden.

Die zunehmende Weigerung vieler Landwirte, ihre Produkte gegen Papiermark abzugeben, hatte bald Versorgungsschwierigkeiten in den Städten zur Folge und verschärfte die ohnehin angespannte Situation weiter. Diese Weigerung war kein Geiz oder Wucher, sondern die Folge der Tatsache, dass die Landwirte mit dem Geld selbst nicht mehr kaufen konnten, was sie für ihren Betrieb brauchten: das Geld von heute war am nächsten oder übernächsten Tag bereits praktisch wertlos und reichte nicht mehr, um Dünger, Saatgut oder andere wichtige Güter zu bezahlen. Als Folge der zunehmenden Versorgungslücken fanden illegale Lebensmittelbeschlagnahmungen (in Thüringen) statt, in Würzburg warnte der Regierungspräsident vor Konflikten wegen des wachsenden Hungers, kurzum: die Währungskatastrophe wurde zur Versorgungs- und damit zur sozialen Katastrophe.[388] Stefan Zweig schrieb:[389]

> Bei dem allgemeinen Niederbruch der Moral dachte kein Bauer daran, seine Butter, seine Eier, seine Milch zu den gesetzlichen festgelegten Höchstpreisen abzugeben. Er hielt, was er konnte, in seinen Speichern versteckt und wartete bis Käufer mit besserem Angebot zu ihm ins Haus kamen. Bald entstand ein neuer Beruf, das sogenannte »Hamstern«. Beschäftigungslose Männer nahmen ein oder zwei Rucksäcke und wanderten von Bauer zu Bauer, fuhren sogar mit der Bahn an besonders ergiebige Plätze, um illegal Lebensmittel aufzutreiben, die sie in der Stadt zum vierfachen oder fünffachen Preise verhökerten.

Die wachsende Not der Menschen gefährdete immer mehr den sozialen Frieden. Für Millionen Menschen aller sozialen Schichten galt der Staat als großer Betrüger. Man hatte ihm im Krieg Ersparnisse anvertraut und gehofft, aus den Zinsen ein zusätzliches Einkommen zu haben. Nun, da man es brauchte, wurden aus den Zinszahlungen Pfennigbeträge, die wertlos waren. Der Schriftsteller Ernst Jünger, berühmt für seine Schilderungen der Kämpfe im Weltkrieg, sagte, dass die Inflation ebenso zerstörerisch für das Bürgertum gewesen sei wie der Krieg. In der Tat löste sich der bürgerliche Lebensstil auf; die Arbeitslosigkeit der Akademiker trug dazu ebenso bei wie der Rückgang der Realeinkommen in den bürgerlichen Berufen. In deutlichen Worten beschrieb der Soziologie Max Weber diese Situation. Unter

6. Der Irrsinn wird Methode – die Geldflut spült ins Elend

dem Titel »Die Not der geistigen Arbeiter« stellte er die Verarmung und die Perspektivlosigkeit der geistig führenden Gruppe der Republik dar. Dabei sagte Weber mit Blick auf die Zukunft, dass die Gefahr des Untergangs der geistigen Bildung gegeben sei, wenn die Intellektuellen weiterhin so verarmten oder verarmt blieben. Weber zitierte einen Regierungsbericht, wonach im Sommer 1922 99 % der Rentiers, die von Zinsen und Mieteinkünften lebten, »expropriiert«, d. h. bankrott waren. Dazu gehörten viele geistig Schaffende, Privatgelehrte oder Privatdozenten, die damals noch unbezahlt an den Unis lehrten in der Hoffnung auf eine Professorenstelle. Diese Gruppe hatte zumeist von Zinsen und Mieteinnahmen gelebt, die meisten bescheiden, einige auch großzügig. Vorbei war es nun für alle, denn die festgeschriebenen Mieten hatten 1922 nur noch die Kaufkraft von Pfennigen und die Zinsen aus Geldanlagen leisteten nicht viel mehr. Weber vermutete, dass in der Zukunft der Typus des »Arbeitsintellektuellen« vorherrschen würde, der von der praktischen Umsetzung seiner Forschungen leben könne. Aber dahin musste es erst einmal kommen.

Die Not der geistigen Arbeiter war nur eine Erscheinungsform der Not, die das ganze Volk erfasste. Denn die Konsequenz der Inflation war die Enteignung der Sparguthaben, Renten und privaten Investments des Bürgertums. Eine britische Sozialarbeiterin schrieb:[390]

> Es war ein Schock für mich zu sehen wie die Mittelschicht lebte, welch schreckliche Armut hinter geschlossenen Türen zu finden war. In gut eingerichteten Häusern gibt es Stühle ohne Lederbezug, der war für Schuhe verwendet worden, Vorhänge ohne Futter, aus dem Kleidung für die Kinder gefertigt worden war und eine Studentin die in der glücklichen Lage war ein Nachthemd oder zwei zu besitzen, hat diese abgeschnitten um sie als Blusen tragen zu können und aus den Resten Taschentücher gemacht. Diese Dinge sind nicht die Ausnahme, sondern die Regel. Ich kenne viele Familien, wo vor dem Krieg zwei Bedienstete waren und die jetzt ihren Haushalt allein bewältigen; und anstelle vom Abendessen haben sie nur trockenes Brot und schwachen Tee ohne Milch und Zucker und nur eine Mahlzeit in der Woche mit Fleisch. Viele männliche und weibliche Studenten verdienen ihr Studium selbst und mancher unterstützt noch seine Familie. Ausgebildete Männer

arbeiten während ihres Urlaubs in den Bergwerken oder den Docks während die Frauen in die Fabriken gehen oder in Läden arbeiten.

Aber nicht nur das Bürgertum und die Gelehrten litten: auch die Arbeiter, die lange Zeit relativ gut durch Kriegs- und Inflationszeit gekommen waren, litten immer stärker. War ihr Leben schon vorher nicht üppig gewesen, rutschten sie jetzt ins Elend ab. Die Verhandlungsmacht der Gewerkschaften wurde in der sich zuspitzenden Finanz- und Wirtschaftskrise immer geringer, Lohnerhöhungen waren kaum noch durchsetzbar, die Arbeitslosigkeit stieg, die öffentliche Unterstützung war mangelhaft. Die zunehmende Armut hatte schlechte Ernährung und zunehmende Krankheiten zur Folge. Das führte auch zu sinkender Produktivität.[391] Um dieser Situation entgegenzusteuern, subventionierte die Reichsregierung weiter die Lebensmittelimporte. Zwar wurde diskutiert, zur Entlastung des Reichshaushalts die Subventionen zu kürzen oder ganz aufzugeben, aber das hätte einen deutlichen Preisanstieg zur Folge gehabt, der nur durch entsprechende Lohnerhöhungen hätte aufgefangen werden können. Die Folge dieser Maßnahme wäre eine weitere Zunahme von Armut, Unterernährung und der Inflation gewesen.[392]

Warum haben Regierung und Reichsbank die Währung nicht einfach wieder auf Gold umgestellt und als vertrauensbildende Maßnahme die Goldeinlösungs-Pflicht der Reichsbank wieder eingeführt? Die Antwort ist einfach. Das Gold war nicht da, weder zur Unterlegung der Währung, noch um Papiermark in Gold einzutauschen. Die Golddeckung war von 35,5 % im Jahresdurchschnitt 1914 bis 1918 auf 10,8 % gefallen[393] und fiel weiter, denn für das Gold wurden Devisen gekauft, die für Reparationsleistungen und die Bezahlung wichtiger Importe – vor allem Lebensmittel und Kohle (aufgrund der Lieferungen an Frankreich musste Deutschland selbst Kohle importieren!) – benötigt wurden. Solange noch die Hoffnung bestand, dass die deutsche Währung sich stabilisieren, erholen, zu alter Stärke zurückfinden würde, hielt sich der Währungskurs, wenn auch unter deutlichen Schwächezeichen. Diese Hoffnung zerstob, als die Kombination aus schwindendem Vertrauen des Auslands, steigender

6. Der Irrsinn wird Methode – die Geldflut spült ins Elend

Geldmenge im Inland (= steigender Verschuldung des Staates) und fortgesetztem Druck durch die Reparationszahlungen in eine Abwärtsspirale mündete, welche zur Hyperinflation führte.[394] Der Beginn dieser letzten Phase der Inflation war der Sommer 1922. Wie schwer es war, die Währung zu stabilisieren, zeigt sich im Reichshaushalt 1921/22: Lebensmittelimporte und Lebensmittelsubvention waren mit 26 Mrd. Mark der größte Einzelposten, gefolgt von Reparationszahlungen, die 25 Mrd. Mark verschlangen.[395]

	3. Jan. 1921	2. Jan. 1922	1. Juni	30. 9.	30. 12.	9.1.23	16.1. 1923*
Holland	2307.70	6850.–	10552.½	64000	290500	415000	640000
Schweiz	1128.80	3602½	5200.–	30850	137750	197500	307500
Paris	432.25	1500.–	2485.–	12487½	53000	69000	112000
London	260.32	782.–	1211.½	7212½	34125	48500	77000
Prag	82.–	260.–	526.–	5087½	23400	28500	45500
Italien	253.25	815.–	1420.–	7037½	37100	50500	78000
Kabel N. York	74.30	186.–	273.–	1657	7875	10400	16300

*) Frühkurse.

Abb. 12: Wechselkurs der Mark gegen die wichtigsten europäischen Währungen und den US-Dollar, s. untere Zeile: von 74,30 Mark für den Dollar am 03.01. 1921 auf 186 Mark am 02.01.1921 und 16.300 Mark am 16.01.1923.

Der Kampf um Preisstabilität wurde von den verschiedenen Regierungen der Republik mit unterschiedlicher Intensität geführt, je nachdem, wie sich die soziale und wirtschaftliche Situation entwickelte. Es galt Rücksicht zu nehmen auf die Menschen, die bereits Jahre gelitten hatten und eine Besserung ihrer Lebenssituation forderten. Die Politik der Preissteuerung und der Preiskontrollen wurde zwar als »Sozialismus« vom politischen Gegner geschmäht, einen besseren Vorschlag hatten aber auch die Kritiker nicht.[396] Der Vorwurf, die »geplante Wirtschaft« habe die Preiserhöhungen angestoßen und die Lösung sei die Aufhebung aller Preiskontrollen und die Anpassung der Preise an das Weltmarktniveau, war nicht zu Ende gedacht. Wie hätte die Bevölkerung die Preise bezahlen können?[397]

Ein wirtschaftliches und finanzielles Gegengewicht bildeten die Exporte, die für die ausländischen Käufer umso günstiger wurden, je tiefer der Kurs der Mark fiel. Allerdings litten die Länder, in die Deutschland exportierte, selbst unter wirtschaftlichen Problemen, die denen des Reiches ganz ähnlich waren: Überschuldung infolge des Krieges, Arbeitslosigkeit unter den heimkehrenden Soldaten, Verarmung der breiten Bevölkerung. Daher schützte sich das Ausland mit hohen Zöllen und anderen Hürden vor zu großen Einfuhren. Der deutsche Export konnte daher nicht die Dynamik entfalten, die notwendig gewesen wäre, die Zahlungsbilanz auszugleichen. Die Siegerstaaten schützten sich gegen deutsche Exporte mit dem Argument, diese Exporte seien nur aufgrund des Wechselkurses so günstig und Deutschland nutze seine schwache Währung aus, um andere Länder mit billigen Gütern zu überschwemmen.[398] Als Reaktion darauf hatte Großbritannien im Jahr 1922 einen »Valutaausgleichszoll« von 88,3 % auf eine Reihe von deutschen Exporten erlassen. In den USA wurde der Präsident ermächtigt, die Zölle aufgrund einer »elastischen Bestimmung« bis zu 50 % über die im Gesetz festgeschriebene Höhe hinaus zu erhöhen. Unabhängig davon war es auch möglich, die US-Zölle so festzusetzen, dass der Preis fremder Produkte an die Preise von US-Produkten angepasst wurde, sodass es keinen Vorteil mehr bot, ausländische Waren zu kaufen. Die dringend benötigten Deviseneinnahmen waren daher für Deutschland immer schwerer zu erwirtschaften.

Ein Gegengewicht zu dieser Abwehrhaltung der westlichen Siegerstaaten bildete die deutsch-russische Zusammenarbeit, die im Vertrag von Rapallo festgelegt wurde.[399] Die Frankfurter Zeitung wies allerdings darauf hin, dass der vereinbarte zusätzliche Handelsvertrag noch fehlte und der Ausbau der Handelsbeziehungen wegen des Außenhandelsmonopols der russischen Regierung mühsam sei. Das war also auch kein Ausweg aus der schwierigen Situation. Die kurzfristige Verschuldung des Reiches wuchs weiter an, von 55 Mrd. Mark im Januar 1919 auf 265 Mrd. Mark im Januar 1922 und 1,2 Billionen Mark im November 1922.[400] Die Frankfurter Zeitung nannte die Kriegsschulden, die notwendigen Importe und die Bedingungen des Versailler Vertrages als Ursachen und zitierte Schiller: »*Es ist ein Fluch der bösen Tat, dass sie fortzeugend Böses muss gebären.*«[401]

6. Der Irrsinn wird Methode – die Geldflut spült ins Elend

Die unmittelbare Wirkung dieser Situation war ein Einfuhrüberschuss (= Handelsbilanz-Defizit) von 1,75 Mrd. Goldmark(!) für die Monate von Januar bis Oktober 1922. Dabei standen nicht die Lebensmittel- sondern die Kohleimporte an erster Stelle, denn aufgrund der vereinbarten Sachlieferungen als Ersatz für Reparationszahlungen war das Reich zu so hohen Kohlelieferungen an Belgien und Frankreich verpflichtet, dass es jetzt seinerseits 4,5 Mio. Tonnen Kohle importieren musste, während 1913 noch 20 Mio. Tonnen exportiert wurden.[402] Es zeigt den Widersinn der Reparationen, dass Deutschland, ein Kohleexportland, jetzt selbst Kohle importieren musste. Das beschleunigte die Inflation zusätzlich und schwächte die deutsche Wirtschaft weiter.

Die Verfünffachung der kurzfristigen Reichsschulden wurde in der Analyse der Frankfurter Zeitung auf die Reparationszahlungen zurückgeführt, die von April bis Jahresende 195 Mrd. Mark betragen hatten. Das war ein großer Posten, aber nicht der einzige Grund für die immer aussichtslosere Lage des Reichshaushalts. Neben den notwendigen Importen war die Steuerzahlung ein ebenso großes Problem: zwar wurden die Steuern an die Geldentwertung angepasst, beschleunigt eingezogen und fortwährend erhöht, aber die Finanzbehörden liefen trotzdem der immer schnelleren Inflation ständig hinterher. Vor allem die Selbstständigen, die ihre Steuern erst zahlen konnten, wenn sie ihre Bilanz ausgestellt hatten, waren die Profiteure dieser Entwicklung. Ihre Steuern waren bei Fälligkeit auf einen geringen Betrag geschmolzen, den Rest hatte die Inflation gefressen. Der Finanzminister war der Geschädigte. Auch eine Zwangsanleihe, die Anfang 1922 aufgelegt wurde, um über diese Extraeinnahme die Schulden des Reiches zu verringern, wurde durch die galoppierende Inflation zur Farce.[403]

Die Frankfurter Zeitung eröffnete einen Artikel über das Währungselend Ende 1922 mit einem Goethe-Zitat: »*Sehe jeder, wo er bleibe, und wer steht, dass er nicht falle!*«[404] Damit begann die Betrachtung der sozialen Not, an deren Spitze, wie die Zeitung schrieb, die Rentner standen, deren Einkünfte einst für das Jahr reichten, jetzt aber kaum mehr einen Tagesbedarf decken konnten. Sie hielten sich durch Ersparnisse, Untervermietung der eigenen Wohnung oder die Hilfe durch Familienmitglieder über Wasser, aber wer nicht darauf zurückgreifen konnte, *»verhungert buchstäblich«*.[405] Der Artikel fährt fort: *»Elendsbilder furchtbarer Art begegnen uns, denen gegenüber die Wohltätigkeit nur wenig zu lindern vermag«*. Etwas besser als diese soziale Schicht – so die Untersuchung weiter – fanden sich die Arbeiter, Angestellten und Beamten, die einen ständigen Kampf um die Anpassung ihrer Einkommen führten. Sie konnten auf diese Weise ihre laufenden Ausgaben decken, aber hatten kein Mittel mehr für Anschaffungen, so nötig diese auch sein mochten. Grund dafür war, dass die Kaufkraft ihrer Einkommen kontinuierlich sank und durch die Einkommenserhöhungen teilweise, aber nicht vollständig aufgefangen wurde.

Industrie, Handel und Landwirtschaft kamen dagegen relativ gut durch die Inflation, weil sie Sachwerte besaßen. Die Kosten- und Ertragszahlen wurden allerdings durch die Inflation verzerrt. Die Schulden verschwanden, die Gewinne erreichten astronomische Höhen bei gleichzeitig sinkender Kaufkraft des Geldes und niemand wusste, wie es weitergehen sollte. Eine fundierte Investitionsplanung war deshalb kaum mehr möglich. Man lebte von Tag zu Tag und hoffte, dass irgendwann wieder normale Zeiten kommen würden. Doch die rückten in weite Ferne, als französische Truppen zwischen dem 11. und 16. Januar 1923 das Ruhrgebiet besetzten. Frankreich nahm die unvollständige Lieferung von Reparationsgütern zum Anlass, das Industriegebiet von Duisburg bis Dortmund unter seine Kontrolle zu bringen. Der Grund war geradezu lächerlich: es fehlten 2 Mio. von vereinbarten 13,8 Mio. Tonnen Kohle und statt 200.000 waren nur 65.000 Telegraphenstangen geliefert worden. Die Lieferung von Sachgütern war selbst eine Folge der Inflation. Die Siegermächte hatten angesichts der desolaten Finanzlage des Reiches 1922 auf Devisenzahlungen verzichtet, stattdessen aber Sachleistungen verlangt – nun waren diese jedoch nicht vollständig erfolgt. Es waren nicht die fehlenden Telegraphenstangen, die Frankreich zu dieser aufwendigen und politisch umstrittenen Maßnahme verleiteten. Die deutsche Kohle war wichtig für die lothringische Eisen- und Stahl-

6. Der Irrsinn wird Methode – die Geldflut spült ins Elend

industrie. Da diese nach Kriegsende deutlich ausgebaut worden war, hatte die Abhängigkeit von der Ruhrkohle noch zugenommen und das Interesse, das Ruhrgebiet unter den Einfluss Frankreichs zu bringen, war in Paris entsprechend gewachsen.[406]

Die deutsche Regierung rief zum passiven Widerstand gegen die völkerrechtswidrige Besetzung auf, worauf im Ruhrgebiet ein Generalstreik begann, der vollständig durch die Notenpresse bezahlt wurde. Nicht nur die Streikenden mussten Unterstützung erhalten, auch die Unternehmen, deren Produktion stillstand, brauchten Hilfe. Als die französischen und belgischen Besatzungsbehörden begannen, missliebige Beamte und andere »Aufrührer« aus dem Besatzungsgebiet auszuweisen, benötigten auch diese Menschen und ihre Familien Geld vom Staat.

Es zeichnete sich immer deutlicher ab, dass etwas geschehen musste. Bereits im April 1923, als die Inflation durch die Kosten des Widerstandes gegen die französische Ruhrbesetzung immer schneller stieg, schrieb Staatssekretär Hamms: *»Der deutsche Widerstand ist nicht auf unbegrenzte Dauer aufrechtzuerhalten.«*[407] Die deutsche Regierung hielt an ihrer Strategie jedoch fest. Die Hyperinflation sollte den Alliierten zeigen, dass es sinnlos war, Deutschland zu Leistungen zu zwingen, die das Land nicht erbringen konnte. Die Regierung hoffte, auf diese Weise die englische und amerikanische Regierung dazu zu bewegen, Druck auf Frankreich auszuüben, dass es seine Truppen abziehe. Zugleich sollten Verhandlungen aufgenommen werden, die eine Reduzierung der Reparationslasten auf ein erträgliches Maß zum Ziel hatten. Die Siegermächte lehnten Verhandlungen jedoch ab. Frankeich machte die Beendigung des passiven Widerstands im Ruhrgebiet zur Voraussetzung, um sich überhaupt mit der Reichsregierung an einen Tisch zu setzen.[408] Die Frankfurter Zeitung kommentierte die Situation mit den Worten:[409]

> Wir stehen in der Währungskatastrophe. ... Ein nicht moralisch, aber wirtschaftlich zusammenbrechendes Deutschland steht der Welt allein gegenüber. ... Aber die ökonomische Erschütterung, die das Land der Arbeit im Herzen Europas erfährt, wird auf alle Teile der Weltwirtschaft mit schweren Schäden zurückwirken.

Damit war die Mark am Ende. Der passive Widerstand im Ruhrgebiet war nicht aufrechtzuerhalten und die erhoffte Wirkung – Abzug der Franzosen und Neuverhandlung der Reparationen – war nicht erreicht worden. Zudem wurden die negativen Folgen der Entwicklung jetzt zum massiven Problem: wilde Streiks, Hungerunruhen, steigende Arbeitslosigkeit und Unterernährung griffen um sich. Immer mehr Notgeld wurde gedruckt, um den Zahlungsverkehr irgendwie aufrecht zu erhalten, denn die Lieferung von ausreichenden Mengen offizieller Banknoten war nicht mehr gesichert. Die Kriminalität nahm weiter zu, Schmuggel, Einbruch und Betrug wurden mit der Notwendigkeit der »Selbsthilfe« gerechtfertigt. In Sachsen und Thüringen plünderten »proletarische Hundertschaften«, in Hamburg probte die KPD im Oktober 1923 den Aufstand, im Rheinland wurden separatistische Entwicklungen sichtbar und in München plante ein noch weitgehend unbekannter Rechtsradikaler namens Hitler mit seinen Anhängern den »Marsch auf Berlin« – die staatliche Autorität geriet ernsthaft in Gefahr.[410]

Die Lebenshaltungskosten für eine Arbeiterfamilie in Frankfurt wurden mit dem Indexwert von 126 ausgerechnet gegenüber 100 zu Vorkriegszeiten, während zugleich die Löhne und Gehälter zwischen einem Drittel und der Hälfte ihrer Kaufkraft verloren hatten.[411] Für eine Berliner Arbeiterfamilie wurde kurz vor dem Währungsschnitt ein Existenzminimum von 683,3 Billionen Mark ausgerechnet, die Arbeitslosen-Unterstützung lag aber nur bei 88,5 Mrd. Mark. In dieser Zeit kostete ein Laib Brot 4,2 Mrd. Mark. Man konnte von dieser geringen Unterstützung also nur verhungern. Kein Wunder, dass Diebstahl, Plünderungen und politische Unruhe ständig zunahmen.

Der Reichsminister für Wiederaufbau verfasste zusammen mit dem Industriellen Henrich eine »Denkschrift über die Möglichkeit einer Rettung Deutschlands vor dem Währungsverfall, einer Lebensmittelkatastrophe und dem politischen Chaos«. In diesem Titel waren die Herausforderungen der Zeit benannt. In der Schrift heißt es:[412]

> Die sich überstürzende Markentwertung ... hat im Inland bewirkt, dass auch beim letzten Ladeninhaber und beim abgelegensten Landwirt die Mark die

6. Der Irrsinn wird Methode – die Geldflut spült ins Elend

Bedeutung als Wertmesser und Entgelt verloren hat. Die Flucht aus der Mark, die allenthalben stattfindet, treibt die Bevölkerung dazu, sinnlos, alles was noch gegen Mark zu beschaffen ist, aufzukaufen; auf der anderen Seite aber alle warenbesitzenden Kreise dazu, die Waren zurückzuhalten. Die Preise steigen ins Unerträgliche, dabei hört der Warenzirkulationsprozeß auf ... Bei allen Kreisen, die sich nicht durch Vorräte helfen können, herrscht eine verzweifelte Stimmung. In die Wirtschaft ist die größte Unsicherheit hineingetragen. Es mag gelingen, mit scharfen Einsätzen der Polizei vorübergehend größere Revolten zu verhindern. Auf längere Sicht ist dies nicht möglich, wenn der Ausgleich zwischen Stadt und Land aufhört und in den Städten die nötigsten Lebensmittel fehlen ... Der Staat, der nicht mehr in der Lage ist, denn völligen Währungsverfall aufzuhalten und sich in dieser Beziehung bankrott erklärt, ... muss restlos alle Autorität und letzten Endes seine Existenzberechtigung verlieren.

Abb. 13: Das Wegschmelzen der Gold- und Devisenreserven.

Der Goldbestand der Reichsbank sank zwischen Januar und September 1923 um über 50 % von rund 1 Mrd. Goldmark auf unter 500 Mio., ohne dass die Unterstützung des passiven Widerstandes im Ruhrgebiet und der Versuch, den Kurs der Reichsmark zu stabilisieren, einen Erfolg verzeichnet hätte. Es konnte so nicht weitergehen. Eine Währungsreform war zwingend notwendig geworden. Nach dem Rücktritt der Regierung Cuno am 12. August 1923 übernahm Gustav

Stresemann das Amt des Reichskanzlers. Er beendete am 26. September 1923 den Ruhrkampf, eine Voraussetzung, um die politische Situation zu beruhigen und den Weg für eine neue Währung freizumachen.

7. Der Dämon wird vertrieben – der Glaube an das Gold (1923–24)

Gerüchte über eine geplante Währungsreform gab es schon seit einiger Zeit. Die Preise stiegen nicht mehr täglich, sondern mittlerweile stündlich; längst hatte die Mark ihre Funktion als Wertmesser verloren, das war jetzt der Dollar. Dessen Notierung an der Börse und die Umrechnung in Mark gab an, was in Deutschland bezahlt werden musste. Auch die juristische Fiktion »Mark gleich Mark« war seit dem Urteil des Reichsgerichts vom 28.11.1923[413] nicht mehr gültig. Bei der Zahlung von Verbindlichkeiten musste ein realistischer Wert für die erhaltenen Güter und Dienstleistungen angelegt werden und nicht der längst irrelevante Markbetrag, der in dem vor Tagen, Wochen oder Monaten geschlossenen Vertrag stand.

Im den ersten zwei Februarwochen 1923 gelang es der Reichsbank, durch massive Intervention am Devisenmarkt den Mark-Dollarkurs noch einmal zu halbieren: von fast 50.000 Mark für einen Dollar fiel der Kurs auf bis Ende März 20.000 Mark, d. h. der Kurs der Mark hatte sich gegenüber dem Dollar verdoppelt.[414] Ein Erfolg für die Reichsbank, auch wenn er nur kurz anhielt, denn bereits im April stieg der Dollarkurs wieder auf 25.000 Mark und am 18. Mai war der Kurs wieder da, wo er vor Beginn der Reichsbankintervention gestanden hatte und stieg weiter. Gekostet hatte diese Aktion die Reichsbank rund 300 Mio. Goldmark.[415]

Dafür brach die Börse ein und viele Kleinanleger, die ihre Gelder in Aktien investiert hatten in der Hoffnung, ihr Vermögen so vor der Inflation schützen zu können, mussten erleben, wie sich ihre Ersparnisse durch Kursverluste in wenigen Tagen auflösten.[416] Grund für den Kurssturz war die Wirkung der Markaufwertung. Ausländi-

7. Der Dämon wird vertrieben – der Glaube an das Gold (1923–24)

sche Investoren zogen ihre Gelder ab, denn der steigende Markkurs bedeutete Verluste in ausländischer Währung. Inländische Spekulanten folgten und verkauften ihre Markbestände gleichfalls. Während die Währung aufgrund der Unterstützung für Bevölkerung und Industrie im Ruhrgebiet – die ausnahmslos aus der Druckerpresse erfolgte – immer weiter kollabierte, wurde mehr und mehr Geld gedruckt, nicht nur von der Reichsbank, sondern auch von Kommunen und Unternehmen, denn der Nachschub an Zetteln, die Geld darstellten, wurde schwieriger und schwieriger, je schneller diese bedruckten Zettel ihre Kaufkraft verloren, weil die Preise davonliefen und der Millionen-Markschein, mit dem man gestern noch etwas kaufen konnte, heute nahezu wertlos war, weshalb er durch einen 10-Millionen-Markschein und danach durch einen 100-Millionen-Schein ersetzt werden musste. Die Geldmenge war allein in der Zeit 1914 bis 1918 von 8,7 Mrd. Mark auf 33,1 Mrd. gestiegen, hatte sich also mehr als verdreifacht – und das war nur der Anfang gewesen.[417] Seitdem stieg die Geldmenge und die Geschwindigkeit des Geldumlaufs immer schneller. Selbst die Druckmaschinen der Reichsbank kamen diesem Hexenritt bald nicht mehr hinterher. Mit dem Verfall der Währung ging der Verfall des Ansehens der Reichsbank einher. In einem Artikel der Frankfurter Zeitung vom 18. Februar 1923 stand:[418]

> Immer wieder ist im vergangenen Jahre und jetzt wieder die Reichsbank von den verschiedensten Mahnern zu einer aktiven Politik gegen den Währungsverfall aufgerufen worden – immer wieder hat sie die Dinge mit halber oder ganzer Untätigkeit laufen lassen, unter Berufung darauf, dass sie gegenüber der elementaren Gewalt der die Währungsentwicklung bestimmenden Faktoren, gegenüber Reparationslast, Finanzelend und Ungunst der Handelsbilanz, machtlos sei.

Die mangelnde Aktivität der Reichsbank, die von der Frankfurter Zeitung kritisiert wurde, lag daran, dass der Absturz der Währung durch die Instrumente der Reichsbank nicht zu stoppen war. Die Reparationslast war nur durch Verhandlungen auf Regierungsebene zu ändern; das Finanzelend, d. h. die Überschuldung der öffentlichen

7. Der Dämon wird vertrieben – der Glaube an das Gold (1923–24)

Hände beruhte auf sozialpolitischen Überlegungen und der zu geringen Steuerzahlung. Die negative Zahlungsbilanz hing – nicht nur, aber im Wesentlichen – mit den Lebensmittelimporten zusammen, die zur Versorgung der Bevölkerung nötig waren. Auf diese Faktoren hatte die Reichsbank keinen Einfluss. Man hätte die Zinsen erhöhen können, um dadurch den Preis des Geldes zu erhöhen und die Kreditvergabe zu drosseln. Das hätte die Wirtschaft belastet und – aufgrund der höheren Zinsen, auch für die Staatsschulden – die Schuldenlast noch weiter erhöht. Was tun?

Das Vertrauen in die Währung sank ins Bodenlose. Zusätzlich zu den 133 Druckereien mit 1.783 Druckmaschinen, die im Auftrag der Reichsbank Tag und Nacht Geld produzierten und dafür die Produktion von 30 Papierfabriken beanspruchten, entstand ohne jede Kontrolle weiteres Geld.[419] Dieses »Notgeld« gab es parallel zur offiziellen Währung. Es hatte nur in der jeweiligen Kommune oder beim Einkauf im Werksladen Gültigkeit. Die Reichsbank tauschte dieses Notgeld bei Vorlage in Mark, also offizielle Währung. Damit war ein Tor für eine weitere Vergrößerung der Geldmenge geöffnet.

Im Ergebnis war Ende 1923 doppelt so viel Notgeld wie offizielle Währung im Umlauf,[420] so schätzte Hjalmar Schacht, der neue Reichswährungskommissar – genau wusste es niemand. Der Widerstand an der Ruhr hatte die Reichsregierung allein für die sechs Monate von Januar bis Juni 1923 umgerechnet etwa 426 Mio. Goldmark (!) gekostet.[421] Das unkontrolliert ausgegebene Notgeld kam noch hinzu!

Die Mark als Wertmesser hatte sich aufgelöst. Der Druck, jetzt zügig eine Währungsreform durchzuführen, wurde immer größer. Zudem traten im August 1923 die Druckereiarbeiter in Streik. Kein neues Geld mehr! Die riesige Flut Papiermark, die ständig anschwoll und die Zahlungsfähigkeit der Menschen immer notdürftiger aufrechterhielt, drohte abzureißen. Das durfte nicht geschehen. Ein Handkarren voller Geld wurde gestohlen – die Diebe nahmen den Karren und ließen das Geld liegen![422] Die Anekdote zeigt, dass die Mark jede Bedeutung verloren hatte. Wie aber zu einer Währung kommen, der die Bevölkerung vertraute? Die Rückkehr zur Golddeckung war nicht möglich, denn das Reich besaß nicht genug Gold, um die Währung ausreichend mit Gold zu unterlegen. Also musste eine andere Sicherheit für das neue Geld gefunden werden. Die Konstruktion der Wertbeständigen Anleihen war die Vorlage für die neue Mark, die jetzt geschaffen werden musste.

Roggen oder Land – der Plan für die Rettung

Je schneller die Mark zu einem bloßen Zettel wurde, auf dem stand: dies ist Geld, desto intensiver wurde die Suche nach einem Zahlungsmittel, dem man vertrauen konnte, das »wertbeständig« war. Es entstanden die »Wertbeständigen Anleihen«, die nicht mehr mit Mark, sondern mit Roggen (dem am häufigsten in Deutschland angebauten Getreide), Holz, Kohle oder Kali (einem wichtigen Düngemittel) besichert waren. Da die Mark keinen Wert mehr besaß, wurde auf diesem Weg eine Ersatzwährung geschaffen, die auf handelbaren Gütern basierte. Für die Wirtschaft war es zwingend, eine solide Bezugsgröße für Zahlungen, vor allem für Kredite zu haben. Auch Kapitalanleger suchten Möglichkeiten, ihr Geld so anzulegen, dass bei der Rückzahlung der dann aktuelle Wert und nicht bloß entwertetes Papier ausgezahlt wurde. Man griff also auf Sachgüter, aber auch auf Aktienkurse, Devisen und den Goldpreis zurück. Die Idee war einfach und nachvollziehbar. 1.000 Mark, heute angelegt, wurden auf den aktuellen Gegenwert (also die Menge) von Kohle, Roggen, Kali, aber auch Gold oder ausländischer Währung umgerechnet. Diese Güter wurden kontinuierlich nachgefragt und hatten daher einen einigermaßen beständigen Wert. Wenn die Rückzahlung des Geldes fällig war, wurde die zuvor festgelegte Menge Roggen, Devisen oder Gold auf den aktuellen Preis umgerechnet und diesen Betrag musste der Kreditnehmer dann zurückzahlen. Die erste Anleihe dieser Art war die »Roggenanleihe« der staatlichen Kreditanstalt Oldenburg, die am November 1922 an den Markt gebracht wurde. Der Erfolg dieser

7. Der Dämon wird vertrieben – der Glaube an das Gold (1923–24)

neuen Anleihe war so durchschlagend, dass die Gründung einer Roggenrentenbank im Dezember 1922 in Berlin folgte.[423]

Vor allem die Länder und Kommunen nutzten die Wertbeständigen Anleihen, um ihren Finanzierungsbedarf zu decken, auch wenn die Unterlegung mit Sachgütern oder Aktien- bzw. Devisen keinen festen Rückzahlungswert beinhaltete. Denn die Preise von Getreide oder anderen Gütern, aber auch von Devisen wie dem Dollar schwanken nach Angebot und Nachfrage.

Die meisten dieser Anleihen hatten eine niedrige Verzinsung von 4–5 % pro Jahr[424]. Für die Käufer war das kein Problem, denn sie hatten ja die Wertbeständigkeit. Die Laufzeiten von 5–10 Jahren zeigen, dass Emittenten wie Investoren (Schuldner wie Gläubiger) in den Anleihen »überwintern« wollten, in der Hoffnung, dass sich während der Laufzeit das Währungschaos irgendwie auflösen würde. Größter Emittent solcher Anleihen war das Reich selbst, nachdem einzelne Kommunen begonnen hatten, sich auf diesem Weg Geld zu beschaffen. Am 8. August 1923 hatte Reichskanzler Cuno die Ausgabe einer goldbasierten Anleihe über 500 Mio. Mark angekündigt. Doch trotz der Wertsicherung durch den Goldpreis wurde die Anleihe ein Misserfolg: nur 168 Mio. Mark wurden gezeichnet.[425] Offensichtlich vertrauten die Kapitalanleger dem Reich nicht mehr oder wollten auf keinen Fall mehr Markbeträge ausbezahlt bekommen, wie hoch diese auch sein mochten. Damit war die Mark im Inland am Ende. Ende September 1923 wurde die Mark-Notierung an der New Yorker Börse beendet.[426]

Die Währung des Landes musste also auf eine neue, sichere Grundlage gestellt werden. Über diese Grundlage waren sich die Fachleute jedoch uneins. Die Besicherung der Währung setzte voraus, dass eine ausreichend große Menge Sicherheiten vorhanden war. Wenn nicht genügend Gold vorhanden war, wäre Land oder Industrievermögen eine Alternative. Dieses Vermögen könnte die Basis für das neue Geld sein. Max Warburg, der Hamburger Bankier, kritisierte bereits im Oktober 1920 diesen Ansatz:[427]

Roggen oder Land – der Plan für die Rettung

Das gegen Grund und Boden ausgegebene Geld ist nicht als eine jederzeit liquide und mobile Ware konvertibel, sondern höchstens in Verbindung von Rechten, deren Wert selbst von der Rechtssicherheit des Landes, vom Immobilienmarkt usw. abhängt. Dieser Vorschlag ist daher in keiner Weise verwendbar, ganz abgesehen davon, dass auch unsere gesamte Hypothekenverfassung umgeworfen werden müsste.

Ein wichtiges Argument: warum sollte ein Ausländer deutsche Währung akzeptieren, wenn diese außerhalb Deutschlands keine Sicherheit bot, auf die man zugreifen konnte, weil das Land bzw. Industrieanlagen nun mal in Deutschland waren und nicht, wie Gold, in ein anderes Land gebracht werden konnte? Die internationale Akzeptanz der Währung war jedoch für ein importabhängiges Land wie Deutschland von größter Wichtigkeit!

Doch die Überlegungen der Fachleute gingen in diese Richtung, weil die Reichsbank nicht mehr genug Gold in ihren Tresoren hatte, um eine neue Währung damit abzusichern. Ende 1923 besaß die Reichsbank Gold für 457 Mio. Goldmark und kaum Devisen[428] – jämmerlich wenig! Es blieb gar nichts anderes übrig, als die neue Währung auf ein neues, vom Gold unabhängiges Fundament zu stellen. Die Ausgangsidee entwickelte Karl Helfferich, der Mann, der 1915 verkündet hatte, der besiegte Feind würde die deutschen Kriegskosten übernehmen. Sein Plan sah genau das vor, was Max Warburg kritisiert hatte: den industriellen und landwirtschaftlichen Grundbesitz als Sicherheit für das neue Geld heranzuziehen. Damit bot das neue Geld eine Sicherheit, so wie es früher die Golddeckung war, außer dass das Grundvermögen nicht transportabel war und deshalb doch nicht so gut wie Gold, das man sich aushändigen lassen und mitnehmen konnte. Dennoch sollte das neue »Rentengeld« gesetzliches Zahlungsmittel werden und die alte Mark ablösen.[429]

Der wichtigste Punkt aber war, dass sich die Regierung verpflichtete, auf die Vermehrung des Geldes zu verzichten. Es würden keine Schatzanweisungen mehr bei der Reichsbank eingereicht. Das war ein weitreichender Schritt, denn damit endete die Gelddruckerei und der Irrsinn der Papiergeld-Gebirge. Es bedeutete aber auch, dass eine Finanzpolitik der Sparsamkeit Einzug halten musste. Wenn nur eine

7. Der Dämon wird vertrieben – der Glaube an das Gold (1923–24)

bestimmte Geldmenge vorhanden ist und auch nicht ausgeweitet werden darf, müssen alle Beteiligten, von der Regierung bis zum Rentner, damit auskommen!

Um die neue Mark, die »Rentenmark«, klar vom alten Geld zu trennen, wurde nicht die Reichsbank beauftragt, dieses Geld zu schaffen und auszugeben, sondern es wurde am 17. Oktober 1923 die »Rentenbank« gegründet als Institut zur Deckung der neuen Währung.[430] Die Grundlage der neuen Währung war das Gesetz über wertbeständige Hypotheken vom 23. Juni 1923.[431] 4 % des Grundvermögens von Landwirtschaft und Industrie wurden mit einer Hypothek belastet, die als Sicherheit für das neue Geld diente. Die alte Währung konnte im Verhältnis 1 Rentenmark zu 1 Billion »Papiermark« (12 Nullen!) eingetauscht werden. Am 1. November 1923 trat dieses Umtauschverhältnis in Kraft, zugleich wurde der Dollarkurs bei 1:4,2 Billionen Papiermark festgelegt.[432] Da es gelang, den Kurs der Mark zum Dollar bei 1:4,2 Billionen Mark stabil zu halten, mussten alle Spekulanten, die auf einen noch weiter fallenden Markkurs gesetzt hatten, jetzt ihre Dollar verkaufen. Die »Devisenzocker« erlitten große Verluste, was den meisten den Spaß an der bis dahin scheinbar sicheren Spekulation gegen die Mark verdarb. Der Reichsbank flossen dadurch im Dezember 1923 rund 200 Mio. Dollar zu.[433] Ein erfreulicher Gewinn, der zudem das Vertrauen in die neue Währung stärkte: endlich schien der Staat, d. h. die Regierung und die Rentenbank, wieder die Hoheit über die Währung zu besitzen!

Ebenso wichtig war die Selbstverpflichtung der Reichsregierung, ein zinsloses Darlehen von 300 Mio. Rentenmark ausschließlich zur Tilgung der bei der Reichsbank aufgelaufenen kurzfristigen Schulden (Schatzanweisungen) zu verwenden.[434] Das Reich hatte am 15. November 1923, dem Stichtag zur Einführung des neuen Geldes, bei der Reichsbank Schulden von knapp 190 Trillionen Mark,[435] das waren nach dem Währungsschnitt 190 Mio. Rentenmark. Damit war das Reich entschuldet und ein Neuanfang in der Finanzpolitik konnte gemacht werden.

So schlüssig das Konzept war, es hatte einen Nachteil: das Vertrauen des Auslandes in eine Währung, deren Sicherheit (landwirtschaftliches und Industrie-Vermögen) nur im Inland nutzbar war, würde kaum zu erlangen sein. Darauf hatte Max Warburg zu Recht hingewiesen. So wurde erneut die Forderung nach einer Golddeckung laut. Ein Gedanke war, nur den Teil der neuen Währung, der für den Außenhandel benötigt wurde, mit Gold zu unterlegen, ansonsten aber bei der Sachwerte-Besicherung zu bleiben.[436] Wie aber sollte man die beiden Teile der neuen Währung auseinanderhalten und: würde im Inland eine Währung akzeptiert werden, die nicht auf Gold basierte, sondern den Beigeschmack einer »Währung zweiter Klasse« hatte?

Die Lösung, die schließlich gefunden wurde, hatte etwas von einem Taschenspielertrick: die neue Währung wurde durch die Hypothek auf Landwirtschaft und Industrie besichert, aber an den Goldpreis gekoppelt, so entstand der Eindruck, es gäbe eine auf Gold gestützte Währung – die dann auch »Goldmark« genannt wurde. Das stimmte ja auch bis auf die Kleinigkeit, dass das Gold fehlte! Aber die psychologische Wirkung war groß: die neue Währung wurde akzeptiert.[437] Unterstützt wurde diese Akzeptanz durch die kluge Entscheidung, den Währungsschnitt zum US-Dollar bei 4,2 Billionen Mark festzulegen. Aus 1 Billion Papiermark (= 1.000 Milliarden) wurde eine Rentenmark und so kostete der Dollar wieder – wie vor dem Krieg – 4,20 Mark.[438] Die Zeit der Goldmark schien zurückgekehrt. Die Wirkung war durchschlagend: man vertraute dem neuen Geld! Und Vertrauen, das wurde bereits erwähnt, ist die Basis des Geldes. Die Vorstellung, die Goldmark sei zurückgekehrt, wurde von der Rentenbank und der Reichsbank eifrig gestützt: man konnte eine Billion Papiermark in eine Rentenmark wechseln und wer 500 Rentenmark besaß, konnte diese in eine Anleihe mit einem Nominalwert von 500 Goldmark tauschen. Diese Goldanleihe wurde als Zahlungsmittel, also Geld, eingestuft. Die Reichsbank gab diese Anleihe in kleinen Stückelungen, die über den Gegenwert von ½, ¼ und 1/10 Dollar lauteten, aus.

Hjalmar Schacht schrieb: »Dieses Geld wurde der Reichsbank förmlich aus der Hand gerissen. Rechtlich war zwischen den großen und den kleinen Goldanleihestücken kein Unterschied. Irgendeine Goldunterlage besaßen sie nicht, sondern waren rein auf ein

7. Der Dämon wird vertrieben – der Glaube an das Gold (1923 – 24)

Abb. 14: Notgeldschein. »Goldanleihe« als Währung. Die Illusion der Goldmark im November 1923, man beachte den Text!

Schuldversprechen des Reiches basiert.«[439] Es wurde nicht offiziell verlautbart, aber es war durchaus gewollt, dass der Eindruck entstand, eine Goldmark zu besitzen. Der Erfolg, schrieb Wilhelm Vocke, Mitglied des Reichsbank-Direktoriums, lag in der Kombination der Stabilisierung des Dollar-Kurse und der Rückkehr zum »alten« Kurs, der wieder lautete: 1 Dollar = 4,20 Mark, jetzt Rentenmark. Vocke gab zu: »*All das war eigentlich ein wohlgemeinter Bluff.*«[440]

Die Alchemisten im Elfenbeinturm – das Versagen der Wissenschaft

Die deutsche Universität, dieser »Gipfel der Menschheit und Geschichte«,[441] erwies sich als wenig hilfreich bei der Erklärung und Bekämpfung der Inflation. Unabhängig von der Ratlosigkeit der Professoren standen die Universitäten der politischen Ordnung nach 1918 ohnehin skeptisch, wenn nicht ablehnend gegenüber. An den Universitäten trafen enttäuschte Professoren, die immer noch hohes Ansehen genossen, aber nicht mehr die Mittel hatten, diesen Status auch zu repräsentieren, auf enttäuschte Studenten, die aus dem Krieg zurückkehrten und eine neue Welt fanden, für die sie nicht gekämpft hatten. Hinzu kam, dass die Professoren, die bis dahin eine herausgehobene Stellung innehatten, nun als normale Beamte eingestuft wurden. Die gesellschaftliche Führungsrolle, die bisher ein Privileg der akademischen Oberschicht war, ging mehr und mehr an Funktionsträger aus den Parteien, der Politik und der Wirtschaft über.[442]

Die Universitäten waren die Kaderschmiede des Bürgertums gewesen, das hier unter sich war. Die Bildungsbürger litten seit dem Krieg unter sinkendem Realeinkommen und dem Verlust aus den Kriegsanleihen.[443] Auch die Bestrebungen der Regierung, die Universität einer größeren Zahl von Menschen, vor allem aus der Arbeiterschicht, zugänglich zu machen, stieß dort auf wenig Gegenliebe. So wurden die Universitäten in der Weimarer Zeit zu Hochburgen der Republikfeindlichkeit.[444] Die Bereitschaft, die Politik zu unterstützen, indem Konzepte gegen die Inflation ausgearbeitet wurden, stieg dadurch vermutlich nicht.

Natürlich befasste man sich mit der Inflation und war bemüht, Erklärungen zu finden und daraus Möglichkeiten abzuleiten, wie diese Entwicklung unter Kontrolle gebracht werden könnte. Dabei wurde auch immer wieder die Frage diskutiert, ob das Geld mit Gold – oder anderen Werten – unterlegt sein müsse oder durch gesetzliche Regelungen gesteuert werden sollte. Der prominenteste Kritiker der Golddeckung war John Maynard Keynes, der den Goldstandard ein »*barbarisches Überbleibsel*« nannte und darauf hinwies, dass dieser in der Vergangenheit stets beiseitegeschoben worden war, wenn er in Krisenzeiten mit den Erfordernissen der Regierung kollidierte.[445]

Unter dem Eindruck der Inflation hatte diese Ansätze allerdings keine Chance: zu groß war der Wunsch nach einer festen, vertrauenswürdigen Bezugsgröße für das Geld und zu ausgeprägt war nach fast 10 Jahren der Geldentwertung das Misstrauen gegenüber dem Staat. Helfferich wies darauf hin, dass der Staat die Vorschriften zur Geldwert-Stabilität ändern und damit erneut eine Inflation auslösen könnte.[446] Auch Reichsbankpräsident Schacht betonte noch 1924 entschieden, dass sich die goldgedeckte Währung bewährt habe und

7. Der Dämon wird vertrieben – der Glaube an das Gold (1923–24)

lehnte den nominalistischen Ansatz – bei dem das Geldsystem durch gesetzliche Maßnahmen und die Überwachung der Reichsbank geregelt wird – rundweg ab.[447]

Bei der Suche nach Gründen für die Inflation und die Lösungsmöglichkeiten gingen die Ansätze der Wirtschaftsforscher weit auseinander: es gab die Vertreter der Zahlungsbilanztheorie,[448] die als Ursache der Inflation die steigenden Importpreise ausgemacht hatten und die Vertreter der Quantitätstheorie,[449] die die wachsende Geldmenge für die Inflation verantwortlich machten.[450] Für die Anhänger der Zahlungsbilanztheorie waren die Reparationszahlungen der Grund allen Übels, denn um die benötigten Devisen für die Zahlungen zu beschaffen, musste das Reich ständig Mark verkaufen. Eine Spekulation auf die fortgesetzte Schwäche der Mark war daher eine sichere Sache, eine »self-fulfilling theory« wie es die Banker nennen: man kaufte Dollars oder andere fremde Währung gegen Mark, wartete und verkaufte die Devisen, wenn die Mark weiter im Kurs gefallen war und man folglich mehr Mark zurückbekam.

Doch die Reparationszahlungen wurden kaum länger als ein Jahr in voller Höhe geleistet.[451] Allerdings sind Devisenkurse, wie Aktienkurse, von Erwartungen geprägt: solange die Alliierten auf Zahlung der Reparationen bestanden war es den Devisenhändler klar, dass die Mark fallen musste. Zudem waren da auch noch die Lebensmittel-Importe, die das Reich bezahlen musste. Die Markschwäche wurde also durch den fortgesetzten Devisenbedarf der Regierung verursacht und führte zu steigenden Importpreisen, die wiederum steigende Preise im Inland zur Folge hatten, die wiederum die Inflation anheizten. Neben den Importen trieben auch die sozialen Regelungen die Staatsverschuldung und belasteten das Vertrauen in die Mark.

Die Anhänger der Quantitäts-Theorie wiesen – zu Recht – auf die ständig steigende Geldmenge hin. Das war banal, das erkannte jeder. Die Frage war: wie den ständigen Geldstrom abstellen? Alle Erklärungen, so richtig sie auch waren, griffen zu kurz, weil sie keine Lösungen anboten. Die Wissenschaft fiel als Helfer bei der Bekämpfung der Inflation oder der Entwicklung einer Lösung aus. In einem waren sich die Anhänger der verschiedenen Inflationstheorien jedoch einig: das Grundübel war das Handelsbilanz-Defizit, verursacht durch Reparationen, Lebensmittel-Importe und die Restriktionen gegen deutsche Exporte. Doch wie mit dieser Last umgehen?

Der Tag danach – die neue Normalität

> Wie erlöst atmete auf, wer das neue Zahlungsmittel in die Hände bekam; man war froh, wieder festen Boden unter den Füßen zu spüren, und richtete sich auf der neuen Grundlage ein, mochte sie auch noch so eng und schmal sein.[452]

Der Spuk war endlich vorbei. Ab dem 22. November 1923 weigerte sich die Reichsbank, Notgeld in Mark zu tauschen, sodass die unkontrollierte Flut dieses Ersatz-Geldes stoppte und verschwand.[453] Allein in Frankfurt wurde Notgeld im Umfang (von Wert konnte man längst nicht mehr reden!) von über 5 Trillionen vernichtet bzw. vom Jugendamt als Altpapier eingesammelt. Der Papierwert kam den Schützlingen des Amtes zugute.

Doch mit dem Aufatmen kam auch die Ernüchterung. Als sich der Nebel der unzähligen Nullen verzogen hatte, wurde das Ausmaß der Verarmung sichtbar. Überall im Reich waren Ersparnisse vernichtet. Wertpapiervermögen, sowohl Kriegsanleihen wie auch die aufgeblähten Aktienkurse waren nur noch einen Bruchteil dessen wert, was man einstmals investiert hatte. Auch staatliche Anleihen wurden nur zu Bruchteilen des ursprünglichen Wertes zurückgezahlt. Für 100 alte Goldmark in Anleihen wurden 2,5 neue Goldmark zurückgezahlt! Und diese magere Entschädigung war nach der 3. Steuernotverordnung vom 14. Februar 1924 erst fällig, wenn sämtliche Reparationsforderungen erledigt seien.[454] Doch wann würde das je sein?

Eine dramatische Verarmung wurde sichtbar: 40 % der Frankfurter Bevölkerung waren auf die öffentliche Fürsorge angewiesen und in anderen Städten sah es nicht besser aus. Zugleich war das Vermögen der Stiftungen, die einen erheblichen Teil der sozialen Aufgaben

7. Der Dämon wird vertrieben – der Glaube an das Gold (1923 – 24)

wahrgenommen hatten, auf Restgrößen zusammengeschrumpft. Von 3 Mio. Mark, die vor dem Krieg das Kapital der wohltätigen Frankfurter Stiftungen ausgemacht hatten und von deren Zinsen den Bedürftigen geholfen werden konnte, waren ganze 580.000 Mark übrig, wenig mehr als ein Sechstel des ursprünglichen Kapitals. Die auf die Jugendfürsorge ausgerichteten Stiftungen hatten noch 42.000 ihrer früheren 365.000 Mark, etwas mehr als 10 %.[455] Die Stiftungen der Frankfurter Universität, die vor dem Krieg zusammen ein Vermögen von 2,5 Mio. Mark aufwiesen, waren auf 232.000 Mark reduziert.[456] Die Universität war finanziell am Ende und musste von der Stadt und dem Staat gerettet werden.

Ein großer Teil des Frankfurter Bevölkerung fand sich bei den »Minderbemittelten« wieder und erlebte nach der Inflation nun eine Deflation. Geld war knapp, die Zahl der Arbeitslosen stieg, Notstandsarbeiten wurden reduziert, die Arbeitslosen-Unterstützung ebenfalls. Die harten Zeiten schienen kein Ende zu nehmen, auch als die Unternehmen wieder einzustellen begannen. Denn die Preise waren immer noch hoch, das Vertrauen in das neue Geld noch nicht stabil und die Löhne waren niedriger als zuvor. Da die zerfallende Währung die Wirtschaft immer stärker belastet hatte – nur wer Dollars hatte, wurde beliefert, die wertlosen Zettel, auf denen irgendwelche absurden Marktbeträge gedruckt waren, wollte niemand mehr – war auch die Arbeitslosigkeit kontinuierlich angestiegen. Doch mit der Einführung der Rentenmark war das Elend nicht vorüber. Um die Währung stabil zu halten, war ein harter Sparkurs der öffentlichen Haushalte notwendig. Das schwächte zunächst die ohnehin von der Inflation gebeutelte Wirtschaft, und die Arbeitslosigkeit, die im ganzen Jahr 1923 gestiegen war, erreichte im Oktober in Preußen mit 24.100 einen neuen Höchststand. Im Januar waren erst 2.700 Personen ohne Arbeit gewesen.[457]

Der Gewinner der Inflation war der Staat. Kriegsschulden, die Kosten der Demobilisierung, die durch Kreditaufnahme und später durch reines Gelddrucken finanzierten Sozialleistungen, die Kosten des passiven Widerstandes im Ruhrgebiet – alles aufgelöst, weg! Die Kriegsschulden der Reichsregierung gegenüber der deutschen Bevölkerung sanken von 15,4 Mrd. Mark durch den Währungsschnitt von 1:1 Billion auf 15,4 Rentenpfennige.[458] Damit war die Reichsregierung im Inland entschuldet, die Entschädigung für die Kriegsanleihen von 2,50 Rentenmark für 100 alte Mark war ja erst später zu zahlen. Die Reparationszahlungen, die in Devisen zum Kurs von 1914 gezahlt werden mussten, belasteten jedoch immer noch das Reich. Trotzdem konnte der Finanzminister aufatmen, für den Moment wenigstens. Doch um die neue Währung stabil zu halten, musste auch er sparen – keine neuen Schulden bei der Reichsbank!

Deshalb gab es außer dem Finanzminister kaum jemanden, der aufatmen konnte, denn ebenso wie die Staatsschulden hatten sich die Ersparnisse der Menschen in Nichts aufgelöst. Es war ein bitterer Vermögensverlust für alle Sparer, nicht nur für die Privatanleger, sondern auch für Versicherungsgesellschaften, Stiftungen und Versorgungseinrichtungen, die bedeutende Mittel in Kriegsanleihen angelegt hatten. Die Universität Frankfurt hatte den größten Teil ihres Stiftungskapitals in Kriegsanleihen investiert und war jetzt finanziell am Ende (2,50 Rentenmark für 100 alte Goldmark!), nachdem die Inflation schon vorher große Unterstützungszahlungen der preußischen Regierung und der Stadt Frankfurt nötig gemacht hatte.[459] Auch andere Stiftungen steckten in vergleichbaren Problemen, sodass die Finanzierung sozialer, wissenschaftlicher und künstlerischer Aufgaben jetzt in kommunale und staatliche Hand überging. Und auch dort musste energisch gespart werden.

Doch auch die Substanzwerte, mit denen man sich vor den Auswirkungen der Inflation zu schützen versucht hatte, litten. Die Rücklagen für die Erhaltung von Immobilien waren bei Null, ebenso zahlreiche Aktienwerte, in die man auf der Suche nach Substanzwerten investiert hatte. Sie erwiesen sich vor dem Hintergrund der neuen, harten Währung und des strengen Sparkurses, der das Schuldenmachen erschwerte, als wenig solide. Der Aktienindex war von 1913 (= 100) auf 26,9 Billionen gestiegen und hatte manch einem das schöne Gefühl des Wohlstandes vermittelt, berechnet in Goldmark (umgerechnet über den Dollarkurs) war der Index jedoch von 100 bis 1919 auf 50 Zähler gefallen und dann auf 16,15 im Dezember

7. Der Dämon wird vertrieben – der Glaube an das Gold (1923–24)

1923. Die Aktionäre hatten – in neuer Währung gerechnet – über 80 % ihres investierten Kapitals seit dem Kriegsausbruch verloren![460]
Vor allem aber führte die Verpflichtung, das Budget auszugleichen, bei der öffentlichen Hand zu einem Stellenabbau von 25 % des Personals. Das bedeutete für 400.000 öffentlich Beschäftigte die Entlassung bzw. Frühpensionierung. Die verbliebenen Bediensteten mussten Lohnkürzungen von 30 % hinnehmen. Diese Kürzungen kamen zu dem ohnehin seit Kriegsausbruch gefallenen Reallohn hinzu. Zugleich wurde der Kreis der Berechtigten für die Erwerbslosen-Unterstützung eingeengt und die Leistungen wurden verringert. In der Wirtschaft wurde die wöchentliche Arbeitszeit von 48 auf 54 Stunden heraufgesetzt.[461] Dem konnten die Gewerkschaften, die nach dem Krieg großzügige Sozialleistungen für die Arbeiterschaft erreicht hatten, nichts entgegensetzen. Das Reich war verarmt, nur Arbeit und Verzicht boten eine Chance auf Besserung.

Doch nur durch diese Einschnitte konnte verhindert werden, dass der Staat sich aufs Neue verschulden musste und die Gelddruckerei wieder begann. Für die Betroffenen war es hart: nach 10 Jahren der Entbehrung wurde zunächst einmal nichts besser, sondern das ganze Elend schien weiterzugehen. Trotzdem wurde das Ende des Irrsinns begrüßt. Sebastian Haffner schrieb:[462]

> Die unglaubliche Mär begann eines Tages die Runde zu machen, es würde bald wieder Geld von beständigem Wert geben, und etwas später wurde es Wirklichkeit. Kleine hässliche grau-grüne Scheine mit dem Schriftzug ›eine Rentenmark‹. Wenn jemand sie zum ersten Mal in Zahlung gab, wartete er etwas erstaunt, um zu sehen, was geschehen würde. Es geschah nichts. Sie wurden tatsächlich angenommen und er erhielt seine Ware – Ware im Wert von einer Billion (das war der Umtauschkurs alter zu neuer Währung: 1 Billion alte Mark = 1 Rentenmark). Das gleiche geschah am nächsten Tag und am Tag danach, und am folgenden Tag. Unglaublich.

Es war ein gewagtes Experiment. Das Vertrauen in die Stabilität der neuen Währung durfte nicht erschüttert werden, die Geldmenge musste stabil gehalten werden. Eine Herausforderung für die Reichsbank, denn das plötzliche Versiegen der Geldflut setzte die Wirtschaft nun aufs Trockene, weshalb es keine Kredite mehr gab, die mit entwertetem Geld zurückgezahlt werden konnten. Die Schaumblase der Inflation war vorüber, aber Wirtschaft und Landwirtschaft mussten weiter produzieren und liefern können. Die Einführung der Rentenmark reichte nicht aus, um das Land mit genügend Zahlungsmitteln zu versorgen und so wurde eine Kapitalknappheit sichtbar, die das Vertrauen in die neue Währung verminderte. Der Kurs der Rentenmark an den Devisenmärkten fiel bis Februar 1924 um 15 %.[463]

Die Lösung war die Gründung einer Golddiskontbank. Wieder war es Gold, das dem Projekt Stabilität geben sollte! Und wieder gab es kein Gold, obwohl diesmal die Unterlegung zumindest näher an Gold herangerückt war. Die Bank basierte auf einem Kredit von 5 Mio. Pfund Sterling, den ein internationales Bankenkonsortium bereitstellte. Außerdem wurde ein Volumen von weiteren 10 Mio. Pfund Sterling zur Rediskontierung von Handelswechseln bereitgestellt.[464] Die Geschäftsbanken konnten also Wechsel, die auf Mark lauteten und die sie diskontierten, d. h. mit einem Abschlag auf den verbrieften Wert angekauft hatten, bei der Reichsbank einreichen – rediskontieren – und dafür Pfund Sterling erhalten. So entstand eine zusätzliche Kapitalbasis in Devisen auf der Grundlage tatsächlichen Warenhandels. Dazu war es notwendig, dass die Wirtschaft arbeitete und die Währung stabil blieb. Ein Balanceakt, denn die Wirtschaft brauchte Kredite um arbeiten zu können, die Geldbasis durfte dadurch aber nicht ausgeweitet werden, um die Stabilität der neuen Währung nicht zu gefährden. Der Plan ging auf. Ab April 1924 hat die Golddiskontbank der deutschen Wirtschaft durch Wechseldiskontierung den Gegenwert von rund 14 Mio. Pfund Sterling gewährt und damit den Wirtschaftskreislauf liquide gehalten.

Die Gründung der Golddiskontbank war erst spät erfolgt, denn die Diskussion um ihre Ausgestaltung hatte sich lange hingezogen. Das war nicht allein durch die unvermeidlichen Abstimmungsprozesse zwischen Regierung, Reichsbank und den Kapitalgebern der neuen Bank verursacht, sondern auch durch ein neues alliiertes Komitee, das sich nach der Hyperinflation gebildet hatte, um die Bemühungen um Preisstabilität in Deutschland zu unterstützen und für eine in

7. Der Dämon wird vertrieben – der Glaube an das Gold (1923–24)

Zukunft reibungslose Zahlung der Reparationen zu sorgen: das Dawes-Komitee.[465] Erstmals beteiligten sich die USA aktiv an der Ausarbeitung eines solchen Planes. Die US-Regierung hatte erkannt, dass die Stabilisierung der europäischen Wirtschaft nicht funktionieren konnte, wenn nicht die Inflation in Deutschland gestoppt und ein normaler Wirtschaftskreislauf sichergestellt würde.

Unter dem Vorsitz des Bankiers und früheren US-Generals Charles G. Dawes wurde ein Plan ausgearbeitet, der die Reparationszahlungen an der Leistungsfähigkeit der deutschen Wirtschaft orientierte. Wichtig war dabei vor allem, dass die Zahlung der fälligen Beträge teilweise in Mark erfolgen konnte. Damit waren jetzt die Empfängerländer selbst an der Stabilität des Devisenkurses der deutschen Mark interessiert und damit gezwungen, den Umtausch der Zahlungen in ihre eigene Währung entsprechend vorsichtig zu handhaben. Im Gegenzug musste die Unabhängigkeit der Reichsbank sichergestellt werden und die Reichsbank bekam einen 14-köpfigen »Generalrat« – eine Art Aufsichtsrat – vorangestellt, der aus fünf Vertretern der Siegermächte, zwei Neutralen sowie sieben Deutschen bestand. Außerdem wurde die Golddeckung der Reichsbank, zu der die Golddiskontbank gehörte, von einem ausländischen Kommissar überwacht. Die Golddeckung durfte nicht unter 40 % der von der Reichsbank ausgegebenen Geldmenge fallen. Das war höher als die 33 % Golddeckung, die vor dem Krieg als Sicherheit für die deutsche Währung vorgeschrieben waren. Man versuchte, zu alten Währungsverhältnissen und damit zur alten Währungsstabilität zurückzukommen!

Die Reparationen sollten von 1 Mrd. Mark 1924 bis 1928 auf 2,5 Mrd. Mark p. a. steigen. Damit diese auch bezahlt werden konnten, wurde das Kapital der Reichsbank durch eine internationale Anleihe über 800 Mio. Mark erhöht. Die Reparationen waren zu 55 % in Mark, der Rest in Sachleistungen aufzubringen. Es waren immer noch schwere Lasten, aber erstmalig war ein Zahlungsplan beschlossen worden, der die Erfüllung der alliierten Forderungen ermöglichte. Damit war am Ende der Inflationszeit endlich die finanzielle Vernunft eingekehrt und hatte die überzogenen, politisch motivierten Forderungen abgelöst. Durch den Dawes-Plan wurde auch die Ruhrbesetzung beendet. Die Verhandlungen des Reichsbankpräsidenten Schacht mit dem Dawes-Komitee zogen sich hin und der Kreditbedarf von Landwirtschaft und Industrie führte zu einer Aufblähung der Geldmenge. Die neue Rentenmark war bis Ende März 1924 bereits auf ein Volumen von mehr als 2 Mrd. Mark angewachsen. Die Preise begannen wieder zu steigen und der Kurs der Mark zum Dollar fiel. Das immer noch geringe Vertrauen in die neue Mark hatte zur Folge, dass Devisenreserven gehortet wurden und stattdessen Kredite in Mark aufgenommen wurden in der Erwartung, man könne auch diese Kredite bald in entwertetem Geld zurückzahlen.[466] So hatte es ja 10 Jahre lang funktioniert.

Zwar hatte die Reichsbank Richtlinien für die Kreditvergabe aufgestellt. So durfte Geld nur für Produktion und Handel, nicht aber für Devisenspekulation verliehen werden, doch nicht alle Marktteilnehmer hielten sich daran. Es wurden daher drastische Restriktionen eingeführt. Bei Verstoß gegen die Vorschriften wurden die betreffenden Unternehmen und Banken vom Zahlungsverkehr und von der Wechseldiskontierung ausgeschlossen, d. h. es wurden ihre wichtigsten Finanzierungsquellen blockiert. Der Protest war groß, aber Schacht rühmte sich, diesem Aufschrei standgehalten zu haben, bis die Regelungen von allen eingehalten wurden. Der größte Erfolg der drakonischen Maßnahmen war ein psychologischer: die Spekulation gegen die Mark hörte auf.[467]

Um ein Wiederaufleben der Spekulation auch in Zukunft zu verhindern, führte die Reichsbank die Kreditkontingentierung ein, d. h. Kredite wurden zugeteilt und waren nicht mehr frei verhandelbar. Schacht schreibt, diese Entscheidung habe ihm die Bezeichnung »Henker der Wirtschaft« eingebracht.[468] Der Vorwurf lautete, dass die Kreditrestriktionen an den Bedürfnissen der Wirtschaft vorbeigingen und den wirtschaftlichen Aufschwung behinderten. Doch für die Reichsbank stand die Stabilisierung der Mark im Vordergrund, Belastungen für die Wirtschaft wurden in Kauf genommen. Diese musste nun sehen, woher sie Liquidität bekam und notgedrungen ihre Vorräte auf den Markt bringen sowie die gehorteten Devisen der

7. Der Dämon wird vertrieben – der Glaube an das Gold (1923–24)

Reichsbank verkaufen. Beides war zurückgehalten worden, weil man mit steigender Inflation rechnete; jetzt trug es zur Normalisierung des Wirtschaftslebens bei. Das steigende Warenangebot stabilisierte die Preise, die Devisen stützten die Mark. Die Folge war, dass Anfang Juni 1924 die Vorschriften gelockert und die von der Wirtschaft benötigten Devisen durch die Reichsbank in voller Höhe zur Verfügung gestellt werden konnten. Die drastischen Maßnahmen führten dazu, dass der Gold- und Devisenbestand der Reichsbank von mageren 592 Mio. Mark im April auf 1,26 Mrd. Mark im August stieg.[469] Die Kapitalknappheit im Inland und die Kreditnot hatte zudem eine Intensivierung der Exportanstrengungen ausgelöst, wodurch sich das chronische Handelsbilanzdefizit im Sommer 1924 in einen Ausfuhrüberschuss verwandelte.[470]

Das Gelingen der Stabilisierung hatte jedoch einen hohen Preis: zahlreiche Unternehmen überlebten die Rosskur nicht, die Entwertung von Ersparnissen und Kapitalanlagen durch den Währungsschnitt machte das Ausmaß der Verarmung des gesamten Volkes deutlich. Schacht schrieb:[471]

> Das vor dem Kriege wohlhabende und blühende deutsche Volk war sich bewusst geworden, dass es auf den Stand der sechziger Jahre des vorigen Jahrhunderts zurückgeworfen war.

Krieg und Inflation hatten also den Wohlstandsgewinn von 60 Jahren vernichtet!

Es war nicht nur die Verarmung, auch soziale Errungenschaften wie der Achtstundentag wurden beseitigt. Angesichts der wachsenden Not und des drohenden Zusammenbruchs der Wirtschaft hatten die Gewerkschaften keine große Verhandlungsmacht mehr und mussten sich den Forderungen der Arbeitgeber nach Mehrarbeit beugen.[472] Auch die Verarmung des gesamten Mittelstandes, der seine Ersparnisse verloren hatte, wurde sichtbar, ebenso die Einkommensminderungen, die nicht nur die öffentlich Beschäftigten trafen. Doch die Not und die Angst vor dem Chaos ließen diese Opfer als das kleinere Übel erscheinen. Der Hunger, der in den Städten um sich griff, die Plünderungen, die von extremen politischen Gruppen noch angestachelt wurden, die »Proletarischen Hundertschaften« in Thüringen, die im Namen der Kommunistischen Partei losgezogen waren, um Lebensmittel zu beschlagnahmen und der Putschversuch Hitlers in München hatten zur Angst vor einer drohenden Anarchie geführt, die nun durch das stabile Geld verhindert werden konnte.

Es war ein Zeichen der inneren Stärke der Republik und der deutschen Gesellschaft, dass sie diese schwere Krise überstanden hat und bereit war, zusätzliche Entbehrungen auf sich zu nehmen, um in ein normales Leben zurückzufinden. Und diesmal glückte das Experiment: Gesellschaft und Politik erwiesen sich als stark genug, die Entbehrungen und Verluste durch die Währungsreform zu ertragen. Im Bereich von Wirtschaft und Finanzen hielt endlich wieder die Vernunft Einzug, nach 10 Jahren der überzogenen Erwartungen und Forderungen auf allen Seiten. In diesem schwierigen, aber hoffnungsvollen Umfeld begannen die fünf »Goldenen« Zwanziger Jahre, die bis zur Weltwirtschaftskrise 1929 dauerten.

8. Die Lehren aus der Inflation – das Geld bleibt das Schicksal

Der Staat, der nicht mehr in der Lage ist, den völligen Währungsverfall aufzuhalten und sich in dieser Beziehung bankrott erklärt, ... muss restlos alle Autorität und letzten Endes seine Existenzberechtigung verlieren.[473]

Diese Aussage, vor 100 Jahren formuliert, weist auf die größte Gefahr der Inflation hin: Vertrauensverlust. Die finanzielle Verarmung, die wirtschaftlichen Probleme, die sozialen Notlagen sind schwere Belastungen für die ganze Bevölkerung. Doch weit gefährlicher ist das sinkende Vertrauen in den Staat, dem nicht mehr zugetraut wird, die Aufgaben und Herausforderungen der Zeit zu bewältigen. Auch wenn die Bundesrepublik von »Weimarer Verhältnissen« weit entfernt ist, sollte diese Beobachtung ein Warnzeichen sein. Geld lässt sich wiederbeschaffen, die Wirtschaft wird erneut in Schwung kommen, die Situation heute ist von der vor 100 Jahren in vielerlei Hinsicht unterschieden, aber der Vertrauensverlust, der sich in den Stimmenzuwächsen extremer Parteien zeigt, ist ein Warnzeichen, das beachtet werden muss!

Das Vertrauen in den Staat drückt sich auch im Vertrauen in die Währung aus. Das Gefühl einer allgemeinen Teuerung, die im Geldbeutel spürbarer ist als es die offizielle Statistik ausdrückt, kann dieses Vertrauen untergraben. Der Versuch, schwindendes Vertrauen durch großzügige Finanzmittel aufzuhalten, wird auf Dauer nicht gelingen. Die großzügige Unterstützung durch soziale Leistungen in der Weimarer Republik, die Subventionierung unproduktiver Arbeitsstellen und der Versuch, durch immer mehr Schulden den Staat stabil zu halten, zieht Vergleiche mit der heutigen Situation geradezu an: ist es wirklich der richtige Weg, den Sozialstaat immer weiter

8. Die Lehren aus der Inflation – das Geld bleibt das Schicksal

auszubauen? So wichtig es ist, die schwachen Mitglieder der Gesellschaft zu unterstützen – die Maßnahmen müssen auch bezahlbar sein. Schulden sind nur die Verlagerung des Zahlungstermins in die Zukunft. Und staatliche Zuwendungen haben einen fatalen Gewöhnungseffekt. Nach kurzer Zeit werden sie als selbstverständlich genommen und im Zweifel wird mehr verlangt. Dass Politiker dazu neigen, den Wünschen der Wähler nachzugeben, statt ihnen unbequeme Wahrheiten zuzumuten, ist verständlich. Das führt aber dazu, dass neue Wohltaten, Unterstützungen und Erleichterungen ersonnen werden, welche die finanzielle Situation des Staates verschlechtern.

Die politische und finanzielle Situation ist heute strukturell anders als vor 100 Jahren. Die Notenbank ist unabhängig, die Verschuldung des Staates wird durch die Schuldenbremse zumindest verlangsamt, vor allem aber ist die historische Erfahrung der Inflation und ihrer entsetzlichen Folgen ein wesentlicher Teil der kulturellen Erinnerung der Deutschen. Noch heute reagiert die Bevölkerung sensibel auf steigende Inflationszahlen. Aber zugleich ist die Entwicklung von Preisen und Geldmenge nicht mehr eine nationale, sondern eine europäische Angelegenheit, das heißt, auf vielerlei unterschiedliche Einflussfaktoren muss Rücksicht genommen werden. So waren die Zinsen im Euroraum in den vergangenen Jahren niedriger als sie für die rein deutschen Verhältnisse hätten sein müssen. Die Folge war unter anderem ein Immobilienboom, der von niedrigen Zinsen lebte und der jetzt, da die Zinsen gestiegen sind, seine ungesunde Seite zeigt.

Wenn Geld vor allem Vertrauen bedeutet, ist Inflation ein Vertrauensverlust. Der Stabilität des Geldes wird nicht mehr geglaubt und es stellt sich die Frage, welche Folgen das haben kann. Die wirtschaftlichen und finanziellen Folgen sind berechenbar. Was aber sind die mentalen Folgen? Sie können erschreckend sein, wenn es nicht gelingt, das Vertrauen in die Stabilität des Geldes aufrecht zu erhalten. Stefan Zweig schrieb in seiner Autobiographie »Die Welt von Gestern«:[474]

8. Die Lehren aus der Inflation – das Geld bleibt das Schicksal

Nichts hat das deutsche Volk – dies muss immer wieder ins Gedächtnis gerufen werden – so erbittert, so hasswütig, so hitlerreif gemacht wie die Inflation.

Besteht die Gefahr einer Wiederholung? Ist die Teuerung, die an der Ladenkasse viel schneller vorangeht als in den offiziellen Statistiken, ein Grund für die Zweifel vieler Menschen an der Regierung, am »System«? Die Gefahr kommt von zwei Seiten: die Preisentwicklung kann relativ schnell an Fahrt aufnehmen, wenn die Produzenten und Händler Zweifel an der Stabilität des Geldes bekommen, und sie kann ebenso rasch Tempo aufnehmen, wenn die Verbraucher glauben, die Stabilität der Währung sei in Gefahr. Wenn die Inflation Lohnzuwächse »auffrisst«, wird das nicht jeder anhand der Statistik verfolgen, aber dass die Kaufkraft des Einkommens sinkt, spürt jeder. Dann genügen – das zeigen Protestaktionen aller Art – vergleichsweise geringfügige Anlässe, und der aufgestaute Unmut entlädt sich.

Inflation ist also nicht bloß Statistik. Inflation ist im Supermarkt, wo man merkt, alles wird immer teurer. Inflation ist, wenn Mieten unbezahlbar werden. Inflation ist, wenn sich das Gefühl einstellt, Heizen sei ein Luxus. Dabei spielt es keine Rolle, ob diese Eindrücke der rechnerischen Nachprüfung standhalten. Inflation ist nachlassendes Vertrauen. Und Vertrauen ist vor allem eine mentale und keine mathematische Angelegenheit.

Es ist daher nicht so wichtig, Zahlen zu vergleichen und erleichtert festzustellen, dass die Inflation keinen Grund zur Nervosität bietet. Viel wichtiger ist das Vertrauen in die Politiker und Notenbanker, die für Geld, Steuern, Soziales und Wirtschaftspolitik verantwortlich sind. Politik und Notenbanken müssen achtsam und vorsichtig mit diesem sensiblen Gut umgehen. Wohlgemerkt: Sie sollen nicht nur, sondern müssen, im eigenen Interesse und aus Verantwortung für die Gesellschaft. Weder eine laxe Geldpolitik, um die Wirtschaft schnell zu beleben, noch eine steigende Staatsverschuldung, um sich den Unbequemlichkeiten des Sparens zu entziehen, sind Wege zum Erfolg. Es gilt: Stabiles Geld ist die unverzichtbare Basis einer positiven

8. Die Lehren aus der Inflation – das Geld bleibt das Schicksal

Entwicklung von Einkommen, Wohlstand und eines soliden Staates, dem vertraut wird.

Anmerkungen

1 Solmssen, Georg, Deutsche Politik und Wirtschaft 1916–1933, Bd. 1, München 1934, S. 247.
2 Wallwitz, Georg von, Die große Inflation. Als Deutschland wirklich pleite war, Berlin 2021, S. 19; dagegen wird 1927 in Meyers Lexikon, 7. Auflage, 6. Bd., S. 434 dem Begriff fast eine ganze Spalte gewidmet und die Lebenshaltungskosten (1913 = 1; 1920 = 10; 1923 = 159 Mrd. Mark) gegenübergestellt.
3 Lewinsohn, Richard, Die Umschichtung der europäischen Vermögen, Berlin 1925, S. 12.
4 Statistisches Bundesamt, Statista 2024, Staatsverschuldung von Deutschland von 1950 bis 2023 (in Mrd. Euro). https://de.statista.com/statistik/daten/studie/154798/umfrage/deutsche-staatsverschuldung-seit-2003/
5 Bund der Steuerzahler, Schuldenuhr, https://www.steuerzahler.de/aktion-position/staatsverschuldung/dieschuldenuhrdeutschlands/?L=0.
6 Stockholm International Peace Research Institute (SIPRI), zit. nach: Statista 2024, Anteil der Militärausgaben am Bruttoinlandsprodukt (BIP) von Deutschland. https://de.statista.com/statistik/daten/studie/183106/umfrage/anteil-der-militaerausgaben-am-bip-in-deutschland/
7 Energiesysteme der Zukunft, BDI und DENA, Expertise bündeln, Politik gestalten – Energiewende jetzt! Essenz der drei Grundsatzstudien zur Machbarkeit der Energiewende bis 2050 in Deutschland, Berlin 2019, https://energiesysteme-zukunft.de/fileadmin/user_upload/Publikationen/PDFs/Gemeinsame_Empfehlungen_von_ESYS_BDI_und_dena.pdf, S. 16.
8 Bundesfinanzministerium, Monatsbericht Juli 2024, Berlin, https://www.bundesfinanzministerium.de/Monatsberichte/Ausgabe/2024/07/Inhalte/Kapitel-4-Wirtschafts-und-Finanzlage/4-3-entwicklung-des-bundeshaushalts-juni-2024.html#doc414782bodyText2.
9 Deutsche Wirtschafts Nachrichten, Berlin, 23.05.2013. http://deutsche-wirtschafts-nachrichten.de/2013/05/22/deutsche-schulden-koennen-nicht-mehr-durch-wachstum-abgebaut-werden/.
10 Zweig, Stefan, Die Welt von Gestern. Erinnerungen eines Europäers, Köln 2013, S. 417 f.
11 Haffner, Sebastian, Geschichte eines Deutschen. Die Erinnerungen 1914–1933, München 2000, S. 65 f.
12 Das Zitat in der Kapitelüberschrift stammt von Johann Wolfgang von Goethe, Faust I, es lautet vollständig: »Nach Golde drängt, am Golde hängt doch alles. Ach wir Armen!« Stuttgart 2000, Zeile 2802 ff. Heilbrunn, Ludwig, Eine Lebensskizze, Manuscript o. J., Institut für Stadtgeschichte Frankfurt (im folgenden: ISG), Chroniken, S5/249, S. 129.

13 Handelswechsel dienen der zeitversetzten Bezahlung einer Warenlieferung: der Käufer stellt den Wechsel über die Kaufsumme aus und verpflichtet sich gegenüber dem Verkäufer, diese Summe spätestens nach 90 Tagen zu zahlen. Der Verkäufer kann den Wechsel während dieser 90 Tage bei seiner Bank einreichen und erhält die Kaufsumme minus eines Abschlags gutgeschrieben (Diskontierung). Die Bank kann den Wechsel dann bei der Zentralbank einreichen und erhält von dieser die Wechselsumme minus den Diskont – wiederum vermindert durch einen Abschlag (Re-Diskontierung). Die Zentralbank legt den Wechsel dann bei Fälligkeit dem Käufer vor und erhält die volle Summe. Die Differenz zwischen dem um den Abschlag verminderten Re-Diskontierungs-Betrag und der vollen Summe, die vom Käufer gezahlt wird, ist der Gewinn der Zentralbank.
14 Metal production & Clio Infra & USGS. Zit. nach: https://ourworldindata.org/grapher/gold-production.
15 Borchardt, Knut, Die Münz- und Bankreform der Reichsgründungszeit, in: Deutsche Bundesbank (Hrsg.), Währung und Wirtschaft in Deutschland 1876–1975, Frankfurt am Main 1976, S. 21.
16 Taylor, Frederick, Inflation. Der Untergang des Geldes in der Weimarer Republik und die Geburt eines deutschen Traumas, München 2013, S. 23.
17 Hampe, Peter, Sozioökonomische und psychische Hintergründe der bildungsbürgerlichen Imperialbegeisterung, in: Vondung, Klaus (Hrsg.), Das wilhelminische Bildungsbürgertum. Zur Sozialgeschichte seiner Ideen, Göttingen 1976, S. 79.
18 Dilcher, Gerhard, Das Gesellschaftsbild der Rechtswissenschaft und die soziale Frage. in: Vondung, Klaus (Hrsg.), Das wilhelminische Bildungsbürgertum. Zur Sozialgeschichte seiner Ideen, Göttingen 1976, S. 56.
19 Kroll, Frank Lothar, Geburt der Moderne, Politik, Gesellschaft und Kultur vor dem Ersten Weltkrieg, Berlin 2013, S. 67.
20 Beim *Drei-Klassen-Wahlrecht* wählten die – nur männlichen – Wahlberechtigten, die die meisten Steuern zahlten, in der 1. Abteilung. Es wurden so viele Wahlberechtigte in diese erste Abteilung eingeteilt, bis ein Drittel des Steueraufkommens erreicht war. In die 2. Abteilung wurden diejenigen eingeteilt, die unter den verbleibenden Wahlberechtigten die größte Steuerleistung erbrachten, bis ein weiteres Drittel des Gesamtaufkommens erreicht war. Die übrigen Wahlberechtigten bildeten die 3. Abteilung. Dadurch war die politische Dominanz der wohlhabenden adeligen und bürgerlichen Schicht gewährleistet.
21 Das *Zensuswahlrecht* verlangte zur Erlangung der Wahlberechtigung z. B. in Frankfurt die preußische Staatsbürgerschaft, mindestens ein Jahr Aufenthalt in der Stadt, ein Einkommen von mindestens 700 Gulden (stieg bis zur Jahrhundertwende auf 1200 Mark) oder ein Wohnhaus bzw. ein Gewerbe mit mindestens zwei Gesellen. Wahlberechtigt waren nur Männer.
22 Kroll, Moderne., S. 76–79.
23 Lederer, Emil, Kapitalismus. Klassenstruktur und Probleme der Demokratie in Deutschland 1910–1940, Göttingen 1979, S. 82.
24 Lederer, Kapitalismus, S. 25 f.

25 Ringer, Fritz K., Die Gelehrten. Der Niedergang der deutschen Mandarine 1890-1933, München 1987.
26 Naumann, Michael, Bildung und Gehorsam. Zur ästhetischen Ideologie des Bildungsbürgertums. in: Vondung, Klaus (Hrsg.), Das wilhelminische Bildungsbürgertum. Zur Sozialgeschichte seiner Ideen, Göttingen 1976, S. 35.
27 Naumann, Bildung und Gehorsam, S. 52.
28 Wehler, Hans-Ulrich, Deutsche Gesellschaftsgeschichte, Bd. 3, Von der »Deutschen Doppelrevolution« bis zum Beginn des Ersten Weltkrieges, München 2008, S. 764.
29 Wehler, Gesellschaftsgeschichte, Bd. 3, S. 766.
30 Wehler, Gesellschaftsgeschichte, Bd. 3, S. 705.
31 Maly, Karl, Geschichte der Frankfurter Stadtverordnetenversammlung, Das Regiment der Parteien 1901-1933, Frankfurt 1995, S. 206.
32 Friedrich Meinecke nach: Gerwarth, Robert, Die größte aller Revolutionen. November 1918 und der Aufbruch in eine neue Zeit, München 2018, S. 128.
33 Das Zitat in der Überschrift stammt von Gian Giacomo Trivulzio, 1448-1518, Marschall von Frankreich. Auf die Frage des französischen Königs, was er für den Krieg gegen Mailand brauche, sagte er: »Drei Dinge, Majestät, muss man bereitstellen, Geld, Geld und außerdem Geld.« https://www.aphorismen.de/zitat/134432. Mann, Thomas, Gedanken im Kriege, in: Essays Bd. 2, Politik, Frankfurt 1983, S. 27.
34 Heilbrunn, Robert, 10 Nachtwachen, Lebenserinnerungen, Frankfurt 2000, S. 93, s. a. Heilbrunn, Lebensskizze, S. 136.
35 Heilbrunn, 10 Nachtwachen, S. 94.
36 Heilbrunn, Robert, Kaiserreich - Republik - Naziherrschaft, Hamburg 1947, S. 36: Die europäischen Mächte hatten ihre Rüstungsausgaben seit der Jahrhundertwende um 39 % (England), 50 % (Russland), 70 % (Deutschland) und 86 % (Frankreich) gesteigert.
37 Heilbrunn, Lebensskizze, S. 137.
38 Heilbrunn, 10 Nachtwachen, S. 96.
39 Taylor, Inflation, S. 22.
40 Winkler, Heinrich August, Geschichte des Westens, München 2016, S. 15.
41 Haller, Heinz, Die Rolle der Staatsfinanzen für den Inflationsprozess, in: Deutsche Bundesbank (Hrsg.), Währung und Wirtschaft, S. 115.
42 Zeidler, Manfred, Die deutsche Kriegsfinanzierung 1914 bis 1918 und ihre Folgen, in: Michalka, Wolfgang (Hrsg.), Der Erste Weltkrieg, Wirkung, Wahrnehmung, Analyse, München 1994, S. 423 f.
43 Zitiert nach Feldman, Gerald D., The Great Disorder. Politics, Economics, and Society in the German Inflation 1914-1924, New York 1996, S. 32.
44 Die Goldreserven der Reichsbank stiegen von 1914-18 um 10 % von 2 Mrd. auf 2,2 Mrd. Mark. S. hierzu: Deutsche Bundesbank (Hrsg.), Deutsches Geld- und Bankwesen in Zahlen 1876-1975, S. 36. Grund war die freiwillige Ablieferung von Gold seitens der Bevölkerung und die Übertragung des »Kriegsschatzes« von 200 Mio. Mark an die Reichsbank bei Kriegsausbruch - s. Deutsche Bundesbank (Hrsg.), Währung und Wirtschaft, S. 123 und Holtfrerich, Carl-Ludwig, Die Deutsche Inflation 1914-1923, Berlin/New York 1980, S. 100 und 110.

45	Eine Brosche oder einen Ring aus Eisen mit der Inschrift »Gold gab ich für Eisen« wurde zum Zeichen der patriotischen Gesinnung an diejenigen Frauen Preußens vergeben, die durch die Hergabe ihres Goldschmucks die Freiheitskriege gegen Napoleons Truppen unterstützten.
46	In heutiger Währung rund 1,8 Mio. Euro.
47	Frankfurter Nachrichten vom 16.12.14, »Gold für Eisen«, ISG A.02.01/S.–141.
48	Teupe, Sebastian, Zeit des Geldes. Die deutsche Inflation zwischen 1914 und 1923, Frankfurt 2022, S. 39.
49	Teupe, Zeit des Geldes, S. 40.
50	Verhandlungen des Reichstags, Bd. 306, 1914/1916, Berlin 1916, S. 9, http://daten.digitale-sammlungen.de/bsb00003402/image_20.
51	Statistisches Reichsamt, Zahlen zur Geldentwertung in Deutschland 1914–1923, Berlin 1925, S. 41.
52	Zeidler, Kriegsfinanzierung, S. 425.
53	Achterberg, Erich, Weitere fünfzig Jahre Industrie- und Handelskammer Frankfurt am Main: 1908–1958, Frankfurt am Main 1960, S. 37.
54	Die langfristigen Anleihen des Deutschen Reichs waren bis 1. Oktober 1924 unkündbar. Trotz des für Deutschland verlorenen Ersten Weltkrieges war die Tilgung der Anleihen dem Staat durch den Wertverlust der Mark von 1914 bis 1923 ohne Schwierigkeiten möglich. Die Zeichner der Kriegsanleihen erhielten praktisch nichts zurück, ihr dem Staat geliehenes Geld war verloren.
55	Helfferich, Karl, Der Weltkrieg. Bd. 2: Vom Kriegsausbruch bis zum uneingeschränkten U-Bootkrieg, Berlin 1919, S. 10.
56	Inflationserwartungen sind für die Entwicklung der Inflation wichtig. Erwarte ich Inflation, gebe ich mein Geld schneller aus, da es morgen weniger Kaufkraft hat, da die Preise steigen. Die Umlaufgeschwindigkeit des Geldes steigt und damit die Menge des Geldes, die verfügbar ist. Daher steigen die Preise tatsächlich – und die Inflationsbefürchtung bestätigt sich selbst.
57	Schäfer, Michael, Bürgertum in der Krise. Städtische Mittelklassen in Edinburgh und Leipzig 1890 bis 1930, Göttingen 2003, S. 194.
58	Molthagen, Dietmar, Das Ende der Bürgerlichkeit? Liverpooler und Hamburger Bürgerfamilien im Ersten Weltkrieg, Göttingen 2007, S. 131.
59	Bry, Gerhard, Wages in Germany 1871–1945, Princeton 1960, S. 198.
60	Bry, Wages, S. 200.
61	Feldman, Disorder, S. 80.
62	Bry, Wages, S. 74.
63	Frankfurter Zeitung vom 17.06.15, »Lage der Handwerker«.
64	Frankfurter Nachrichten vom 13.04.16, »Lage der Handwerker«.
65	Feldman, Disorder, S. 81.
66	Kocka, Klassengesellschaft, S. 71.
67	Wehler, Gesellschaftsgeschichte, Bd. 4, S. 77.
68	Kocka, Klassengesellschaft, S. 73.
69	Lederer, Kapitalismus, S. 81 f.

Anmerkungen

70 Wehler, Gesellschaftsgeschichte, Bd. 4, S. 79.
71 Feldman, Disorder, S. 84.
72 Spendenaufruf vom 08.08.1914, ISG, A.02.01./S-141.
73 Wehler, Gesellschaftsgeschichte, Bd. 4, S. 78.
74 Wehler, Gesellschaftsgeschichte, Bd. 4, S. 53.
75 Wehler, Gesellschaftsgeschichte, Bd. 4, S. 53 f.
76 Feldman, Disorder, S. 79.
77 Kriegssteuergesetz vom 21.06.1916, RGBl. S. 561, § 19, ISG A.02.01./U-418.
78 Verhandlungen der verfassunggebenden deutschen Nationalversammlung, Bd. 326, Berlin 1920, S. 92. Ansprache von Eugen Schiffer, Reichsminister der Finanzen, 8. Sitzung, Sonnabend, 15.02.1919. https://www.reichstagsprotokolle.de/Blatt2_wv_bsb00000010_00099.html.
79 Zu der Entwicklung der Fehlbeträge s. Holtfrerich, Inflation, S. 112.
80 Deutsche Bundesbank (Hrsg.), Währung und Wirtschaft, S. 131.
81 Die *Vaterlandspartei* forderte die Annexion Belgiens, des Erzbeckens von Briey und Longwy, die Annexion der französischen Kanalküste unter Einschluss der Normandie, die Annexion Luxemburgs, einen dominierenden Einfluss der deutschen Politik auf die Niederlande, ein geschlossenes Kolonialreich in Afrika unter Einschluss Belgisch-Kongos, die Schaffung eines von Deutschland abhängigen polnischen Staates, die Annexion der russischen Ostseegouvernements und Litauens, die Annexion von Teilen des westlichen Weißrusslands und der westlichen Ukraine, die Abtretung von Gibraltar, Malta und Zypern durch Großbritannien. Der *Alldeutsche Verband* (ADV) wollte eine mitteleuropäische Zollunion unter deutscher Hegemonie. Weiterhin sollten die Niederlande, die Schweiz, Liechtenstein, Belgien und die deutschbesiedelten Teile Österreich-Ungarns dem Deutschen Reich angegliedert werden. Frankreichs sollte teilweise unter deutsche Aufsicht gestellt werden und Russland die meisten Gebiete im Westen verlieren. Das britische Empire sollte zerschlagen werden. S. a. Fischer, Fritz, Griff nach der Weltmacht. Die Kriegszielpolitik des kaiserlichen Deutschland 1914/18, S. 120 f.
82 Appeal to Reason, März 1915, zit. nach: Ulrich, Bernd und Ziemann, Benjamin, Das soldatische Kriegserlebnis, in: Kruse, Wolfgang (Hrsg.), Eine Welt von Feinden. Der Große Krieg 1914–1918, Frankfurt am Main 1997, S. 127; vollständig: »Wenn Sie den Krieg lieben, ziehen Sie einen Graben im Garten, füllen ihn halb mit Wasser, kriechen hinein und bleiben dort einen Tag oder zwei ohne etwas zu essen; bestellen Sie sich weiter einen Geisteskranken, damit er mit ein paar Revolvern und einem Maschinengewehr auf Sie schieße, dann haben Sie etwas, das gerade so gut ist und Ihrem Land eine Menge Geld gespart.«
83 Moltke, Helmuth von, zit. nach: Über Strategie, in: Moltkes militärische Werke, Bd. 2, Berlin 1900, S. 291.
84 Wehler, Gesellschaftsgeschichte, Bd. 4, S. 295.
85 Gerwarth, Revolution, S. 128.
86 Kruse, Wolfgang, Krieg und Krise, Die Ausschaltung des freien Handels während des Ersten Weltkrieges 1914–1918, in: Haverkamp, Hans-Michael/Teuteberg, Hans-Jürgen, Unterm Strich. Von der Winkelkrämerei zum E-Commerce, Bramsche 2000, S. 182.

87 Feldman, Disorder, S. 55 f.
88 Frankfurter Wirtschaftsbericht für die Kriegsjahre 1914 bis einschließlich 1919, erstattet von der Handelskammer zu Frankfurt a. M., Frankfurt am Main 1920, S. 14.
89 Frankfurter Wirtschaftsbericht, S. 15.
90 Frankfurter Wirtschaftsbericht, S. 26.
91 Feldman, Disorder, S. 60.
92 Holtfrerich, Inflation, S. 84 f.
93 Wehler, Gesellschaftsgeschichte, Bd. 4, S. 74.
94 Frankfurter Wirtschaftsbericht, S. 94.
95 Frankfurter Wirtschaftsbericht, S. 98.
96 Drüner, Hans, Im Schatten des Weltkrieges. Zehn Jahre Frankfurter Geschichte von 1914–1924, Frankfurt am Main 1934, S. 71.
97 Drüner, Zehn Jahre, S. 30.
98 Drüner, Zehn Jahre, S. 73.
99 Drüner, Zehn Jahre, S. 80.
100 Drüner, Zehn Jahre, S. 119.
101 Regulski, Christoph, Klippfisch und Steckrüben. Die Lebensmittelversorgung der Einwohner Frankfurts am Main im Ersten Weltkrieg 1914–1918, Wiesbaden 2012, S. 28
102 Regulski, Klippfisch, S. 34 f.
103 Drüner, Zehn Jahre, S. 118.
104 Bry, Wages, S. 198.
105 Kopper, Christopher, Hjalmar Schacht. Aufstieg und Fall von Hitlers mächtigstem Bankier, München 2006, S. 52.
106 Verhandlungen des Reichstags, Bd. 306, 1914/1916, Berlin 1916, S. 230: 14. Sitzung am 20.08.1915, http://daten.digitale-sammlungen.de/bsb00003402/image_241.
107 Wallwitz, Inflation, S. 69.
108 Holtfrerich, Inflation, S. 80.
109 Regulski, Klippfisch, S. 173.
110 Drüner, Zehn Jahre, S. 170.
111 Drüner, Zehn Jahre, S. 186.
112 Drüner, Zehn Jahre, S. 199 f.
113 Drüner, Zehn Jahre, S. 203.
114 Drüner, Zehn Jahre, S. 215.
115 Drüner, Zehn Jahre, S. 216.
116 Mann, Klaus, In meinem Elternhaus, Hamburg 1984, S. 77.
117 Feldman, Disorder, S. 59.
118 Feldman, Disorder, S. 64.
119 Feldman, Disorder, S. 63.
120 Statistisches Handbuch der Stadt Frankfurt am Main 1906/1927, Frankfurt am Main 1928, S. 85.
121 Lyth, Peter J., Inflation and the merchant economy. The Hamburg Mittelstand, 1914–1924, Berg 1990, S. 55.
122 Feldman, Disorder, S. 63.

Anmerkungen

123 Wehler, Gesellschaftsgeschichte, Bd. 4, S. 71.
124 Zitate aus: Wehler, Gesellschaftsgeschichte, Bd. 4, S. 73.
125 Drüner, Zehn Jahre, S. 226 f.
126 Verhandlungen des Reichstages 1914–16, 14. Sitzung am 20.08.1915, S. 224, http://daten.digitale-sammlungen.de/bsb00003402/image_235.
127 Verhandlungen des Reichstages 1914–16, 14. Sitzung am 20.08.1915, S. 222, http://daten.digitale-sammlungen.de/bsb00003402/image_233. Staatssekretär Helfferich: »Ich gehe gleich *in medias res* und rekapituliere: bewilligt sind von Ihnen für den Krieg bisher folgende Beträge: zweimal 5 Milliarden Mark, einmal im August, das zweite Mal im Dezember vorigen Jahres, dann 10 Milliarden Mark im März dieses Jahres, also zusammen 20 Milliarden Mark. Mit dem Ihnen jetzt vorliegenden Nachtragskredit wird die Gesamtsumme der für den Krieg erforderlichen Mittel auf den gewaltigen Betrag von 30 Milliarden Mark gebracht werden.«
128 Verhandlungen der verfassunggebenden deutschen Nationalversammlung, Bd. 326, Berlin 1920, S. 92. Ansprache von Eugen Schiffer, Reichsminister der Finanzen, 8. Sitzung, Sonnabend, 15.02.1919. https://www.reichstagsprotokolle.de/Blatt2_wv_bsb00000010_00099.html.
129 Ferdinand Foch (1851–1929), der französische Feldmarschall und Oberkommandierende der alliierten Truppen im 1. Weltkrieg, sagte: »Das ist kein Frieden. Es ist ein Waffenstillstand auf 20 Jahre.« Zit. nach: Paul Reynaud, Mémoires, Bd. 2, S. 457.
130 US-Präsident Wilson hatte am 08.01.1918 vor dem US-Kongress 14 Punkte für eine europäische Friedensordnung genannt: 1. Offene, öffentlich abgeschlossene Friedensverträge und keinerlei geheime internationale Abmachungen. 2. Uneingeschränkte Freiheit der Schiffahrt auf den Meeren. 3. Möglichste Beseitigung aller wirtschaftlichen Schranken und Herstellung einer Gleichheit der Handelsbedingungen für alle Nationen. 4. Gegenseitige Bürgschaften für die Beschränkung der Rüstungen der Nationen. 5. Freier, unbefangener und völlig unparteiischer Ausgleich aller kolonialen Ansprüche. 6. Räumung des ganzen russischen Gebietes und ein Einvernehmen über alle auf Russland bezüglichen Fragen. 7. Belgien muss geräumt und wiederhergestellt werden. 8. Das ganze französische Gebiet muss geräumt und die besetzten Teile wiederhergestellt werden. 9. Berichtigung der Grenzen Italiens nach den genau erkennbaren Abgrenzungen der Volksangehörigkeit. 10. Die Völker Österreich-Ungarns sollen freieste Gelegenheit zu autonomer Entwicklung bekommen. 11. Rumänien, Serbien und Montenegro sollten geräumt, die besetzten Gebiete zurückgegeben werden. 12. Den türkischen Teilen des Osmanischen Reiches sollte eine unbedingte Selbständigkeit gewährleistet werden. Die Dardanellen sollten unter internationalen Bürgschaften als freie Durchfahrt für die Schiffe und den Handel aller Nationen dauernd geöffnet werden. 13. Ein unabhängiger polnischer Staat sollte errichtet werden; diesem Staat sollte ein freier und sicherer Zugang zur See geöffnet werden, und seine politische sowohl wie wirtschaftliche Unabhängigkeit sollte durch internationale Übereinkommen verbürgt werden. 14. Ein allgemeiner Verband der Nationen muss gegründet werden mit besonderen Verträgen zum Zweck gegensei-

tiger Bürgschaften für die politische Unabhängigkeit und die territoriale Unverletzbarkeit der kleinen sowohl wie der großen Staaten.
131 Nicholson, Harold, Friedensmacher 1919, Berlin 1933, S. 27; s. a. Lloyd George, David, The Truth About The Peace Treaties, London 1938, S. 462.
132 Baumgart, Winfried, Europäisches Konzert und nationale Bewegung. Internationale Beziehungen 1830–1878, Paderborn 1999, S. 126.
133 Nicholson, Friedensmacher, S. 85.
134 Die USA wurden kein Alliierter ihrer europäischen Verbündeten, sondern wählten den Status einer »Assoziierten Macht«, um ihre Unabhängigkeit zu wahren und sich nicht den Entscheidungen der europäischen Verbündeten unterordnen zu müssen. S. Tooze, Adam, Sintflut. Die Neuordnung der Welt 1916–1931, München 2014, S. 89.
135 Troeltsch, Ernst, Spectator-Briefe und Berliner Briefe (1919–1922), Berlin 2018, S. 106, Juni 1919, vollständig: »Das Traumland der Waffenstillstandsperiode, wo jeder sich ... die Zukunft phantastisch, pessimistisch oder heroisch ausmalen konnte, ist geschlossen.«
136 Büttner, Ursula, Weimar. Die überforderte Republik 1918–1933, Leistung und Versagen in Staat, Gesellschaft, Wirtschaft und Kultur, Stuttgart, 2008, S. 123.
137 Schulze, Hagen, Weimar. Deutschland 1927–1933, München 2004, S. 192.
138 MacMillan, Margaret, Paris 1919. Six Months that Changed the World, London 2019, S. 10.
139 MacMillan, Paris 1919, S. 33.
140 Nicholson, Friedensmacher, S. 25.
141 MacMillan, Paris 1919, S. 31.
142 Lloyd George, David, The Truth About The Peace Treaties, London 1938, S. 24.
143 Keynes, John Maynard, Krieg und Frieden, Die wirtschaftlichen Folgen des Vertrages von Versailles, Berlin 2014, S. 78.
144 Nicholson, Friedensmacher, S. 90.
145 Michaelis, Herbert u. a. (Hrsg.), Ursachen und Folgen. Vom deutschen Zusammenbruch 1918 und 1945 bis zur staatlichen Gestaltung Deutschlands in der Gegenwart, Bd. 2: Der militärische Zusammenbruch und das Ende des Kaiserreichs, Berlin 1958, Dokument 403, S. 381 f.
146 Krüger, Peter, Deutschland und die Reparationen 1918/19. Die Genesis des Reparationsproblems in Deutschland zwischen Waffenstillstand und Versailler Friedensvertrag, Stuttgart 1973, S. 37 f.
147 Akten der Reichskanzlei. Weimarer Republik, Das Kabinett Scheidemann (1919), bearbeitet von Hagen Schulze, Boppard am Rhein, 1971, Online-Version, Dokument 54b, https://www.bundesarchiv.de/aktenreichskanzlei/1919-1933/0000/sch/sch1p/kap1_2/para2_59.html. Die Annahme, Frankreich habe 20–30 Mrd. Francs abzuschreiben, war zu hoch gegriffen: die Forderungen Frankreichs an Russland betrugen rund 5 Mrd. Francs. S. Steinmeyer, Gitta, Die Grundlagen der französischen Deutschlandpolitik 1917–1919, Stuttgart 1979, S. 122.
148 Gebele, Hubert, Großbritannien und der Große Krieg, Regensburg 2009, S. 159.
149 Nicholson, Friedensmacher, S. 87.

150 Kraus, Hans-Christof, Versailles und die Folgen. Außenpolitik zwischen Revisionismus und Verständigung 1919–1933, Bonn 2014, S. 29.
151 Der Friedensvertrag zwischen Deutschland und den Alliierten und Assoziierten Mächten nebst dem Schlußprotokoll und der Vereinbarung betreffend die militärische Besetzung der Rheinlande, Amtlicher Text der Entente und amtliche deutsche Übertragung, Charlottenburg 1919, Teil 4, Abschnitt 1, S. 84.
152 Friedensvertrag, Teil 9, Art. 257, S. 154.
153 Friedensvertrag, Teil 8, Anlage 3, §§ 1–5, S. 128.
154 Friedensvertrag, Teil 10, Abschnitt 4, Anlage §§ 1–15, S. 184 ff. – von dieser Regelung profitierten vor allem die USA, die doppelt so viele deutsche Handelsschiffe in ihren Häfen beschlagnahmten wie sie im Krieg verloren hatten und Vermögen in Höhe von 425 Mio. US-Dollar (= 1,7 Mrd. Mark) einzogen. S. Kent, Bruce, The Spoils Of War, Oxford 1989, S. 67.
155 Bergmann, Carl, Der Weg der Reparation. Von Versailles über den Dawesplan zum Ziel, Frankfurt am Main 1926, S. 31 f.
156 Friedensvertrag, Teil 8, Anlage 7, S. 147.
157 Friedensvertrag, Teil 3, Abschnitt 5, Artikel, S. 153 und Teil 9, Artikel 255 1., S. 48.
158 Friedensvertrag, Teil 9, Artikel 260, S. 156.
159 Friedensvertrag, Teil 8, Anlage 2, § 10, S. 130. S. auch Lloyd George, Die Wahrheit, S. 37 f.
160 Friedensvertrag, Teil 8, Art. 233–234, S. 123 f.
161 Friedensvertrag, Teil 14, Art. 430, S. 257.
162 Friedensvertrag, Teil 8, Art. 235, S. 124. Schatzanweisungen sind Wertpapiere, die dem Gläubiger das Recht auf Verzinsung und Rückzahlung der dem Schuldner überlassenen Summe zusichern.
163 Friedensvertrag, Teil 8, Anlage 2, § 12 c) 1.–3., S. 131 f.
164 Friedensvertrag, Teil 8, Anlage 4, § 5, S. 141.
165 Blom, Philipp, Die zerrissenen Jahre. 1918–1938, München 2014, S. 23.
166 Konstantin Fehrenbach, zit. nach: Winkler, Heinrich August, Der lange Weg nach Westen, Bd. 1: Deutsche Geschichte vom Ende des Alten Reiches bis zum Untergang der Weimarer Republik, München 2014, S. 399 f.
167 Kopper, Schacht, S. 60.
168 Zu den Forderungen der Alldeutschen und der Vaterlandspartei s. Anmerkung 81.
169 Dieter Bruno Gescher, Die Vereinigten Staaten von Nordamerika und die Reparationen 1920–1924. Eine Untersuchung der Reparationsfrage auf der Grundlage amerikanischer Akten, Bonn 1956, S. 23.
170 Krüger, Reparationen, S. 59.
171 Krüger, Reparationen, S. 86.
172 Mautner, Wilhelm, Die Verschuldung Europas, Frankfurt 1923, S. 10.
173 Kolb, Eberhard, Der Frieden von Versailles, München 2005, S. 65.
174 Burnett, Philip Mason, Reparation at the Paris Peace Conference from the Standpoint of the American Delegation, New York 1965, Bd. 1, S. 26.

175 Burnett, Reparation, Bd. 1, S. 38. Die militärischen Kosten des Krieges wurden nach langen Diskussionen nicht eingefordert, weil die USA darauf hinwiesen, dass diese Forderung internationalem Recht widersprach, und Belgien darauf hinwies, dass unrealistisch hohe Forderungen nur zu geringeren Zahlungen an alle Sieger führen würden. S. Burnett, S. 29.
176 Burnett, Reparation, Bd. 1, S. 45.
177 Nicholson, Friedensmacher, S. 87.
178 Dieser Gedanke war unrealistisch, denn die alliierten Empfänger der deutschen Zahlungen hätten die Mark-Beträge in eigene Währung umtauschen müssen, um sie für ihre Zwecke nutzen zu können. Das aber hätte den Kurs der Mark geschwächt. Nur wenn die Mark-Beträge im deutschen Währungsgebiet geblieben wären um dort in Immobilien, Wertpapiere oder Industriebeteiligungen investiert zu werden, hätten sie den Wechselkurs der Mark gegenüber anderen Währungen nicht belastet. Eine Investition in Deutschland war aber nicht das Ziel der Alliierten – sie mussten ihre eigenen Finanzen sanieren.
179 Burnett, Reparation, Bd. 1, S. 49.
180 »Die Annuität ist die von Zinssatz und Laufzeit abhängige jährliche Zahlungsgröße, durch die ein anfänglicher Kreditbetrag während der Darlehenslaufzeit einschließlich Zinsen getilgt wird. Annuitäten bestehen aus einem Zins- und einem Tilgungsanteil. Während Zins- und Tilgungsanteil variieren, bleibt die Höhe der Annuität über die Laufzeit konstant.« https://wirtschaftslexikon.gabler.de/definition/annuitaet-27107
181 Trachtenberg, Marc, Reparation in World Politics. France and European Economic Diplomacy 1916–1923, New York 1980, S. 67 f.
182 Mautner, Verschuldung, S. 19.
183 Keynes, Krieg und Frieden, S. 115.
184 Tooze, Sintflut, S. 442.
185 Keynes, Krieg und Frieden, S. 94.
186 Trachtenberg, Reparation, S. 54.
187 Nicholson, Friedensmacher, S. 57.
188 Michaelis, Ursachen und Folgen, Bd. 2, Dokument 945, S. 281.
189 Trachtenberg, Reparation, S. 141 f.
190 Michaelis, Ursachen und Folgen, Bd. 3, Dokument 718, S. 357 ff.
191 Kent, Spoils, S. 93 ff.
192 Kent, Spoils, S. 100.
193 Bergmann, Reparation, S. 63.
194 Gomes, Leonard, German Reparations 1919–1932. A Historical Survey, New York 2010, S. 56.
195 Lloyd George, Truth, S. 77.
196 Bergmann, Reparation, S. 66.
197 Bergmann, Reparation, S. 69.
198 Bergmann, Reparation, S. 73.
199 Michaelis, Ursachen und Folgen, Bd. 4, Dokument 949, S. 305.
200 Bergmann, Reparation, S. 72.

Anmerkungen

201 Bergmann, Reparation, S. 75.
202 Lloyd George, Truth, S. 46.
203 Gescher, USA und Reparationen, S. 53.
204 Bergmann, Reparation, S. 98.
205 Bergmann, Reparation, S. 99.
206 Michaelis, Ursachen und Folgen, Bd. 4, Dokument 961, S. 350f.
207 Gomes, German Reparations, S. 60 f.
208 Gomes, German Reparations, S. 51.
209 Bergmann, Reparation, S. 104.
210 Nicolson, Friedensmacher, S. 13.
211 Das Zitat in der Kapitelüberschrift stammt von Ewald Hilger, Bergwerksdirektor, und lautet vollständig: »Jetzt kommt es aufs Geld nicht an ... wir müssen zunächst sehen, wie wir über das Chaos hinüberkommen.« Zit. nach: Bieber, Hans-Joachim, Gewerkschaften in Krieg und Revolution. Arbeiterbewegung, Industrie, Staat und Militär in Deutschland 1914–1920, Hamburg 1981, S. 610. Wladimir Iljitsch Lenin soll das gesagt haben, als man ihm mitteilte, wie friedlich die Revolution im Deutschen Reich ablief; zit. nach: Wallwitz, Inflation, S. 74.
212 Waffenstillstand 1918–1919, herausgegeben im Auftrage der Deutschen Waffenstillstands-Kommission, Bd. 1, Berlin 1928, S. 31.
213 Bergmann, Reparation, S. 19.
214 Michaelis, Ursachen und Folgen, Bd. 2, Dokument 457 XIX, S. 482ff.
215 Troeltsch, Spectator-Briefe, S. 80.
216 Gerwarth, Revolution, S. 134.
217 Carl Duisberg, zit. nach: Feldman, Gerald D., Vom Weltkrieg zur Weltwirtschaftskrise. Studien zur deutschen Wirtschafts- und Sozialgeschichte 1914–1932, Göttingen 1984, S.182.
218 Altmaier, Jakob, Frankfurter Revolutionstage, Frankfurt 1919, S. 8.
219 Altmaier, Revolutionstage, S. 14.
220 Troeltsch, Spectator-Briefe, November 1918.
221 Graf Kessler, Harry, Tagebücher, Bd. 6, Stuttgart 2006, S. 624.
222 Schäfer, Bürgertum, S. 227.
223 Der Hansabund wollte das Bürgertum aus seiner »grenzenlosen und bedauernswerten politischen Apathie« aufwecken, »die bisher der Landwirtschaft die Hoheit in der Politik gesichert hat, obwohl die wirtschaftliche Vorherrschaft längst bei Industrie und Handel liegt.« (Aus dem Bericht über die Gründung des Hansabundes am 12. Juni 1909, S. 18, ISG, S1/928.)
224 Schäfer, Bürgertum, S. 54.
225 Schäfer, Bürgertum, S. 64.
226 Akten zur deutschen Auswärtigen Politik 1918–1945. Aus dem Archiv des Auswärtigen Amtes, Serie A, 1918–1925, Bd. 1, Göttingen 1982, Dokument 23, S. 37.
227 Hoover, Herbert, Memoiren 1874–1920, Mainz 1951, S. 259.
228 Hoover, Memoiren, S. 300.

229 Wir erinnern uns: die Waffenstillstandsabkommen galten stets nur für vier Wochen; das erlaubte den Alliierten die immer wiederholte Drohung, die Kampfhandlungen wieder aufzunehmen und ins Reich einzumarschieren, was die geschlagene und bereits teilweise demobilisierte deutsche Armee nicht hätte verhindern können.
230 Schwabe, Klaus, Deutsche Revolution und Wilson-Friede, Düsseldorf 1971, S. 355.
231 Haupts, Leo, Deutsche Friedenspolitik 1918–19, Düsseldorf 1976, S. 239.
232 Kruse, Feinde, S. 76.
233 Schwabe, Revolution, S. 142.
234 Schwabe, Revolution, S. 232.
235 Schwabe, Revolution, S. 261 f.
236 Die Alliierten und die USA besetzten Teile des linksrheinischen Reichsgebietes.
237 MacMillan, Paris 1919, S. 159.
238 Schwabe, Revolution, S. 373.
239 Frankfurter Zeitung vom 11. November 1918.
240 Emrich, Willi, Ein Vierteljahrhundert Stadtgeschichte Frankfurt am Main 1919–1945, maschinenschriftlich o. J., S. 10 ff., ISG, S6a, 109
241 Mühlhausen, Walter, Revolution über Hessen. Demokratiegründung 1918/19, Wiesbaden 2018, S. 15.
242 Regulski, Klippfisch, S. 306.
243 Regulski, Klippfisch, S. 295.
244 Regulski, Klippfisch, S. 281.
245 Krüger, Reparationen, S. 59.
246 Wehler, Gesellschaftsgeschichte, Bd. 4, S. 245.
247 Specht, Agnete von, Politische und wirtschaftliche Hintergründe der deutschen Inflation 1918–1923, Frankfurt 1982, S. 12.
248 Troeltsch, Spectator-Briefe, S. 80.
249 Verhandlungen der verfassunggebenden deutschen Nationalversammlung, Bd. 326, Berlin 1920, S. 92. Ansprache von Eugen Schiffer, Reichsminister der Finanzen, 8. Sitzung, Sonnabend, 15.02.1919, https://www.reichstagsprotokolle.de/Blatt2_wv_bsb00000010_00099.html.
250 Knortz, Heike, Wirtschaftsgeschichte der Weimarer Republik. Eine Einführung in die Ökonomie und Gesellschaft der ersten Deutschen Republik, S. 38.
251 Feldman, Disorder, S. 115.
252 Kerstingjohänner, Helmut, Die deutsche Inflation 1919–1923. Politik und Ökonomie, Berlin 2001, S. 84; als Assignatenwirtschaft bezeichnet man die unkontrollierte Vermehrung von Papiergeld; der Ausdruck entstand in der Französischen Revolution, als das eingezogene Kirchenvermögen zur Deckung für das neue Papiergeld, die Assignaten, diente. Durch den Druck immer neuen Geldes verloren die Assignaten schnell ihren Wert und die Akzeptanz in der Bevölkerung.
253 Im Stinnes-Legien-Abkommen, benannt nach dem Industriellen Hugo Stinnes und dem Vorsitzenden der Generalkommission der Gewerkschaften Deutschlands Carl Legien, erkannten die Arbeitgeberverbände die Gewerkschaften als Vertretung der Arbeitnehmer und als Verhandlungspartner bei Tarifabschlüssen an.

Anmerkungen

254 Akten der Reichskanzlei. Weimarer Republik, Das Kabinett Scheideman, Dokument 54b. https://www.bundesarchiv.de/aktenreichskanzlei/1919-1933/0000/sch/sch1p/kap1_2/para2_59.html. Die Kosten für Demobilisierung, Pensionen, Lebensmittelhilfen und Arbeitslosenunterstützung (ohne Zinsen für Kriegsanleihen) verschlangen im Fiskaljahr 1919-20 8,6 Mrd. Mark, mehr als doppelt so viel als die gesamten Sozialkosten des Reiches 1913 betragen hatten. S. auch Kent, Spoils, S. 59.
255 Feldman, Disorder, S. 133.
256 Lewinsohn, Umschichtung, S. 13 ff.
257 Knortz, Demobilisierung, S. 47.
258 Krüger, Reparationen, S. 86.
259 Büttner, Weimar, S. 133.
260 Frankfurter Wirtschaftsbericht, S. 152
261 Drüner, Zehn Jahre, S. 383.
262 Emrich, Stadtgeschichte, S. 26.
263 Drüner, Zehn Jahre, S. 386.
264 Feldman, Gerald D., Vom Weltkrieg zur Weltwirtschaftskrise, S. 89.
265 Holtfrerich, Inflation, S. 232.
266 Drüner, Zehn Jahre, S. 344.
267 Gerwarth, Revolution, S. 192.
268 Feldman, Disorder, S. 104.
269 Die Zentrale für private Fürsorge war eine vom Industriellen Wilhelm Merton (Metallgesellschaft) 1898 gegründete Organisation, um die verschiedenen sozialen Einrichtungen in Frankfurt zu koordinieren und ihre Leistungsfähigkeit zu verbessern.
270 Knortz, Demobilisierung, S. 25.
271 Feldman, Vom Weltkrieg zur Weltwirtschaftskrise, S. 95.
272 Feldman, Vom Weltkrieg zur Weltwirtschaftskrise, S. 99.
273 Feldman, Vom Weltkrieg zur Weltwirtschaftskrise, S. 96.
274 Frankfurter Wirtschaftsbericht, S. 167.
275 Frankfurter Wirtschaftsbericht, S. 169.
276 Holtfrerich, Inflation, S. 201.
277 Drüner, Zehn Jahre, S. 358 f.
278 Drüner, Zehn Jahre, S. 363 ff.
279 Generalanzeiger vom 04.02.1919, ISG, Chroniken S5/631.
280 Drüner, Zehn Jahre, S. 361.
281 Drüner, Zehn Jahre, S. 409.
282 Haller, Staatsfinanzen, S. 138.
283 Kerstingjohänner, Inflation, S. 80.
284 Kerstingjohänner, Inflation, S. 86, s. auch Frankfurter Zeitung: »Vom Wesen der Inflation«, 09.08.1919, Nr. 585; 16.08.1919, Nr. 604; 20.09.1919, Nr. 701; Vorwärts vom 01.01.1919; Vossische Zeitung vom 21.12.1919, Nr. 649.
285 Kerstingjohänner, Inflation, S. 90.
286 Schacht, Hjalmar, Die Stabilisierung der Mark, Stuttgart 1927, S. 25.
287 Feldman, Disorder, S. 161.

288 Kerstingjohänner, Inflation, S. 176.
289 Kerstingjohänner, Inflation, S. 168.
290 Steuern in % des Brutto-Inlandsprodukts (BIP; das ist die Summe aller in einem Jahr im Land hergestellten Waren und Dienstleistungen abzüglich der Vorleistungen).
291 Haller, Staatsfinanzen, S. 139. Die Steuerquote der Bundesrepublik im Jahr 2020 betrug 23 %, ein Wert, der mit geringen Schwankungen über Jahre stabil geblieben ist, s. BMF-Monatsbericht November 2022, Übersichten zur finanzwirtschaftlichen Entwicklung, https://www.bundesfinanzministerium.de/Monatsberichte/2022/11/monatsbe richt-11-2022.html.
292 Statistisches Reichsamt (Hrsg.), Deutschlands Wirtschaftslage unter den Nachwirkungen des Weltkrieges, Berlin 1923, S. 47.
293 Feldman, Disorder, S. 162.
294 Knortz, Demobilisierung, S. 50.
295 Stein, Adolf, Berichte von der Reichstagstribüne, zit. nach: Schulz, Rainer V., Die Inflation explodiert. Eine Chronik nach Presseberichten, Berlin 2020, S. 153.
296 Alexander Helphand, zit. nach: Schulz, Die Inflation explodiert, S. 156.
297 Holtfrerich, Inflation, S. 67.
298 Frankfurter Zeitung vom 22.02.1923, »Die hohe Inflation unterminiert die Grundlagen des Steuerstaats«.
299 Reulecke, Städtische Finanzen, in: Feldman, Gerald D. (Hrsg.), Die Nachwirkungen der Inflation auf die deutsche Geschichte 1924–1933, München 1985, S. 98.
300 Das Zitat in der Kapitelüberschrift stammt von Johann Wolfgang von Goethe, Egmont, 2. Akt, und lautet vollständig: »Wie von unsichtbaren Geistern gepeitscht, gehen die Sonnenpferde der Zeit mit unsers Schicksals leichtem Wagen durch; und uns bleibt nichts, als mutig gefasst die Zügel festzuhalten, und bald rechts, bald links, vom Steine hier, vom Sturze da, die Räder wegzulenken. Wohin es geht, wer weiß es? Erinnert er sich doch kaum, woher er kam.« zit. nach: Solmssen, Deutsche Politik und Wirtschaft 1916–1933, S. 71.
301 Drüner, Zehn Jahre, S. 413.
302 Drüner, Zehn Jahre, S. 414.
303 Drüner, Zehn Jahre, S. 454.
304 Ärztliches Vereinsblatt Nr. 1175 v. 09.12.1918; zit. nach: Bieber, Hans-Joachim, Bürgertum in der Revolution. Bürgerräte und Bürgerstreiks in Deutschland 1918–1920, Hamburg 1981, S. 100.
305 Mann, Thomas, Über mich selbst. Autobiographische Schriften, Frankfurt 1994, S. 372.
306 Statistisches Reichsamt, Wirtschaftslage, S. 43.
307 Statistisches Reichsamt, Wirtschaftslage, S. 40.
308 Peukert, Detlef J. K., Die Weimarer Republik. Krisenjahre der klassischen Moderne, Frankfurt am Main 1993, S. 75.
309 Widdig, Bernd, Culture and inflation in Weimar Germany, Berkeley 2001, S. 72.
310 Widdig, Culture, S. 72.
311 Frankfurter Nachrichten vom 18.01. und vom 02.02.1919, ISG, S5/631.
312 Mann, Klaus, Der Wendepunkt, Hamburg 1984, S. 170.

Anmerkungen

313 Kocka, Jürgen, Angestellte im europäischen Vergleich. Die Herausbildung angestellter Mittelschichten seit dem späten 19. Jahrhundert, Göttingen 1981, S. 147.
314 Wehler, Gesellschaftsgeschichte, Bd. 4, S. 295.
315 Widdig, Culture, S. 12.
316 Widdig, Culture, S. 57.
317 Kracauer, Siegfried, Das bunte Frankfurt. Ausgewählte Reportagen und Feuilletons, Frankfurt 2013, S. 46 f.
318 Peukert, Weimarer Republik, S. 76.
319 Schäfer, Bürgertum, S. 15 f.
320 Statistisches Reichsamt, Geldentwertung, S. 43.
321 Statistisches Reichsamt, Geldentwertung, S. 33.
322 Statistisches Reichsamt, Geldentwertung, S. 41.
323 Statistisches Handbuch der Stadt Frankfurt am Main 1906/1927, S. 452 und eigene Berechnung.
324 Widdig, Culture, S. 178.
325 Prinz, Michael, Vom neuen Mittelstand zum Volksgenossen. Die Entwicklung des sozialen Status der Angestellten von der Weimarer Republik bis zum Ende der NS-Zeit, München 1986, S. 43.
326 Soziale Praxis 34. Jg. 1925, Nr. 31, zit. nach: Prinz, Neuer Mittelstand, S. 45.
327 Widdig, Culture, S. 105. Vor dem Ersten Weltkrieg war dagegen die Vorstellung eines kontinuierlichen Fortschritts der Menschheitsgeschichte verbreitet.
328 Mann, Thomas, Tagebücher 1918–21, Frankfurt 2003, S. 418.
329 Widdig, Culture, S. 134.
330 Canetti, Elias, Masse und Macht, Frankfurt 1980, S. 217.
331 Troeltsch, Spectator-Briefe, S. 232, Februar 1920.
332 Die Reichsbank 1901–1925, Berlin 1925, S. 69.
333 Feldman, Disorder, S. 158.
334 Bresciani-Turroni, Costantino, The Economics of Inflation. A Study of Currency Depreciation in Post-War Germany, 1914–1923, Florenz 2013, S. 166.
335 Büttner, Weimar, S. 298.
336 Heilbrunn, Lebensskizze, S. 125.
337 Vgl. Anmerkung 180.
338 Trachtenberg, Reparation, S. 67 f.
339 Die Kriegskosten der Alliierten und der USA betrugen 164 Mrd. US-Dollar, wovon 24 Mrd. Kredite abgezogen werden müssen, die sich die Alliierten untereinander gewährt hatten. Es kamen jedoch 2,4 Mrd. US-Kredite nach Kriegsende hinzu (zum Vergleich: die Kriegskosten der Achsenmächte lagen bei 83 Mrd. US-Dollar), s. Mautner, Verschuldung, S. 10 und 19.
340 Bresciani-Turroni, Economics, S. 230.
341 Feldman, Weltkrieg, S. 60.
342 Taylor, Inflation, S. 155 und 165.
343 Statistisches Reichsamt, Wirtschaftslage, S. 43.
344 Kerstingjohänner, Inflation, S. 110.

345 Feldman, Disorder, S. 386.
346 Feldman, Disorder, S. 394.
347 Feldman, Disorder, S. 409.
348 Kerstingjohänner, Inflation, S. 334.
349 Kerstingjohänner, Inflation, S. 339.
350 Frankfurter Zeitung vom 30.12.1922, »Ein Jahr des Zerfalls«.
351 Statistisches Reichsamt, Geldentwertung, S. 6.
352 Feldman, Disorder, S. 400.
353 Statistisches Reichsamt, Wirtschaftslage, S. 22.
354 Holtfrerich, Inflation, S. 305.
355 Holtfrerich, Inflation, S. 185.
356 Büttner, Weimar, S. 177 ff.
357 Holtfrerich, Inflation, S. 259.
358 Tabelle und Daten aus: Statistisches Reichsamt, Geldentwertung, S. 6.
359 Frankfurter Wohlfahrtsblätter Nr. 8 vom 01.11.1922, S. 120, »Verkaufsvermittlung von Wertgegenständen aus Privatbesitz«, ISG, A.51.01
360 Teupe, Zeit des Geldes, S. 127.
361 Feldman, Disorder, S. 442.
362 Kerstingjohänner, Inflation, S. 356.
363 Kerstingjohänner, Inflation, S. 341.
364 Überschlägige eigene Berechnung auf Basis der Tabelle.
365 Taylor, Inflation, S. 146.
366 Kerstingjohänner, Inflation, S. 230.
367 Feldman, Weltkrieg, S. 59.
368 Feldman, Disorder, S. 394.
369 Haffner, Geschichte, S. 59 f.
370 Die Großhandelspreise waren im Krieg nicht reglementiert und liefern daher ein »echtes« Bild der Preisentwicklung ab 1914.
371 Frankfurter Zeitung vom 24.12.1922, »Währungselend I«.
372 Mann, Wendepunkt, S. 169.
373 Frankfurter Zeitung vom 29.12.22 »Währungselend IIIa«, ISG, A/20.03.
374 Lewinsohn, Umschichtung, S. 32.
375 Frankfurter Nachrichten vom 09.04.1922, »Der deutsche Ausverkauf«.
376 Protokoll der Bürger-Ausschuss-Sitzung vom 10.04.1922, »Ausverkauf an Ausländer«, ISG, W2-5/1032.
377 Hemingway, Ernest, Gesammelte Werke, Hamburg 1977, Bd. 10, S. 32 (»Inflation in Deutschland«, in: Toronto Star, 19.09.1922).
378 Hemingway, Werke Bd. 10, S. 26 (»Deutsche Gastwirte«, in: Toronto Star, 05 09.1922).
379 Haffner, Geschichte, S. 58.
380 Frankfurter Zeitung vom 07.01.1923, »Wie die Deutschen leben«.
381 Frankfurter Zeitung vom 31.12.1922.
382 Vorwärts vom 05.11.1923, zit. nach: Schulz, Chronik, S. 225.
383 Frankfurter Zeitung vom 23.01.1923, »Vom Niedergang unserer Lebenshaltung«.

Anmerkungen

384 Frankfurter Zeitung vom 18.01.1923, »Eier nur Mittags«.
385 Frankfurter Zeitung vom 07.01.1923, »Wie die Deutschen leben«.
386 Manchester Guardian vom 27.11.1923, zit. nach: Taylor, Inflation, S. 322.
387 Vocke, Wilhelm, Memoiren, Stuttgart 1973, S. 87 f.
388 Schacht, Stabilisierung, S. 52.
389 Zweig, Die Welt von Gestern, S. 385.
390 Report by Mrs. Kathleen Jones, sent by Lord D'Abernon, May 16, 1922, zit. nach: Feldman, Disorder, S. 548.
391 Feldman, Disorder, S. 169.
392 Feldman, Disorder, S. 186 ff.
393 Reichsbank 1901–1925, S. 69.
394 Kerstingjohänner, Inflation, S. 362.
395 Kerstingjohänner, Inflation, S. 168.
396 Feldman, Disorder, S. 714. Die Industrie sah in strengen Steuerregeln und Devisenverordnungen die Vorstufe zur »proletarischen Sozialisierung«.
397 Feldman, Disorder, S. 186 und 193.
398 Frankfurter Zeitung vom 24.12.1922, Währungselend, »Die internationale Schutzzollwelle«.
399 Der Vertrag von Rapallo wurde am 16. April 1922 zwischen dem Deutschen Reich und der Russischen Sozialistischen Föderativen Sowjetrepublik geschlossen. Der Vertragsschluss fand am Rande der Finanz- und Wirtschaftskonferenz von Genua, im kleinen Badeort Rapallo, statt. Deutschland und die UdSSR verzichteten auf Entschädigungen von Kriegsschäden und vereinbarten gegenseitige Handelsbegünstigungen. Bei den Siegern des Krieges rief die unerwartete Zusammenarbeit der beiden »Parias« der europäischen Politik großes Misstrauen hervor. Vgl. Winkler, Heinrich August, Geschichte des Westens, S. 293 f.
400 Frankfurter Zeitung vom 24.12.1922, Währungselend, »Der Sturz der Mark. Die Verwirrung der Reichsfinanzen«.
401 Schiller, Friedrich, Wallenstein I, Die Piccolomini, V.1.
402 Frankfurter Zeitung vom 24.12.1922, Währungselend, »Handelsbilanz und Zahlungsbilanz«.
403 Frankfurter Zeitung vom 24.12.1922, Währungselend.
404 Goethe, Johann Wolfgang von, »Beherzigung«, http://www.zeno.org/nid/20004839390.
405 Frankfurter Zeitung vom 29.12.1922, Erstes Morgenblatt, Währungselend, »Der Kampf um die Mark im Innern«.
406 S. dazu Feldman, Gerald D./Homburg, Heidrun, Industrie und Inflation. Studien und Dokumente zur Politik der deutschen Unternehmen 1916–1923, Hamburg 1977, S. 129.
407 Akten der Reichskanzlei. Weimarer Republik, Das Kabinett Cuno (1922/23), bearb. von Karl-Heinz Harbeck, Boppard am Rhein 1968, Online-Version, Nr. 133, zit. nach: Specht, Inflation, S. 111.
408 Specht, Inflation, S. 113 f.
409 Frankfurter Zeitung vom 31.01.1923, »Währungs-Zerrüttung«.

410 Büttner, Weimar, S. 178.
411 Drüner, Zehn Jahre, S. 462 f.
412 Akten der Reichskanzlei, Das Kabinett Cuno, Nr. 229 Anm. 1, zit. nach: Specht, Inflation, S. 123.
413 Holtfrerich, Inflation, S. 316.
414 Statistisches Reichsamt, Geldentwertung, S. 10 und Schacht, Stabilisierung, S. 43.
415 Schacht, Stabilisierung, S. 43.
416 Frankfurter Zeitung vom 17.02.1923, Abendblatt, »Der Zusammenbruch der Börsenkonjunktur«.
417 Daten aus: Holtfrerich, Inflation, S. 64 und Deutsche Bundesbank, Geld- und Bankwesen, S. 14.
418 Frankfurter Zeitung vom 18.02.1923, »Währung und Preise«.
419 Schacht, Stabilisierung, S. 75 f.
420 Schacht, Stabilisierung, S. 76.
421 Feldman, Disorder, S. 670.
422 Widdig, Culture, S. 5.
423 Stucken, Rudolf, Die wertbeständigen Anleihen in finanzwirtschaftlicher Betrachtung, Berlin 1924, S. 3.
424 Stucken, Anleihen, S. 19.
425 Schacht, Stabilisierung, S. 53.
426 Feldman, Disorder, S. 733.
427 Max Warburg, zit. nach: Schacht, Stabilisierung, S. 55.
428 Schacht, Stabilisierung, S. 94.
429 Schacht, Stabilisierung, S. 56.
430 Feldman, Disorder, S. 753.
431 Lüke, Rolf E., Von der Stabilisierung zur Krise, Zürich 1958, S. 11.
432 Deutsche Bundesbank, Währung und Wirtschaft, S. 190.
433 Schacht, Stabilisierung, S. 81.
434 Lüke, Stabilisierung, S. 18.
435 Schacht, Stabilisierung, S. 84.
436 Feldman, Disorder, S. 721.
437 Holtfrerich, Inflation, S. 314.
438 Kopper, Schacht, S. 75.
439 Schacht, Stabilisierung, S. 96 f.
440 Vocke, Memoiren, S. 89.
441 Vondung, Bildungsbürgertum, S. 52.
442 Jansen, Christian, Die soziale Lage der Hochschullehrerschaft im Kaiserreich und in der Weimarer Republik im Vergleich. Zum Beispiel Heidelberg, in: Buchholz, Werner, Die Universität Greifswald und die deutsche Hochschullandschaft im 19. und 20. Jahrhundert, Stuttgart 2004, S. 173.
443 Wehler, Gesellschaftsgeschichte, Bd. 4, S. 76.
444 Winkler, Heinrich August, Weimar 1918–1933. Die Geschichte der ersten deutschen Demokratie, München 2018, S. 177.

Anmerkungen

445 Reinhardt, Simone, Die Reichsbank in der Weimarer Republik, Frankfurt 2000, S. 36.
446 Reinhardt, Reichsbank, S. 34.
447 Schacht, Stabilisierung, S. 160.
448 Die Zahlungsbilanztheorie geht davon aus, dass ein Handelsbilanzdefizit (mehr Importe als Exporte), das zum Abfluss von Devisen führt, einen Wechselkursverfall verursacht, der im Inland aufgrund steigender Importpreise zur Inflation führt.
449 Die Quantitätstheorie geht davon aus, dass Geldmenge und Preisniveau zusammenhängen, und dass sich jede Änderung der umlaufenden Geldmenge auf die Preise der Güter niederschlägt, sodass eine Ausdehnung der Geldmenge eine Preissteigerung zur Folge hat.
450 Holtfrerich, Inflation, S. 154.
451 Webb, Steven B., Hyperinflation and stabilization in Weimar Germany, New York 1989, S. 21.
452 Drüner, Zehn Jahre, S. 461.
453 Schacht, Stabilisierung, S. 77.
454 Specht, Inflation, S. 147, s. a. Holtfrerich, Inflation, S. 325.
455 Drüner, Zehn Jahre, S. 461 f.
456 Drüner, Zehn Jahre, S. 533.
457 Feldman, Disorder, S. 766.
458 Widdig, Culture, S. 50.
459 Kluke, Paul, Die Stiftungsuniversität Frankfurt am Main 1914–1932, Frankfurt 1972, S. 248.
460 Statistisches Reichsamt, Wirtschaftslage, S. 44.
461 Specht, Inflation, S. 146.
462 Haffner, Geschichte, S. 65 f.
463 Schacht, Stabilisierung, S. 107.
464 Schacht, Stabilisierung, S. 110.
465 Charles G. Dawes war ein US-amerikanischer Rechtsanwalt, Bankier und Politiker. Er entwickelte die Leitlinien zur Regelung der deutschen Reparationsschulden. Dabei wurden die Reparationen an die wirtschaftliche Leistungsfähigkeit Deutschlands gekoppelt. Für diesen »Dawes-Plan« erhielt er 1925 den Friedensnobelpreis. Von 1925 bis 1929 war er Vizepräsident der Vereinigten Staaten.
466 Schacht, Stabilisierung, S. 114.
467 Schacht, Stabilisierung, S. 118.
468 Schacht, Stabilisierung, S. 121.
469 Schacht, Stabilisierung, S. 122 f.
470 Schacht, Stabilisierung, S. 123.
471 Schacht, Stabilisierung, S. 124.
472 Feldman, Disorder, S. 756.
473 Akten der Reichskanzlei, Das Kabinett Cuno, Nr. 229, Anm. 1, zit. nach: Specht, Inflation, S. 123.
474 Zweig, Stefan, Die Welt von Gestern. Erinnerungen eines Europäers, Köln 2013, S. 417 f.

Quellen

Alle Internetadressen im gesamten Buch wurden am 22.08.24 geprüft.

Achterberg, Erich, Weitere fünfzig Jahre Industrie- und Handelskammer Frankfurt am Main: 1908–1958, Frankfurt am Main 1960

Akten der Reichskanzlei. Weimarer Republik, Das Kabinett Scheidemann (1919), bearbeitet von Hagen Schulze, Boppard am Rhein 1971, Online-Version: https://www.bundesarchiv.de/aktenreichskanzlei/1919-1933/0000/index.html

Akten zur deutschen Auswärtigen Politik 1918–1945. Aus dem Archiv des Auswärtigen Amtes, 75 Bände (nebst Registern), Baden-Baden/Frankfurt/M./Göttingen 1950–1995. Serie A, 1918–1925, Bd. 1, Göttingen 1982

Bundesministerium der Finanzen, Monatsbericht Juli 2024, Entwicklung des Bundeshaushalts bis einschließlich Juni 2024. https://www.bundesfinanzministerium.de/Monatsberichte/Ausgabe/2024/07/Inhalte/Kapitel-4-Wirtschafts-und-Finanzlage/4-3-entwicklung-des-bundeshaushalts-juni-2024.html%23doc414782bodyText2

Deutsche Bundesbank (Hrsg.), Deutsches Geld- und Bankwesen in Zahlen 1876–1975, Frankfurt am Main 1976

Deutsche Bundesbank (Hrsg.), Währung und Wirtschaft 1876–1975, Frankfurt am Main 1976

Frankfurter Wirtschaftsbericht 1914 bis einschließlich 1919, erstattet von der Handelskammer zu Frankfurt am Main 1920

Der Friedensvertrag zwischen Deutschland und den Alliierten und Assoziierten Mächten nebst dem Schlußprotokoll und der Vereinbarung betreffend die militärische Besetzung der Rheinlande, Amtlicher Text der Entente und amtliche deutsche Übertragung, Charlottenburg 1919

Michaelis, Herbert u. a. (Hrsg.), Ursachen und Folgen, Vom deutschen Zusammenbruch 1918 und 1945 bis zur staatlichen Gestaltung Deutschlands in der Gegenwart, eine Urkunden- und Dokumentensammlung zur Zeitgeschichte. Bd. 2: Der militärische Zusammenbruch und das Ende des Kaiserreichs, Berlin 1958, Bd. 3: Der Weg in die Weimarer Republik, Berlin 1958, Bd. 4: Die Weimarer Republik, Berlin 1960.

Die Reichsbank 1901–1925, Berlin 1925

Statistisches Bundesamt, https://de.statista.com

Quellen

Statistisches Handbuch der Stadt Frankfurt am Main, im Auftrag des Magistrats hrsg. durch das Statistische Amt, Ausg. 2 1906/27, Frankfurt am Main 1928

Statistisches Monatsheft Baden-Württemberg, 6+7/2018, Stuttgart

Statistisches Reichsamt (Hrsg.), Deutschlands Wirtschaftslage unter den Nachwirkungen des Weltkrieges, Berlin 1923

Statistisches Reichsamt, Zahlen zur Geldentwertung in Deutschland 1914–1923, WiSta-Sonderheft-01, Berlin 1925

Verhandlungen des Reichstags, 13. Legislaturperiode, 2. Session, Bd. 306, 1914/1916, Berlin 1916, http://daten.digitale-sammlungen.de/bsb00003402/image_1

Verhandlungen der verfassunggebenden deutschen Nationalversammlung, Bd. 326, Stenographische Berichte. Von der 1. Sitzung am 6. Februar 1919 bis zur 26. Sitzung am 12. März 1919, Berlin 1920, https://www.reichstagsprotokolle.de/Band2_wv_bsb00000010.html

Waffenstillstand 1918–1919. Das Dokumentenmaterial der Waffenstillstandsverhandlungen von Compiègne, Spa, Trier und Brüssel. Notenwechsel, Verhandlungsprotokolle, Verträge, Gesamttätigkeitsbericht. 3 Bd.e, herausgeben im Auftrage der Deutschen Waffenstillstands-Kommission, Berlin 1928. Bd. 1: Der Waffenstillstandsvertrag von Compiègne und seine Verlängerungen nebst den finanziellen Bestimmungen.

Literatur

ISG = Institut für Stadtgeschichte, Frankfurt am Main.

Altmaier, Jakob, Frankfurter Revolutionstage, Frankfurt 1919
Baumgart, Winfried, Europäisches Konzert und nationale Bewegung. Internationale Beziehungen 1830–1878, Paderborn 1999
Bergmann, Carl, Der Weg der Reparation. Von Versailles über den Dawesplan zum Ziel, Frankfurt am Main 1926
Bieber, Hans-Joachim, Gewerkschaften in Krieg und Revolution. Arbeiterbewegung, Industrie, Staat und Militär in Deutschland 1914–1920, Hamburg 1981
Bieber, Hans-Joachim, Bürgertum in der Revolution. Bürgerräte und Bürgerstreiks in Deutschland 1918–1920, Hamburg 1981
Blom, Philipp, Die zerrissenen Jahre. 1918–1938, München 2014
Bresciani-Turroni, Costantino, The Economics of Inflation. A Study of Currency Depreciation in Post-War Germany, 1914–1923, Florenz 2013
Bry, Gerhard, Wages in Germany 1871–1945, Princeton 1960
Buchholz, Werner (Hrsg.), Die Universität Greifswald und die deutsche Hochschullandschaft im 19. und 20. Jahrhundert, Stuttgart 2004
Burnett, Philip Mason, Reparation at the Paris Peace Conference from the Standpoint of the American Delegation, New York 1965
Büttner, Ursula, Weimar. Die überforderte Republik 1918–1933. Leistung und Versagen in Staat, Gesellschaft, Wirtschaft und Kultur, Stuttgart, 2008
Canetti, Elias, Masse und Macht, Frankfurt 1980
Dilcher, Gerhard, Das Gesellschaftsbild der Rechtswissenschaft und die soziale Frage. in: Vondung, Klaus (Hrsg.), Das wilhelminische Bildungsbürgertum. Zur Sozialgeschichte seiner Ideen, Göttingen 1976
Drüner, Hans, Im Schatten des Weltkrieges. Zehn Jahre Frankfurter Geschichte von 1914–1924, Frankfurt 1934
Emrich, Willi, Ein Vierteljahrhundert Stadtgeschichte Frankfurt am Main 1919–1945, maschinenschriftlich o. J., ISG S6a, 109
Energiesysteme der Zukunft, BDI und DENA, Expertise bündeln, Politik gestalten – Energiewende jetzt! Essenz der drei Grundsatzstudien zur Machbarkeit der Energiewende bis 2050 in Deutschland, Berlin 2019, https://energiesysteme-zukunft.de/fileadmin/user_upload/Publikationen/PDFs/Gemeinsame_Empfehlungen_von_ESYS_BDI_und_dena.pdf

Literatur

Feldman, Gerald D., The Great Disorder. Politics, Economics, and Society in the German Inflation 1914-1924, New York 1996

Feldman, Gerald D., Die Nachwirkungen der Inflation auf die deutsche Geschichte 1924-1933, München 1985

Feldman, Gerald D., Vom Weltkrieg zur Weltwirtschaftskrise. Studien zur deutschen Wirtschafts- und Sozialgeschichte 1914-1932, Göttingen 1984

Feldman, Gerald D./Homburg, Heidrun, Industrie und Inflation. Studien und Dokumente zur Politik der deutschen Unternehmer 1916-1923, Hamburg 1977

Fischer, Fritz, Griff nach der Weltmacht. Die Kriegszielpolitik des kaiserlichen Deutschland 1914/18, Düsseldorf 1967

Gebele, Hubert, Großbritannien und der Große Krieg, Regensburg 2009

Gerwarth, Robert, Die größte aller Revolutionen. November 1918 und der Aufbruch in eine neue Zeit, München 2018

Gescher, Dieter Bruno, Die Vereinigten Staaten von Nordamerika und die Reparationen 1920-1924. Eine Untersuchung der Reparationsfrage auf der Grundlage amerikanischer Akten, Bonn 1956

Gomes, Leonard, German Reparations 1919-1932. A Historical Survey, New York 2010

Haffner, Sebastian, Geschichte eines Deutschen. Die Erinnerungen 1914-1933, München 2000

Hampe, Peter, Sozioökonomische und psychische Hintergründe der bildungsbürgerlichen Imperialbegeisterung, in: Vondung, Klaus (Hrsg.), Das wilhelminische Bildungsbürgertum. Zur Sozialgeschichte seiner Ideen, Göttingen 1976, S. 79

Haupts, Leo, Deutsche Friedenspolitik 1918-19, Düsseldorf 1976

Haverkamp, Hans-Michael/Teuteberg, Hans-Jürgen, Unterm Strich. Von der Winkelkrämerei zum E-Commerce, Bramsche 2000

Heilbrunn, Ludwig, Eine Lebensskizze, Manuscript o. J., ISG, Chroniken, S5/249

Heilbrunn, Ludwig, Kaiserreich – Republik – Naziherrschaft, Hamburg 1947

Heilbrunn, Rudolf, 10 Nachtwachen, Lebenserinnerungen, Frankfurt 2000

Helfferich, Karl, Der Weltkrieg, Bd. 2: Vom Kriegsausbruch bis zum uneingeschränkten U-Bootkrieg, Berlin 1919

Hemingway, Ernest, Gesammelte Werke, Bd. 10, Hamburg 1977

Holtfrerich, Carl-Ludwig, Die deutsche Inflation 1914-1923, Berlin/New York 1980

Hoover, Herbert, Memoiren 1874-1920, Mainz 1951

Kent, Bruce, The Spoils Of War, Oxford 1989

Kerstingjohänner, Helmut, Die deutsche Inflation 1919-1923. Politik und Ökonomie, Berlin 2001

Literatur

Kessler, Harry Graf, Tagebücher, Bd. 6, Stuttgart 2006
Keynes, John Maynard, Krieg und Frieden. Die wirtschaftlichen Folgen des Vertrages von Versailles, Berlin 2014
Kluke, Paul, Die Stiftungsuniversität Frankfurt am Main 1914–1932, Frankfurt 1972
Knortz, Heike, Wirtschaftliche Demobilmachung 1918–22. Das Beispiel Rhein-Main-Gebiet, Hamburg 1992
Knortz, Heike, Wirtschaftsgeschichte der Weimarer Republik. Eine Einführung in die Ökonomie und Gesellschaft der ersten Deutschen Republik, Göttingen 2010
Kocka, Jürgen, Angestellte im europäischen Vergleich. Die Herausbildung angestellter Mittelschichten seit dem späten 19. Jahrhundert, Göttingen 1981
Kocka, Jürgen, Klassengesellschaft im Krieg. Deutsche Sozialgeschichte 1914–1918, Frankfurt 1988
Kolb, Eberhard, Der Frieden von Versailles, München 2005
Kopper, Christopher, Hjalmar Schacht. Aufstieg und Fall von Hitlers mächtigstem Bankier, München 2006
Kracauer, Siegfried, Das bunte Frankfurt. Ausgewählte Reportagen und Feuilletons, Frankfurt 2013
Kraus, Hans-Christof, Versailles und die Folgen. Außenpolitik zwischen Revisionismus und Verständigung 1919-1933, Bonn 2014
Kroll, Frank Lothar, Geburt der Moderne. Politik, Gesellschaft und Kultur vor dem Ersten Weltkrieg, Berlin 2013
Krüger, Peter, Deutschland und die Reparationen 1918/19. Die Genesis des Reparationsproblems in Deutschland zwischen Waffenstillstand und Versailler Friedensvertrag, Stuttgart 1973
Kruse, Wolfgang (Hrsg.), Eine Welt von Feinden. Der Große Krieg 1914–1918, Frankfurt 1997
Lederer, Emil, Kapitalismus, Klassenstruktur und Probleme der Demokratie in Deutschland 1910–1940. Ausgewählte Aufsätze, Göttingen 1979
Lewinsohn, Richard, Die Umschichtung der europäischen Vermögen, Berlin 1925
Lloyd George, David, The Truth About The Peace Treaties, London 1938
Lüke, Rolf E., Von der Stabilisierung zur Krise, Zürich 1958
Lyth, Peter, J., Inflation and the merchant economy. The Hamburg Mittelstand, 1914–1924, Berg 1990
MacMillan, Margaret, Paris 1919. Six months that changed the world, London 2019
Maly, Karl, Geschichte der Frankfurter Stadtverordnetenversammlung. Das Regiment der Parteien 1901–1933, Frankfurt 1995
Mann, Klaus, In meinem Elternhaus, Stuttgart 1975

Literatur

Mann, Klaus, Der Wendepunkt, Hamburg 1984
Mann, Thomas, Tagebücher 1918–21, Frankfurt 2003
Mann, Thomas, Über mich selbst, Autobiographische Schriften, Frankfurt 1994
Mann, Thomas, Essays, Bd. 2, Politik, Frankfurt 1977
Mautner, Wilhelm, Die Verschuldung Europas, Frankfurt 1923
Michalka, Wolfgang, Der Erste Weltkrieg. Wirkung, Wahrnehmung, Analyse, München 1994
Molthagen, Dietmar, Das Ende der Bürgerlichkeit? Liverpooler und Hamburger Bürgerfamilien im Ersten Weltkrieg, Göttingen 2007
Moltke, Helmuth von, Über Strategie. In: Moltkes militärische Werke, Bd. 2, Berlin 1900
Mühlhausen, Walter, Revolution über Hessen. Demokratiegründung 1918/19, Wiesbaden (Hess. Landeszentrale für politische Bildung) 2018
Naumann, Michael, Bildung und Gehorsam. Zur ästhetischen Ideologie des Bildungsbürgertums. in: Vondung, Klaus (Hrsg.), Das wilhelminische Bildungsbürgertum. Zur Sozialgeschichte seiner Ideen, Göttingen 1976
Nicolson, Harold, Friedensmacher 1919, Berlin 1933
Peukert, Detlef J. K., Die Weimarer Republik. Krisenjahre der klassischen Moderne, Frankfurt 1993
Prinz, Michael, Vom neuen Mittelstand zum Volksgenossen. Die Entwicklung des sozialen Status der Angestellten von der Weimarer Republik bis zum Ende der NS-Zeit, München 1986
Regulski, Christoph, Klippfisch und Steckrüben. Die Lebensmittelversorgung der Einwohner Frankfurts am Main im Ersten Weltkrieg 1914–1918, eine Studie zur deutschen Wirtschafts- und Innenpolitik in Kriegszeiten, Wiesbaden 2012
Reinhardt, Simone, Die Reichsbank in der Weimarer Republik, Frankfurt 2000
Reynaud, Paul, Mémoires, Bd. 2, Paris 1960
Ringer, Fritz K., Die Gelehrten. Der Niedergang der deutschen Mandarine 1890–1933, München 1987
Schacht, Hjalmar, Die Stabilisierung der Mark, Stuttgart 1927
Schäfer, Michael, Bürgertum in der Krise. Städtische Mittelklassen in Edinburgh und Leipzig 1890 bis 1930, Göttingen 2003
Schulz, Rainer V., Die Inflation explodiert. Eine Chronik nach Presseberichten, Berlin 2020
Schulze, Hagen, Weimar. Deutschland 1917–1933, München 2004
Schwabe, Klaus, Deutsche Revolution und Wilson-Friede, Düsseldorf 1971
Solmssen, Georg, Deutsche Politik und Wirtschaft 1916–1933, Bd. 1, München 1934

Specht, Agnete von, Politische und wirtschaftliche Hintergründe der deutschen Inflation 1918–1923, Frankfurt 1982

Steinmeyer, Gitta, Die Grundlagen der französischen Deutschlandpolitik 1917–1919, Stuttgart 1979

Stucken, Rudolf, Die wertbeständigen Anleihen in finanzwirtschaftlicher Betrachtung, Berlin 1924

Taylor, Frederick, Inflation. Der Untergang des Geldes in der Weimarer Republik und die Geburt eines deutschen Traumas, München 2013

Teupe, Sebastian, Zeit des Geldes. Die deutsche Inflation zwischen 1914–1923, Frankfurt 2022

Tooze, Adam, Sintflut. Die Neuordnung der Welt 1916–1931, München 2014

Trachtenberg, Marc, Reparation in World Politics. France and European Economic Diplomacy 1916–1923, New York 1980

Troeltsch, Ernst, Spectator-Briefe und Berliner Briefe (1919–1922), Berlin 2018

Vocke, Wilhelm, Memoiren, Stuttgart 1973

Vondung, Klaus (Hrsg.), Das wilhelminische Bildungsbürgertum. Zur Sozialgeschichte seiner Ideen, Göttingen 1976

Wallwitz, Georg von, Die große Inflation. Als Deutschland wirklich pleite war, Berlin 2021

Webb, Steven B., Hyperinflation and stabilization in Weimar Germany, New York 1989

Weber, Alfred, Die Not der geistigen Arbeiter, Berlin 1914

Wehler, Hans-Ulrich, Deutsche Gesellschaftsgeschichte, Bd. 3, Von der »Deutschen Doppelrevolution« bis zum Beginn des Ersten Weltkrieges, München 2008

Wehler, Hans-Ulrich, Deutsche Gesellschaftsgeschichte, Bd. 4, Vom Beginn des Ersten Weltkrieges bis zur Gründung der beiden deutschen Staaten 1914–1949, München 2008

Widdig, Bernd, Culture and inflation in Weimar Germany, Berkeley 2001

Winkler, Heinrich August, Der lange Weg nach Westen, Bd. 1. Deutsche Geschichte vom Ende des Alten Reiches bis zum Untergang der Weimarer Republik, München 2014

Winkler, Heinrich August, Geschichte des Westens, München 2016

Winkler, Heinrich August, Weimar 1918–1933. Die Geschichte der ersten deutschen Demokratie, München 2018

Zweig, Stefan, Die Welt von Gestern. Erinnerungen eines Europäers, Köln 2013

Abbildungsverzeichnis

ISG = Institut für Stadtgeschichte, Frankfurt am Main.

Abb. 1: Statistisches Monatsheft Baden-Württemberg 6+7/2018, S. 72.
Abb. 2: Frankfurter Wirtschaftsbericht 1914 bis einschließlich 1919, erstattet von der Handelskammer zu Frankfurt am Main 1920, S. 133.
Abb. 3: Frankfurter Wirtschaftsbericht, S. 147.
Abb. 4: Frankfurter Zeitung vom 06.12.1916, ISG, A.02.01/S-141.
Abb. 5: Institut für Stadtgeschichte, Haushaltsbuch Gerlach, 1601–02, ISG, S5/488.
Abb. 6: Institut für Stadtgeschichte, Haushaltsbuch Gerlach, 1811–12, ISG, S5/488.
Abb. 7: Frankfurter Wirtschaftsbericht 1914 bis einschließlich 1919, erstattet von der Handelskammer zu Frankfurt am Main 1920, S. 152.
Abb. 8: Frankfurter Zeitung vom 31.01.1920, ISG, A.12.01.90, Dok.1.
Abb. 9: Statistisches Handbuch der Stadt Frankfurt am Main 1906/1927, Frankfurt am Main 1928, S. 443.
Abb. 10: Tabelle entnommen aus Feldman, Disorder, S. 585. Quelle: Deutschlands Wirtschaft, Währung und Finanzen. Im Auftrag der Reichsregierung von der Reparationskommission eingesetzten Sachverständigenausschüssen übergeben, Berlin 1924, S. 62.
Abb. 11: Statistisches Reichsamt, Zahlen zur Geldentwertung in Deutschland 1914–1923, WiSta-Sonderheft-01, Berlin 1925, S. 5.
Abb. 12: Frankfurter Zeitung vom 16.01.1923, Devisenkurse.
Abb. 13: Berliner Tageblatt vom 10.10.1923.
Abb. 14: Privatbesitz.